高等院校财政金融专业应用型教材

投资心理学
(第2版)

陆剑清　主编

清华大学出版社
北京

内 容 简 介

投资决策究其本质是人类的一种心理过程，投资者只有充分了解和掌握投资决策的心理特征与行为规律，进而有效地厘清心中的种种疑惑，才能成功跨越投资决策的心理误区。

本书首先概述了投资及投资心理学的基本内涵，然后逐章阐述了证券、股票、债券、期货、外汇、房地产、基金、贵金属、艺术品等领域的投资心理与行为，分析了成功投资者的心理特征及所需要的心理素质。

本书既可作为高等院校的应用型特色课程教材，亦可作为投资实务操作的指导与培训手册，还可作为新兴学科知识的普及读本，从而满足社会各层次读者的需求。

本书封面贴有清华大学出版社防伪标签，无标签者不得销售。
版权所有，侵权必究。举报：010-62782989，beiqinquan@tup.tsinghua.edu.cn。

图书在版编目(CIP)数据

投资心理学 / 陆剑清主编. -- 2版. -- 北京：清华大学出版社，2024.9. -- (高等院校财政金融专业应用型教材). -- ISBN 978-7-302-67145-9

Ⅰ.F830.59

中国国家版本馆 CIP 数据核字第 2024TM9144 号

责任编辑：孟　攀
封面设计：杨玉兰
责任校对：徐彩虹
责任印制：沈　露

出版发行：清华大学出版社
网　　址：https://www.tup.com.cn, https://www.wqxuetang.com
地　　址：北京清华大学学研大厦 A 座
邮　　编：100084
社 总 机：010-83470000
邮　　购：010-62786544
投稿与读者服务：010-62776969, c-service@tup.tsinghua.edu.cn
质量反馈：010-62772015, zhiliang@tup.tsinghua.edu.cn
课件下载：https://www.tup.com.cn, 010-62791865

印 装 者：三河市君旺印务有限公司
经　　销：全国新华书店
开　　本：185mm×260mm　印　张：17.25　字　数：420 千字
版　　次：2016 年 1 月第 1 版　2024 年 9 月第 2 版　印　次：2024 年 9 月第 1 次印刷
定　　价：49.80 元

产品编号：087878-01

前言

事实上，市场中不仅充斥着基本面信息，更弥漫着投资者心理这一看不见、摸不着却时时刻刻都能够感受到其存在的"暗物质"，其对市场的影响力不容小觑。尽管国内对"投资心理学"这门学科的研究与探索不多，但是，这门学科却与国民经济和上亿中国投资者密切相关。因此，笔者于2015年年末撰写了《投资心理学》一书，一经出版即受到市场欢迎和读者好评。

《投资心理学》第1版用15章内容概述了包括股票投资心理在内的"投资心理学"的主要内容，让读者对投资市场的现状有一个总体的清晰认识，使读者能从本书中获得更为实际的投资心理学的理论与操作层面的知识。目前，广大投资者多是从技术层面、操作层面来分析投资失败与挫折的原因，希望投资者阅读本书后，能更多地从心理层面、从人性的弱点中寻找成功或失败的原因，总结和汲取经验，使自己不仅技术素质过硬，心理素质也过硬，成为真正成功的投资者。

《投资心理学》第2版在继承了第1版的基本框架及相关内容的基础上，对第2章理论基础的相关内容进行了调整扩充，以使《投资心理学》的结构更为合理、内容更为全面、分析更为深入。本书添加了新的一章，内容为"基金投资的心理与行为"，使得本书所涉及的领域更为广泛。鉴于国家对互联网金融政策的调整，剔除了"互联网金融投资的心理与行为"的内容。这样，第2版《投资心理学》仍为15章，内容涉及投资与投资心理学概述、投资心理学的理论基础、证券投资的心理与行为、股票市场中个人投资者的心理与行为、股票市场中机构投资者的心理与行为、股票投资者的群体心理、债券投资的心理与行为、期货投资的心理与行为、外汇投资的心理与行为、房地产投资的心理与行为、基金投资的心理与行为、贵金属投资的心理与行为、艺术品投资的心理与行为、成功投资者的心理特征、成功投资者的心理素质。

此外，为了便于读者深入理解与掌握，本书在各章内容前设置了"学习目标""核心概念"和"章前导读"，在各章结尾处配以"本章小结""经典案例"及"思考题"，以供读者思考和回味，因此本书具有极强学习指导性。

编 者

目 录

第1章　投资与投资心理学概述...... 1
1.1 投资的基本内涵、发展历史与意义.... 2
- 1.1.1 投资的基本内涵...... 2
- 1.1.2 投资的发展历史...... 2
- 1.1.3 投资的意义...... 3

1.2 投资的分类、对象与行为特征...... 5
- 1.2.1 投资的分类...... 5
- 1.2.2 投资的对象...... 6
- 1.2.3 投资的行为特征...... 7
- 1.2.4 我国现阶段投资行为的基本特征...... 8

1.3 投资行为的影响因素...... 10
- 1.3.1 利率——凯恩斯的基本心理法则...... 10
- 1.3.2 收入...... 13
- 1.3.3 税收...... 15

1.4 投资心理学简史...... 17
1.5 投资心理学的研究对象与意义...... 17
- 1.5.1 投资心理学的研究对象...... 17
- 1.5.2 投资心理学的意义...... 18

本章小结...... 18
经典案例...... 18
思考题...... 19

第2章　投资心理学的理论基础...... 21
2.1 什么是投资风险...... 22
2.2 投资风险的类型...... 22
- 2.2.1 主观风险与客观风险...... 22
- 2.2.2 纯粹风险与投机风险...... 23
- 2.2.3 静态风险与动态风险...... 23
- 2.2.4 特殊风险与基本风险...... 24

2.3 投资风险和投资冒险...... 24
2.4 投资者对投资风险的知觉与态度...... 25
- 2.4.1 投资者对风险的知觉...... 25
- 2.4.2 风险对投资者意味着什么...... 25
- 2.4.3 投资者的风险态度...... 26

2.5 投资心理学的核心理论...... 28
- 2.5.1 前景理论的基本内涵...... 28
- 2.5.2 前景理论解析投资者的风险态度...... 29

2.6 投资心理学的相关理论...... 29
- 2.6.1 态度理论...... 29
- 2.6.2 信息理论...... 30
- 2.6.3 情绪周期理论...... 31
- 2.6.4 预期理论...... 31

2.7 投资行为与投机、赌博行为的区分...... 32
- 2.7.1 投资行为...... 33
- 2.7.2 投机行为...... 33
- 2.7.3 赌博行为...... 34
- 2.7.4 三种行为之间的区别...... 34
- 2.7.5 股民如何判别投资、投机还是赌博...... 36

本章小结...... 37
经典案例...... 37
思考题...... 37

第3章　证券投资的心理与行为...... 39
3.1 什么是证券投资...... 40
3.2 证券市场及其功能...... 40
- 3.2.1 证券市场的概念...... 40
- 3.2.2 证券市场的功能...... 41

3.3 股票投资决策与风险...... 42
- 3.3.1 股票投资决策理论...... 42
- 3.3.2 股票投资风险理论...... 46

3.4 股票价格的预测理论与方法...... 53
- 3.4.1 预测股票价格的两种理论...... 53

3.4.2 预测股票价格的心理分析法..55
本章小结...56
经典案例...57
思考题..57

第4章 股票市场中个人投资者的心理与行为.......................59

4.1 股市中的异常现象与人性的贪婪与恐惧.........................60
 4.1.1 股市中的时狂现象..................60
 4.1.2 时狂现象的背后——人性的贪婪与恐惧......................61
4.2 股票投资者的需要、动机与行为......62
 4.2.1 股票投资者投资行为的一般模式..................................62
 4.2.2 股票投资者的投资需要........63
 4.2.3 股票投资者的投资动机........66
 4.2.4 投资者的高级需要与动机....69
4.3 不同股票投资者的投资行为分析......69
 4.3.1 投资者的类型......................70
 4.3.2 不同投资者的行为特征........71
4.4 股票投资者的个体心理过程与行为...74
 4.4.1 股民的知觉选择性与股市中的视觉双关效应......74
 4.4.2 股民的股价错觉..................75
 4.4.3 投资者的情绪与股市操作....78
4.5 股市情结...82
 4.5.1 迟到情结..............................82
 4.5.2 错卖情结..............................83
 4.5.3 恋股情结..............................83
4.6 股民的股市记忆.............................83
4.7 投资过程中常见的思维定式...........85
 4.7.1 思维定式的定义..................85
 4.7.2 产生思维定式的原因..........85
 4.7.3 克服思维定式的方法..........86
4.8 投资者的认知特点.........................86
 4.8.1 投资者认知过程的理性与非理性..................................86
 4.8.2 过度自信理论......................86
 4.8.3 投资者的认知偏差..............87
 4.8.4 投资者认知的启发性特点....87
 4.8.5 投资者的后悔心理状态........88
本章小结...88
经典案例...89
思考题..89

第5章 股票市场中机构投资者的心理与行为.............................91

5.1 机构投资者的内涵.........................92
 5.1.1 机构投资者的概念..............92
 5.1.2 机构投资者的种类..............92
 5.1.3 机构投资者的特征..............94
5.2 机构投资者的行为特征.................97
5.3 机构投资者的有限理性.................98
5.4 机构投资者的行为分析...............100
 5.4.1 机构投资者的操纵行为......100
 5.4.2 机构投资者的投机分析......101
5.5 机构投资者的羊群行为...............101
本章小结...103
经典案例...104
思考题..104

第6章 股票投资者的群体心理...............105

6.1 投资行为与群体心理分析...........106
 6.1.1 投资者的群体心理效应概述....................................106
 6.1.2 股市的发展周期与群体心态..................................107
 6.1.3 市场周期五个阶段中的群体心理特征..........................109
 6.1.4 群体心理价位与股市操作....110
 6.1.5 群体心理气氛与股市人气....114
 6.1.6 投资者的群体决策..............115

6.1.7 投资者的群体心理阶段
分析 116
6.2 投资中的从众行为 117
  6.2.1 从众行为概述 117
  6.2.2 投资中的从众行为 118
6.3 投资中的流言现象 119
  6.3.1 流言概述 119
  6.3.2 流言产生与传播的主客观
       因素 120
  6.3.3 流言传播的影响 121
  6.3.4 股市流言的现象分析 121
6.4 投资者的人群分类 124
本章小结 125
经典案例 126
思考题 126

第7章 债券投资的心理与行为 127

7.1 储蓄、债券和股票 128
  7.1.1 储蓄、债券和股票的性质
       比较 128
  7.1.2 储蓄、债券和股票的收益
       比较 129
  7.1.3 储蓄、债券和股票的风险
       比较 129
7.2 债券市场的分类 130
7.3 "曲线"投资债券市场——债基
    投资 131
  7.3.1 债券型基金 131
  7.3.2 债券型基金的特点 131
7.4 债券投资的心理分析 132
  7.4.1 债券投资的个体心理分析 ... 132
  7.4.2 债券投资者的心理态势 133
7.5 银行间债券市场机构投资者的
    行为分析 133
  7.5.1 机构规模稳步增长 133
  7.5.2 债券交易市场交投活跃 134
  7.5.3 机构投资者行为变化特点的
       分析 134

7.6 债市投资的"三要"与
    "三不要" 136
本章小结 137
经典案例 137
思考题 138

第8章 期货投资的心理与行为 139

8.1 什么是期货投资 140
  8.1.1 期货与期货交易 140
  8.1.2 期货交易的程序 141
  8.1.3 期货交易与现货、远期
       交易的区别 141
  8.1.4 期货交易与股票交易的
       区别 142
8.2 期货投资行为的基本做法 143
  8.2.1 卖方套期保值 143
  8.2.2 买方套期保值 144
8.3 期货投资的交易技巧 145
  8.3.1 如何制定投资交易战略 146
  8.3.2 投资交易技巧 147
8.4 期货投资中的心理期望 149
  8.4.1 期货参与者与交易心理
       价位 149
  8.4.2 期货价格的心理期望效应 ... 150
  8.4.3 心理预期与理性预期 150
8.5 心理交易在期货中的应用 151
  8.5.1 资金博弈 151
  8.5.2 持仓分析 152
  8.5.3 平衡心态 152
8.6 成功期货投资者应具有的心理
    素质 153
  8.6.1 具有充分认识自己、估量
       自我的良好心理素质 153
  8.6.2 进行交易判断不能依赖于
       希望 153
  8.6.3 充分相信自我,不要太过
       盲从 153

8.6.4 永远保持谦逊的态度 154
　　　8.6.5 不受他人意见的影响 154
　　　8.6.6 不要患得患失任意改变
　　　　　 原先的决定 154
　　　8.6.7 学会接受损失 154
　　　8.6.8 不要过分斤斤计较 155
　　　8.6.9 行动迅速 155
　本章小结 155
　经典案例 156
　思考题 156

第9章 外汇投资的心理与行为 157

　9.1 外汇投资概述 158
　　　9.1.1 外汇与外汇投资 158
　　　9.1.2 外汇交易市场 160
　9.2 外汇交易的特点 161
　9.3 影响外汇走势的主要因素 163
　9.4 外汇投资的策略与原则 165
　9.5 外汇投资的心理与行为分析 165
　9.6 外汇投资者投资的必经阶段 167
　9.7 成功的外汇投资者需具备的素质 168
　本章小结 170
　经典案例 171
　思考题 171

第10章 房地产投资的心理与行为 173

　10.1 房地产投资概述 174
　　　10.1.1 什么是房地产投资 174
　　　10.1.2 房地产投资的特点 174
　　　10.1.3 房地产投机 176
　　　10.1.4 房地产市场与证券市场的
　　　　　 风险比较 177
　10.2 房地产市场需求及其特点 179
　　　10.2.1 有效需求 179
　　　10.2.2 潜在需求 180
　　　10.2.3 名义需求 180
　　　10.2.4 房地产市场需求的特点 180
　10.3 房地产投资者的心理与行为
　　　 分析 181

　　　10.3.1 房地产投资者的购买动机 ... 181
　　　10.3.2 影响房地产投资者购房
　　　　　 行为的因素 183
　　　10.3.3 房地产投资者的购房心理 ... 185
　10.4 影响房地产投资者购房心理的
　　　 因素 186
　　　10.4.1 社会因素 186
　　　10.4.2 主观因素 187
　10.5 房地产投资者的类型 189
　　　10.5.1 按购房者的性格特征划分 ... 189
　　　10.5.2 按购房者的知识水平划分 ... 190
　10.6 成功房地产投资者的心理素质 ... 191
　本章小结 194
　经典案例 195
　思考题 195

第11章 基金投资的心理与行为 197

　11.1 基金投资概述 198
　　　11.1.1 基金与基金投资 198
　　　11.1.2 投资基金的种类 199
　　　11.1.3 基金投资的特点 200
　11.2 基金投资的发展 202
　　　11.2.1 基金投资的起源 202
　　　11.2.2 基金投资的发展现状 202
　　　11.2.3 基金投资在中国的发展 203
　11.3 基金投资原则 204
　11.4 基金投资策略 205
　　　11.4.1 静态策略 205
　　　11.4.2 动态策略 206
　11.5 基金投资心理分析 207
　　　11.5.1 从众心理 207
　　　11.5.2 心理账户效应 208
　　　11.5.3 心理周期 209
　　　11.5.4 锚定心理 209
　　　11.5.5 过度自信 210
　11.6 成功基金投资者应具有的
　　　 心理素质 210

11.6.1 正确认知自己 210
11.6.2 保持稳定的心态 211
11.6.3 具备合理的投资动机 211
11.6.4 善于学习和总结 211
11.6.5 保持耐心 211
本章小结 212
经典案例 212
思考题 213

第12章 贵金属投资的心理与行为 215

12.1 贵金属投资概述 216
 12.1.1 什么是贵金属投资 216
 12.1.2 贵金属投资的种类 216
12.2 贵金属价格的影响因素 220
12.3 贵金属投资的策略与原则 222
 12.3.1 投资的策略 222
 12.3.2 投资的原则 223
12.4 贵金属投资的心理与行为分析 224
 12.4.1 贵金属投资的心理与行为误区 224
 12.4.2 树立正确的贵金属投资心理与行为 225
本章小结 227
经典案例 227
思考题 227

第13章 艺术品投资的心理与行为 229

13.1 艺术品投资概述 230
 13.1.1 艺术品投资与收藏 230
 13.1.2 艺术品投资的种类 230
 13.1.3 艺术品的投资者 232
13.2 艺术品的属性分析 233
 13.2.1 艺术品的价值属性 233
 13.2.2 艺术品的市场属性 233
13.3 艺术品投资的风险 234
13.4 艺术品投资的行为分析 236
13.5 艺术品投资的心理分析 237

13.5.1 艺术品投资的心理误区 237
13.5.2 树立正确的艺术品投资心理与行为 238
本章小结 239
经典案例 240
思考题 240

第14章 成功投资者的心理特征 241

14.1 成功投资者应有的心理特征 242
 14.1.1 沃伦·巴菲特论成功投资者的心理特征 242
 14.1.2 彼得·林奇的成功投资经验与心理特征 242
 14.1.3 乔治·索罗斯的成功投资经验与心理特征 243
 14.1.4 约翰·布林格认为投资是一个心理过程的分析 243
 14.1.5 黎巴伦的成功投资经验与心理特征 243
 14.1.6 中国投资者"杨百万"的成功经验与心理特征 243
 14.1.7 成功投资者的心理特征 244
14.2 成功理性投资者的PROFITS法则 244
14.3 投资者的类型 245
14.4 投资者的气质类型 248
 14.4.1 气质类型及其行为特征 248
 14.4.2 投资者的气质类型分类 249
 14.4.3 气质类型对投资行为选择的影响 250
本章小结 250
经典案例 251
思考题 251

第15章 成功投资者的心理素质 253

15.1 我国成功投资者的心理素质 254
15.2 投资者的挫折与自我调节 255

15.2.1 投资绩效的反馈与强化 255
15.2.2 投资者的挫折与冲突 257
15.2.3 投资者的套牢与解套心理 .. 259
15.2.4 投资者的自我调节 260
15.3 成功投资者的心理素质分析 262
15.3.1 正确的自我认识 262
15.3.2 正确对待自己的成功
与失败 263
15.3.3 不要错过最佳投资机会 263
15.3.4 不要陷入投资陷阱 264
本章小结 264
经典案例 265
思考题 265

参考文献 266

第 1 章 投资与投资心理学概述

【学习目标】

- 掌握投资的内涵及意义。
- 了解投资心理学的研究对象及意义。
- 掌握投资的分类、对象与行为特征。
- 了解投资行为的影响因素。

【核心概念】

投资 投资行为 投资心理学

【章前导读】

随着国民经济的平稳快速发展,我国居民收入水平有了极大的提高,积累的财富迫切需要保值与增值。我国为居民提供了很多投资渠道,如股票市场、债券市场及外汇市场等,然而并不是每个投资者都是天生的投资高手,不仅有知识和经验上的不足、操作手法的失误等,更有心理上的盲区和弱点。因此,投资者在进入金融市场前要了解和研习相关投资心理,并对心理上的盲区有所认知,反躬自省,这样将对自己的投资行为有极大的帮助。

1.1 投资的基本内涵、发展历史与意义

1.1.1 投资的基本内涵

投资是一种以获得未来货币增值为目的的经济行为。投资具有以下两方面的含义。

1. 货币增值——获利最大化

投资的目的是货币增值,追求获利最大化。投资者现在支出一笔一定数量的钱,其目的是想在将来获得更多的钱,实现货币增值。因此,从静态的角度来说,投资需要投资者现在支付一定量的资金;从动态的角度来说,投资是为了获得未来最大报酬而施行的经济行为。从现在支出资金到将来获得报酬,要经过一定的时间间隔,这表明投资是一个行为过程,这个过程越长,未来报酬的获得就越不确定,即风险越大。

2. 经济行为——有意识的经济行为

投资是一种经济行为,是商品经济的范畴,是近代资本主义制度的产物,并随着社会经济的逐渐发展而被赋予了特定的含义。另外,投资既然是一种经济行为,而经济行为是受人的思想意识、心理调节控制的,这就赋予了投资行为人类心理的特征。事实上,我们所提到诸如投资动机、投资收益预期、投资决策、投资风险规避等问题,其实都是人们心理活动的具体表现。经济学家凯恩斯用投资边际效率这"三大心理定律"之一来解释投资行为,并把投资不足归结为心理因素作用的结果,足以反映出经济学家对投资心理的重视。

1.1.2 投资的发展历史

从投资的发展历史来看,经历了以下四个连续的过程:从潜意识到有意识;从直接投资到间接投资;从小规模投资到大规模投资;从国内投资到全球投资。这样一条发展道路,对现代投资有着重要影响。

在现代社会中，人们一般所说的投资就是指股票、债券等的投资，但从投资的早期形态来看，并非一开始就以股票、证券形式出现的。众所周知，投资必须要有一定的资本。在人类社会的早期，即在货币产生之前的物物交换时代，资本是以剩余产品及实物的形式出现的。物物交换的目的，主要是满足生存和消费的需要，交换的量很少，投资也无从谈起。货币产生以后，人类社会就进入了货币经济时代。作为资本的社会财富，不再以实物产品为主要形式，而是以货币财富为主要形式。这时农业资本和商业资本逐渐形成，商业资本又逐步工业化，同时，生产与消费也已普遍地结合起来，投资活动也越来越频繁。但投资作为资本(或资金)价值的垫付行为还是一种潜意识行为，投资者一般直接拥有生产资料，亲自从事生产经营，此时投资者通常采用直接投资和实际投资的形式。

工业革命以后，机器的发明为社会生产力的提高创造了条件，同时也需要大量资金以建造厂房、购买机器设备和原材料，以及雇用工人来从事大规模生产，这是单个资本家力所不能及的。因此，股份经济制度作为资本主义经济制度的一个重要特征得到了确立。股份制的发展，也加速了股票、债券等证券业的发展，并由此导致资本证券化，证券制度也成为现代资本主义社会的又一明显特征。投资已不再仅仅是实际投资、直接投资，还有金融投资。而且金融投资逐步成为投资的主要方式，投资也不再是个别大资本家或富翁的事情，众多中小资本家甚至一般工人都可以购买股票成为股东。第二次世界大战后，随着国际经济往来的发展、国际贸易的飞速增长，国际投资成为投资的又一重要特点，已成为现代投资领域的崭新内容，并得到迅猛发展。

1.1.3　投资的意义

1. 作用的深远性

在整个社会经济生活中，投资作为一项重要的经济活动，从其结果来看，有着其他经济活动所无法替代的、深远的影响和作用。

就其积极意义来说，如果能够正确而合理地进行投资，可以通过物质技术手段，在较长时间内使投资者的利益追求得到实现，同时可避免或减少风险，发展壮大投资者所从事的事业，使消费者的需求得到持续满足，并丰富人们的生活。投资可以不断完善和健全社会经济环境，改变经济平衡的条件，使经济结构表现为动态、合理的特征，使经济实现持续、稳定的增长，从而源源不断地给整个社会经济带来繁荣、注入活力、增加效益。

就其消极意义来说，如果盲目而错误地进行投资，将使投资者的利益追求变成泡影，加剧风险，使消费者的需求得不到满足，进而导致整个社会经济生活发生紊乱，造成物资短缺、通货膨胀、结构失衡、经济停滞等。此外，还使人们不得不花费巨大而长期的代价来矫正其所造成的恶果。特别是在西方国家，由于经济联系日趋紧密，这些作用的效果往往是全球性的。

2. 投资的乘数效应——"双刃的剑"

乘数也叫倍数，是指投资量变化数与国民收入变化数的比率，它表明投资的变动将会引起国民收入若干倍的变动。凯恩斯在《就业、利息和货币通论》一书中采用这一概念来说明收入与投资之间的关系，使其成为宏观经济学的一个重要理论。如果以 K 代表投资乘数，ΔY 代表收入增加量，ΔI 代表投资增加量，则有公式：

$$K = \frac{\Delta Y}{\Delta I}$$

投资的增加之所以对国民收入的增加具有乘数作用，是因为经济部门是相互关联的，某部门的一笔投资，不仅会增加有关部门的收入，也会增加其消费。这些消费又形成其他部门的收入和消费，最终使国民收入成倍增长。

例如，某部门增加投资 ΔI 为 100 万元，有关部门的收入会因此增加 ΔY 为 100 万元。如果将收入的 80% 用于消费，即 100 万元新增收入中有 80 万元是用来消费的，第二级部门就会增加收入 80 万元。如果第二级部门仍将收入的 80% 用于消费，第三级部门将会增加收入 64 万元，如此下去，形成一个递减数列，如表 1-1 所示。

表 1-1　投资乘数的产生过程

项目 部门	投资增量 (ΔI)	总需求增量 (ΔAD)	国民收入增量 (ΔY)	消费增量 (ΔC)
一级部门	100	100	100	80
二级部门		80	80	64
三级部门		64	64	51.2
……		……	……	……
总　计		500	500	400

由表 1-1 可见，增加的收入用于消费的比例越大，其消费增加量(ΔC)越大，投资引起的连锁反应就越大，总收入增加就越多。

需要指出的是，乘数效应是从两个方面发生作用的。一方面，投资的增加引起收入成 K 倍增加，也就是收入的增加大大超过投资的增加；另一方面，投资的减少引起收入成 K 倍减少，也就是收入的减少要大大超过投资的减少。因此，西方经济学家称投资乘数为一把"双刃的剑"。

3. 投资与经济增长

投资与经济增长的关系十分密切。一方面，经济增长是投资赖以扩大的基础。从社会角度看，投资作为资金价值的垫付行为，归根结底取决于社会总产品价值向资金的转化程度。可以说，一切用于投资的资金，都是社会经济活动成果的货币表现。经济发展的程度，直接制约着投资的数量。另一方面，投资又是经济增长的重要动力。投资形成了生产手段和生产能力(即物质资金)，因而，投资不论来自何处，它的规模和投资率(投资所占国民收入的比率)都会对经济增长产生巨大的推动作用。

从社会经济发展的历史看，经济增长与投资增长的对比关系大体上经历了两种状态。

一是投资增长快于经济增长。这主要是在生产方式的初始时期和经济起飞的准备阶段，因为这一时期要奠定物质技术基础，需要大量的资金，随着资本的有机构成和科学技术水平的日益提高，带动了生产方式的变革，手工制造不断转向机器大生产，使生产过程中的物质技术构成不断提高，进行生产所需要的投资起点也随之提高，装备一个生产者所需要的资金也越来越多。这些都需要以追加投资作为条件，也就决定了投资增长快于经济增长。当前世界上比较落后的发展中国家大都处于这样一个阶段，即使是发达的西方国家，这也曾是它们一个不可逾越的阶段。我国在1952年至1980年的近30年时间里，工业固定资产增长了26倍，工业总产值却只增长了14.5倍，这表明工业产值的增长主要是依靠基本建设投资的增加来推动的。

二是投资增长慢于经济增长。这主要出现在经济起飞和经济振兴时期。当一个国家经过一个较长时期的投资增长快于经济增长的过程后，随着经济技术条件的变化，特别是科学技术的飞速进步等，会出现一个或长或短的经济与投资同步增长的过程，最后便逐渐地发展为投资增长慢于经济增长的局面。这时经济的发展主要是依靠科学技术的进步，以及反映技术进步的社会劳动生产率的提高。

我国经过长期的经济建设，国民经济物质技术基础已有相当的规模和较高的水平，随着市场经济的建立，资源将由市场来合理配置，投资效率将有所提高，并逐步把经济增长转移到依靠提高科学技术水平与劳动者素质上来。

1.2 投资的分类、对象与行为特征

1.2.1 投资的分类

投资是一个经济活动的过程，在这个过程中，投资主体、投资的对象、投资用途各不相同、千差万别，据此，可以把投资分为若干种类，如表1-2所示。

研究投资的分类，有助于形成对投资更具体、更清晰的认识。

根据本书的内容安排，此处仅说明投资主体的概念和分类。

表 1-2 投资分类

分类特性	地 域	活动方式	资金来源	用 途	作用范围	引发原因	投资与投资存量的关系	投资主体
投资类型	国内投资 国际投资	直接投资 间接投资 灵活投资	财政投资 信贷投资 自有投资	生产经营投资 技术投资 人力资本投资	宏观投资 中观投资 微观投资	自发投资 引致投资	重置投资 净投资 总投资	政府 企业 个人

投资主体是指具有资金来源和投资决策权力，享受投资效益，承担投资风险的法人和自然人(组织和个人)。它有三个层次的含义：一是要有足够的资金来源进行投资，包括投资决策者用各种形式筹集到的资金；二是要在经济发展的过程中能够相对独立地做出投资决策，包括投资方向、投资数额、投资方式等；三是投资决策者对其投资所形成的资产享有所有权和支配权，并能自主地或委托他人进行经营。总之，投资主体是投资活动的发动者、决策者和投资资金的筹措者。

投资主体分为政府、企业、个人三类。政府投资，是指由政府机构作为投资主体所进行的投资，在我国主要包括中央政府投资(又称国家投资)和地方政府投资。政府投资以追求社会利益，并借以调节社会经济关系，实现经济社会发展为目标。企业投资和个人投资，是指由企业、个人和其他经济组织作为投资主体所进行的投资。这种投资是以其对自身经济利益的追求为动机的。在我国，企业和个人投资主要包括国有企业投资、银行间接投资、个人投资等。

1.2.2 投资的对象

投资的对象可以从不同的角度来理解，也有很多种分类。我们着重从微观的角度来分析我国市场经济条件下人的投资行为与心理，因此，把投资的对象分为股票、债券、证券投资基金、期货、房地产等。

1. 股票投资

现代工业的发展，使企业、公司财团的规模越来越大，所需资金也越来越多。这些公司为了向社会筹集它所需要的长期资金，公开发行股票，对于认购股票的人来说，购买股票就是一种投资行为。

中华人民共和国的第一张股票是 1984 年 12 月发行的上海飞乐音响公司的股票，它也成为上海和全国股票市场的发端，时隔 6 年之后的 1990 年 12 月 19 日，上海证券交易所隆重开业。

股票投资越来越成为人们关注的焦点。本书试图从投资者的行为与心理角度，讨论有关投资的心理现象与投资者的行为特征，目的是促进投资者的心理成熟，增强投资者的心理素质，提高投资者的心理承受能力。

2. 债券投资

债券是金融市场上集资的重要工具，它由政府、公司(企业)、金融机构来发行，以筹集所需要的资金。当今世界，在所有的工业发达国家，政府、许多地方政府及大部分公司都发行债券。债券是虚拟资本的形态之一，是政府、企业和银行对其借款承担还本付息义务而开出的凭证。债券是持有者对公司贷款的证书，是领取利息的凭证，债券持有者对公司没有管理权与控制权，这点与股票不同。

3. 证券投资基金

证券投资基金是一种由不确定的多数投资者不等额出资汇集成的基金，交由专业性的管理者和投资公司运用于股票、债券、期权、期货等有价证券的投资上，获得收益后由投资者按出资比例分享的投资工具。

4. 期货投资

期货是一种按照规定的交易程序，买卖双方在交易所内进行公开竞争，对某一商品的买卖达成协议，于将来某一时日交货付款的经济行为。期货投资交易是商品经济的必然产物，是社会主义市场体系的重要组成部分。我国近几年在积极探索有关期货投资交易理论的基础上，已建立了诸如国债期货、金属期货、粮油期货的交易市场。

5. 房地产投资

伴随着我国正在进行的住房制度改革，房地产投资在1992年、1993年形成热潮。房地产作为西方国家国民经济的三大支柱产业之一，也成为我国经济增长点，并越来越受到投资者的关注。本书第10章着重就我国房地产的需求与供给特点，我国住房制度改革与房地产投资的关系，房地产投资、交易、经营的技巧，房地产投资者应具备的心理品质进行讨论。

1.2.3 投资的行为特征

投资行为一般具有以下特征。

1. 联系的广泛性

从整个社会来看，首先，由于国民经济中的其他各项活动都需要投资活动为其提供物质基础，因而，国民经济中各部分、各项活动便都与投资有一种依赖关系；其次，由于投资活动的进行需要国民经济的其他活动为之提供财力、物力、人力等保障和支持，因而投资也离不开国民经济中的其他各个部分、各项活动。投资活动的进行必然与国民经济中的计划、财政、金融、商品流通、生产等在相互的供需中形成密切而广泛的联系。

从投资过程内部来看，一项投资活动的进行，既涉及直接投资者与间接投资者休戚相关的利益关系，又涉及投资者与承包商、供应商甚至证券商等之间的委托与受托之间的经济关系，还涉及投资活动参与者与行政管理者之间的行政管理关系。因此，投资行为显示出了联系的广泛性特征。

2. 规模的扩充性

投资规模的扩充性包括两方面的含义：一方面，一项投资活动的进行与完成，必然会因其大量的需求而刺激相关部门或企业追加投资，使投资呈现出规模不断扩大的特征，显示出投资的乘数原理；另一方面，投资的成功，必然显著增加投资者的投资积累和投资能力，从而形成更大的投资热情和新的投资动机，进而追加投资。这样，从整个社会来看，投资行为显示出投资规模扩充性的特征。

3. 过程的连续性与劳动的多耗性

过程的连续性，即一项投资活动，是一个包含若干相互联系的、不可间断的工作过程，否则将造成投资物品的无效耗费和投资的价值损失，以及投资效率低下；另外，一项投资毫无疑问要耗费大量人力、物力、财力，显示出劳动的多耗性特征。

1.2.4 我国现阶段投资行为的基本特征

1. 投资短缺与膨胀并存

中国的金融体系模式是间接金融方式，即储蓄支持型金融体系的方式，是以银行为主导的金融体系。而现阶段金融业的服务能力与实体经济发展的需要相比还有不小的差距。金融资源分配不均，银行信贷偏向资本密集型产业，导致产能过剩，并且由于我们急于求成，投资欲望过强，在体制上又缺乏抑制投资冲动的机制，导致投资规模长期以来频频膨胀。而科技行业和现代服务业等中小型企业却难以获得信贷资金的支持，先进制造业、高科技产业和小微企业的融资成本仍旧很高，"融资难、融资贵"的困境难以解除，导致这些企业投资不足，由此形成投资短缺与投资膨胀并存的特征。

2. 投资的周期性波动

正如上面所分析的，投资规模的膨胀在我国现阶段将长期存在，但全社会的"投资热"是需要以雄厚的经济实力为基础的，因此，在我国国力薄弱的情况下，经常会碰到资源约束和"瓶颈效应"。当生产停滞、市场供应紧张、物价上涨、经济滑坡等导致社会经济紊乱超过一定的"临界值"时，必然出现投资的"紧急刹车"，许多投资项目会被中止，另一些项目的建设速度则会大大减缓，还有一些即将开工的项目甚至就此作罢，在一段时间内投资处在一个较低的水平。

但是，由于经济的内在调节与政府硬性控制并不能杜绝投资膨胀，较多的投资机会依然存在，较高的投资热情仅仅是受到暂时的控制，加上投资约束机制不完善，所以当经济略有转机，开始复苏并迅速发展时，投资膨胀又会成为必然。这样，在一个较长的时期内，投资必然是"膨胀—收缩—膨胀—收缩"的过程，显示出周期性波动的特征，并由此导致经济增长的周期性波动，我国投资规模的变化充分证明了这一点，如图 1-1 所示。因此，在社会主义市场经济条件下，如何抑制或弱化投资周期性波动对经济的振荡，保持经济的稳定增长就成为政府宏观调控行为的一个重要课题。

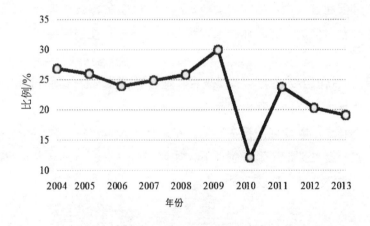

图 1-1　固定资产投资增速

3. 投资主体多元化

虽然我国国有经济成分占主导地位，但是生产资料所有制结构则是各种经济成分、各种经济形式并存。在整个国民经济中，既包括国有经济、集体经济、企业经济、合作经济等不同的公有制成分，也包括民营经济、个体经济、中外合资经济、外商独资经济等不同的所有制形式。这使得多种经济成分的所有制与经营者都有能力和有权利作为投资主体从事投资活动，这就形成了国家、部门、地方、企业、个人等都作为投资主体多元化的特征。

4. 投资来源的多渠道性

投资主体的多元化决定了投资来源必然是多渠道的，由此形成了国家投资、地方和部门自筹投资、企业自行积累投资和社会集资投资，银行利用存款发放贷款投资，发行股票、债券等，以及个人、专门投资机构在证券市场上的间接投资。不同来源的投资，是由投资者的利益偏好所决定的。因此，存在一个如何发挥国有经济投资的主渠道作用，引导集体经济及其他渠道来源的投资，包括通过证券市场聚集的社会闲散资金有一个正确合理的投向，以促进国民经济结构的合理化的问题。这一方面可以通过市场机制来调节，另一方面需要发挥政府的引导功能，并恰当地确定国家财务投资、信贷投资与地方、部门及企业自筹投资的适当比例和投资范围，以有利于经济的均衡发展。

5. 投资调控机制的不完备性

我国目前完全竞争的市场体系尚未形成，加上价格体系不完善，导向失真，因而投资的市场调控机制也必然是不完备的。另外，我国对国民经济的宏观管理，将随着市场体系的完善，逐步转变为社会主义市场经济的宏观调控，这必然要经历一个由不成熟到较成熟的发展过程。就目前而言，投资的宏观调控机制是不完备的，具体表现为：财政预算约束软，法律法制不健全，信贷、财政体制未理顺，市场调控与计划调控所需要的匹配手段不配套等。

由于投资调控机制的不完备，从微观来看，难以形成有效的自我调节和自我约束机制，难以使企业的投资行为规范化；从宏观来看，则难以从总体上对投资规模、投资结构等进行有效的控制，不利于形成良好的投资环境，难以保证投资决策的科学化与投资活动的稳定进行。因此，在社会主义市场经济条件下，如何规范中央、地方、企业的投资行为，逐步健全与完善投资调控机制，是投资领域中一项长期而又艰巨的任务。

1.3 投资行为的影响因素

1.3.1 利率——凯恩斯的基本心理法则

利率与投资关系极为密切。目前大多数企业自有资本占总资本的比重相当低，负债经营既普遍又正常，因此利率弹性也相当大。一旦金融形势发生变化，紧缩银根导致利率上升，对企业而言，资金成本加大，利息负担加重，影响公司利润，企业投资活动变得消极，其结果便是经济不景气，股价趋跌。相反，如果银根放宽，利率下降，企业资金成本下降，便会扩充生产，投资活跃，由此刺激经济，使股价上升。

此外，假如银根放宽，利率下降，投资股票会变得比较有利，股份投资也会增加。进行股份投资时，总希望股价能够上升。如果利率上升，资金便会流向银行存款，远离证券市场，甚至抛售股票兑换现金，股价自然趋跌。一般来讲，利率高低是左右投资决策的一个重要指标，通常利率降低时购进股票，利率上升时出售股票。投资者自然要关心金融市场的利率变化，随时调整自己的投资。

如果我们知道资本边际效率和财富的变动，就可以预测利率的变动，从而重新考虑投资，问题在于其他的投资者是否也在同步预期，如果同时间获得相同的预期效果，那么便无意义。假如我们从政府的某种政策上得到预告，利率将下降，债券价格将上升，那么最好是现在购进债券，待价格上升时将其卖出，但实践这人人皆知的道理实非易事，因为其他的投资者也在争购债券，到时必定会将价格抬高，关键在于进行投资选择时，要知道将发生什么，尤其要知道他人所不知的情况。

1. 资本边际效率

凯恩斯认为，投资取决于利率和资本边际效率。所谓资本边际效率(MEC)，是指投资者对投资的预期利润率。投资者是否投资，取决于他对利率和预期利润率的比较。预期利润率高于利率时，就会投资；反之，预期利润率低于利率时，就不会投资。凯恩斯认为，要想使投资者进行投资，资本边际效率即预期利润率至少应当等于利率。

资本边际效率是凯恩斯的用语，它也被定义为一种贴现率，这种贴现率正好使一项资本品或投资品在使用期限内各年的预期收益的现值等于它的成本或供给价格。这就是凯恩斯三大基本心理法则之一，另外两个心理法则是边际消费倾向递减与流动性偏好。

为了理解这一定义，需从贴现值的算法说起。假设本金为 10 000 美元，利率为 10%，第一年的本利和为

$$10\ 000 \times (1+10\%) = 11\ 000 (美元)$$

在计算复利的情况下，第二年的本利和为

$$11\ 000 \times (1+10\%) = 12\ 100 (美元)$$

第三年的本利和为

$$12\ 100 \times (1+10\%) = 13\ 310 (美元)$$

其余依此类推。

现在假设某企业投资 30 000 美元购置一台机器。这台机器的使用寿命是 3 年，以后没有报废价值。预期收益是：第一年 11 000 美元，第二年 12 100 美元，第三年 13 310 美元，3 年一共是 36 410 美元。如果贴现率是 10%，3 年内全部预期收益的现值是 30 000 美元，即

$$R = \frac{11\,000}{(1+10\%)} + \frac{12\,1000}{(1+10\%)^2} + \frac{13\,310}{(1+10\%)^3}$$

$$=10\,000+10\,000+10\,000$$

$$=30\,000(美元)$$

这个贴现率就是凯恩斯的资本边际效率，它使资本品的供给价格(30 000 美元)正好等于 3 年的全部预期收益(36 410 美元)的现值(30 000 美元)。

资本边际效率的一般公式为

$$R = \frac{R_1}{(1+r)} + \frac{R_2}{(1+r)^2} + \frac{R_3}{(1+r)^3} + \cdots + \frac{R_n}{(1+r)^n}$$

式中：R——资本品的供给价格；

R_1，R_2，R_3，…，R_n——第一年、第二年、第三年直至第 n 年的预期收益；

r——资本边际效率。

上式表明，资本边际效率 r 的数值取决于资本品的供给价格和预期收益。当一笔投资为 R，预期这笔投资的各年收益为 R_1，R_2，R_3，…，R_n 时，这笔投资的预期利润率就是 r。在其他条件相同的条件下，供给价格越大，资本边际效率越小；预期收益越大，资本边际效率越大。

2. 利率的决定

凯恩斯认为，利率取决于人们以现金形式保有资产的欲望和中央银行货币的供给。人们保有现金的欲望，即流动性偏好形成现金需求，中央银行通过公开市场业务等政策性工具，使货币供给保持在某个既定水平之上。当货币需求与货币供给相等时，即形成均衡利率。这是凯恩斯货币理论的基本观点，而流动性偏好这一心理法则即为其中的基本概念。

凯恩斯所称的流动性偏好一词的含义是，人们为了持有现金而不愿持有股票和债券等能生利但较难变现的资产所产生的货币需求。他指出，货币可以充当流通手段进行现期交易，也可以作储藏财富之用。但是，货币充当储藏手段时是不能生利的，那为什么还有流动性偏好存在呢？凯恩斯以为：①就货币用于现期交易而论，在一定限度内，值得为它所具有的流动性，即能直接作为支付手段的特性而牺牲利息；②由于人们不能确知未来的各种利息率将会怎样，如果用全部的资金购买债券，到了需用现款时，必须出售以前购进的长期债券才能得到现金，一买一卖之间可能蒙受损失，而持有现金才可避免这种风险；③在有组织的债券市场中虽然可以自由买卖债券，但未来利率的不确定性使个人对未来的看法不一，凡相信未来利率将高于现在市场利率，害怕债券价格下跌的人都愿意持有现金，而不愿意购买债券。凯恩斯指出，以上所说的三种流动性偏好的理由，可以说起因于三种动机，即交易动机、谨慎动机、投机动机，为了满足这些动机而产生了对货币的需求。

3. 投资函数

市场上的现行利率是投资者的机会成本，利率变化与股票投资有某种反向关系，仅从这一点看，利率支配投资者的选择。因此，它决定了资金 I 的投向：利率越高，投资量越小；利率越低，投资量越大，即得到资本边际效率曲线方程为

$$I=I(r)$$

此式即投资函数。它表示投资是利率的函数。投资随利率的变化而变化，但方向相反。资本边际效率曲线的形状是一条向右下方倾斜的曲线，如图1-2所示的MEC曲线。

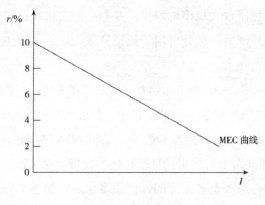

图 1-2　投资函数

1.3.2　收入

1. 收入影响投资的加速原理

前面提到的乘数效应说明投资的变动对收入变动的影响。那么反过来，收入的变动对投资有什么影响呢？西方经济学家认为，投资与收入的影响是相互的，即不仅投资会影响收入，而且收入也会影响投资。加速原理正是研究收入的变动与投资的变动之间的关系，即要说明收入的变动如何引起投资的变动。

企业之所以增加投资，是因为产量的增加对企业的现有生产能力形成压力，使得实际的资本存量与期望的资本存量之间形成了差额。期望的资本存量的增加客观上要求资本供给也必须增加，也就必须增加投资扩大再生产。由此可见，加速原理要研究的投资只限于引致投资，即随国民收入变化而引发的投资。它的基本观点在于，投资是国民收入的函数，投资率是和产量水平联系的，收入和产量的增长将会刺激投资的加速增长，这就是加速原理。用 V 代表加速系数，则

$$V=\frac{\Delta I}{\Delta Y}$$

式中：ΔI——投资增量；

ΔY——产量增量或收入增量。

加速的含义是双重的，即当产量增加时，投资的增长是加速的，但当产量停止增长或减少时，投资的减少也是加速的，这为宏观经济学中的经济周期理论奠定了基础，也说明了投资对经济增长的加速过程。

2. 居民收入与投资

随着居民收入水平的提高，按照许多国家经验统计所反映的规律，其储蓄倾向也有所提高。随着我国居民收入的增长，居民储蓄率从1973年的3%提高到1986年的14%，就是这种规律性的反映。这种储蓄大规模地增加，并不会冲击市场的"笼中虎"，它的一部分除了用于流动资金贷款外，另一部分可用于投资贷款，以扩大再生产规模。因此，居民储蓄是投资的来源。

从我国的储蓄余额来看，如1987年储蓄余额达3 073亿元，约占当年年末银行贷款余额的30%。也就是说，在银行贷款资金的总额中，有近1/3来自居民储蓄。另外，城乡居民收入的一部分购买了国库券、公司债券和股票，如到1986年年底，全国发行各种债券、股票金额186亿元，大部分为个人购买，直接转化为投资。第二次世界大战后日本经济的发展速度在全球首屈一指，原因是多方面的，但很多居民的储蓄急剧上升，为经济发展提供了大量资金，这是其中最为重要的因素。对于储蓄在经济中的作用，日本人有着形象的描绘，如图1-3所示。

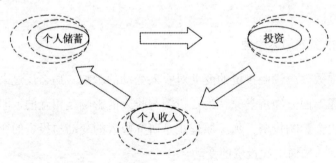

图1-3 居民收入、储蓄与投资的关系

个人储蓄的增加，使得居民投资增加；投资增加，必然增强生产能力，增加利润，增加个人收入；收入增加了，个人储蓄又会增加，这样就形成了一个良性循环。

如图1-4所示为我国1953年至1987年国民收入、积累(投资)、消费波动的相互关系，从中我们可以看出这三者的相互依存关系。

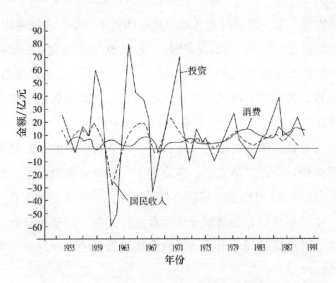

图 1-4　国民收入、投资和消费波动的相互关系

注：图中"国民收入"为国民收入生产额的增长率。

(资料来源：国家统计局. 中国统计年鉴[M]. 北京：中国统计出版社，1991.)

1.3.3　税收

税收制度是整个财政支出的一个组成部分，现在国家财政收入的主要支柱是税收。税收来源于国民收入，或者说税收是国民收入中国家所有的部分，这就是税收的经济实质。税收政策是国家税收方面采取措施的一种方式，是国家经济政策中重要的组成部分，这反映在课税组织、征收方法、税率、税收优惠等方面。

1. 税收政策的运用

政府税收对于国民收入是一种收缩性的力量，因此，在政府支出不变的情况下，增加政府税收可以缩小总需求，减少国民收入；减少政府税收可以扩大总需求，增加国民收入。因此，税收政策的运用应该是：在萧条时期，由于总需求不足，政府应该增加支出、减少税收，降低对企业利润的税率，加速折旧以刺激总需求的扩大；在通货膨胀时期，存在过度需求，所以政府应该减少支出，增加税收，以便抑制总需求、稳定通货。总之，通过税收政策，在经济高涨时期对投资与消费进行抑制，使经济不会因为高涨而引起通货膨胀；在经济萧条时期，对投资与消费进行刺激，使经济不会因为严重萧条而引起失业。这样就可以实现既无失业又无通货膨胀的理想目标。

2. 税收对证券投资行为的影响

税收对资本收益和证券投资行为的影响很大。在证券持有期间，有两种基本的投资可以赚钱：①利息或股息；②在增值时出售或交换，即资本收益。在证券出售或交换变现时，资本收益的变化与纳税是有关的。比如在美国，一张以 50 美元买进的证券一年后升值到 100 美元，不必纳税。但如果在购买该证券两年以后，以 120 美元卖出，所得 70 美元的差价必须作为资本收益申报，并须缴纳税款。这样，在年底时，纳税者出于资本收益的考虑，是否在新的纳税年度开始以前把证券变现，依各自的情况而定。

出于纳税考虑而导致在年终时出售及购买证券是非常普遍的。此时出售者出售证券，是因为下年度就要纳税，不如及早变现、落袋为安。就买者来说，不一定对因纳税导致的出售有所察觉，因为通常 12 月股票市场价格低，而到第二年 1 月便会有一段行情，可逢低吸纳，赚取差价。由于年终岁首的刺激导致大量出售证券，使证券贬值，年初投资者又急于趁低价时买进证券，这样共同作用的结果就出现了所谓的"一月效应"。这体现了税收对证券投资行为的影响。

3. 对我国股票交易所得税的看法

证券市场的投资者，对个人所得税似乎有一种本能的恐惧。1993 年冬，一则有关个人所得税的报道，使本已脆弱的证券市场大幅下跌。1993 年 6 月 28 日，《中华人民共和国个人所得税法实施条例》公布，多数证券投资人士对此思想准备不足，令证券市场再度下跌。后来，财政部、国家税务总局向投资者说明，股票转让所得税目前尚未成形，仍不征税，证券市场才重新有了起色。

目前，我国 A 股网上交易的收费如下：①佣金。上交所规定买入或者卖出股票，收取佣金 1.5‰～3‰，具体根据不同证券公司或个人资金量的多少决定，不足 5 元的按 5 元收取；②印花税。卖出时收取印花税 0.1%(单向收取)；③过户费。沪市每 1000 股(不足 1000 股按 1000 股计算)收取过户费 1 元。这样的收费并不低，不应再征收股票交易所得税，特别是在我国这样一个新兴股市中，更应该采取一些保护和促进的措施。从可能性来看，如果要征收股票交易所得税，那么深沪两市的软件设施就必须重新进行改造，交割系统、清算系统、监测系统、征收系统都要进行全面调整，或者要重新设置。即使这样，股民也会采取各种各样的办法来逃税和避税，而面对规模如此之大、交易如此频繁、损益计算如此复杂的浩瀚股市，税收主管当局必然会穷于应付，偷逃行为会防不胜防。而从技术的角度来看，目前我国还不完全具备建立科学的股票交易所得税的技术条件和管理能力，如果在这种情况下就推出股票交易所得税而同时又放弃股票交易税的话，弄不好就会"鸡飞蛋打"，导致股市上税收的大规模流失。从这些方面来看，在我国征收股票交易所得税的思路是不可取的，有关部门应该从现实出发对此做出明确规定，从而给投资者一个"定心丸"，而不应只用"暂不征收"这样的字眼来搪塞，使股民的心难以安定。

1.4 投资心理学简史

投资心理学(investing psychology)产生于20世纪80年代的美国。这是一门边缘交叉学科，涉及经济学、投资学、金融学中的有关投资的基础知识、概念。因此，投资心理学的产生与发展是与现代经济学、投资学、金融学的发展密不可分的。

投资不仅是一种经济现象，还是一种心理现象，因此投资市场中反复出现市场异常——狂热与低迷，即在牛市时失去理性、投资狂热，熊市时市场低迷、萎缩。例如，17世纪荷兰的"郁金香狂热"，18世纪英国的"南海公司泡沫"，1929年、1987年美国股市的两次股灾，20世纪80年代中国集邮者的疯狂炒作和20世纪90年代中国海南房地产价格泡沫，以及21世纪美国互联网公司的狂热与暴跌等，无不是市场异常的反映。

西方主流金融理论的代表人物都在不断探索投资活动的主体——人在经济活动中的心理与行为活动的规律，比如人在经济活动中是完全理性的，还是非理性的，人的认知偏差对股市决策、市场价格结构的影响怎样；又如在投资过程中人的人格差异、动机、情绪对投资操作有何影响。回答这些问题就催生了一个新的学科，即投资心理学，西方经济学界也将其称为"行为金融学"。开辟投资心理学新领域的代表人物为以下四位：芝加哥大学商学院的理查德·塞勒(Richard Thaler)、普林斯顿大学的丹尼尔·卡尼曼(Daniel Kahneman)、耶鲁大学的罗伯特·希勒(Robert Shiller)和圣克拉尔大学的米尔·斯塔曼(Meir Statman)。

1.5 投资心理学的研究对象与意义

投资心理学研究的对象是在投资活动过程中投资者(个体和群体)行为与心理活动的发生、发展及变化的规律。

1.5.1 投资心理学的研究对象

投资心理学具体研究的对象可分为以下五个方面。

(1) 投资过程中投资者个体心理过程的规律性。例如，投资者在投资行为中产生的感觉、知觉、思维、认知过程、情绪等的规律性。

(2) 投资过程中投资者群体的心理与行为的规律性。例如，投资者群体中的从众行为、投资决策、流言等。

(3) 投资市场中投资者心理与行为的异常现象，以及其对人性实质的诠释。例如，对历史上与现在股市中重复出现与轮回出现的时狂现象,以及其背后的人性解释。

(4) 证券、期货、房地产等投资中投资心理学的理论与操作实践。不同类型的投资中,投资心理学的理论与操作实践有很多差异,通过研究寻找出投资心理学的一般规律及不同投资领域的特异规律。

(5) 成功投资者的心理特征与心理素质。例如,世界著名投资者在其成功的投资过程中所归纳出来的心理素质及我国成功投资者的心理素质的维度结构。

1.5.2 投资心理学的意义

投资心理学的意义可以归纳为以下内容。

投资心理学满足日益增长的社会投资需求。中国股民早已过亿,股市与股民家庭经济生活的各方面相联系,此外,股市也是影响国民经济的晴雨表。

投资心理学有助于克服人性的弱点和心理误区,有助于培养出成功的投资者。

投资心理学的产生是学科融合发展的结果。心理学家丹尼尔·卡尼曼在此领域的研究成果,使其获得了诺贝尔经济学奖。

投资心理学的产生与发展有助于心理学科的发展。

投资心理学对实际投资操作具有指导作用。有时,大众投资者会有心理误区,投资者在操作中的理念与技巧是非理性的,而分析市场却是理性的。

本 章 小 结

在整个社会经济生活中,投资作为一项重要的经济活动,有着其他经济活动所无法替代的、深远的影响和作用。投资是一种以获得未来货币增值为目的的经济行为。投资心理学就是研究投资过程中投资者个体与群体心理与行为的规律性,解释投资市场中投资者心理与行为的异常现象,通过分析证券、期货、房地产等投资中的投资心理学的理论与操作实践,归纳成功投资者的心理特征与心理素质,为投资者的投资提供参考和借鉴。

经 典 案 例

"南海公司泡沫"

思 考 题

1. 试述投资的基本内涵。
2. 试述投资行为的基本特征。
3. 试分析投资行为的影响因素。

第 2 章 投资心理学的理论基础

【学习目标】

- 了解投资风险的内涵与类型。
- 了解风险对投资者意味着什么。
- 学会区分投资、投机与赌博行为。

【核心概念】

投资风险　前景理论　投机行为　赌博行为

【章前导读】

　　投资是一种风险性行为。投资是在风险与报酬之间进行的选择。免费投资者应该了解和识别可能存在的各种投资风险，以最小的风险取得最大的报酬。不同的投资者有不同的风险认识和风险偏好，但是根据"前景理论"，投资者愿意冒风险而避免亏损，但不愿意冒风险去实现利润最大化。那么，不同的投资者是如何选择他们的风险与报酬的平衡点的呢？

2.1　什么是投资风险

　　对"风险"一词的界定众说纷纭，人们常常从不同的角度和不同的侧面定义"风险"，还没有一个统一的意见。从投资风险的实践来看，"风险"常被看作：①损失的可能性；②损失的或然性和概率；③危险事故；④危险因素；⑤潜在的损失；⑥潜在的损失变动；⑦损失的不确定性。

　　这些"风险"的同义词，从各种不同的侧面定义和规范了"风险"一词。因此，所谓风险，从投资角度来看，是指发生某种不利事情或损失的各种可能情况的总和。具体地说，是指损失发生的可能性、或然性、变动性、不确定性等。在定义中，我们确认了构成风险的两个基本要素：一是负面性，即发生不利事件或损失；二是不利事件，即负面性发生的可能性或概率。

　　例如，某人购入预期收入为15%的国库券1万元，其投资报酬率(15%)能精确地加以估计，这说明投资是没有风险的，当然也可能面临诸如通货膨胀的风险。但如果将这1万元用来购买某公司的股票，其投资报酬率就不能精确估计了，从一本万利到蚀光老本，变数极大。可见，后一项投资的风险是较大的。

2.2　投资风险的类型

　　风险的类型是根据不同的标准和参照物，对风险的内容进行适当合并和划分的结果。一般将风险分为以下几种类型。

2.2.1　主观风险与客观风险

　　主观风险和客观风险，是以人们对风险的不同认识为标准划分的。人们对风险认识尽管众说纷纭，但归根结底，不外乎主观与客观两大类型。"主观说"视风险为个人心理上的一种观念，是人对客观事物的主观估计，无法用客观尺度予以衡量，因而将风险看成主观风险。前面把"风险"看成"损失的不确定性",这种"不确定性"实际上就是一种主观的估计,其范围包括损失发生与否不确定、损失发生时间不确定、损失发生状况不确定、损失发生结果不确定。照此定义的风险就是一种主观风险。主观风险虽然与风险本身有很大不同,但其对认识、评价风险,对投资的作用是不可忽视的。"客观说"视风险为客观存在的事物,可以用客观的尺度加以衡量,因而将风险看成客观风险。把"风险"看成"潜在损失的变动",即在特定的客观条件下,在特定时间里,某种结果发生的可能变动程度和实际结果与预期结果的变动程度。照此定义的风险就是一种客观风险。本质上,风险应该是一种客观存在。

2.2.2 纯粹风险与投机风险

纯粹风险与投机风险,是以损失的性质作为标准来划分的。纯粹风险是指只有损失机会而无获利机会的风险,而投机风险是指既有损失机会,也有获利可能的风险。据此,由纯粹风险导致的结果有两种:一是没有损失;二是损失。火灾、车祸、死亡、疾病都是纯粹风险。由投机风险导致的结果有三种:一是损失;二是没有损失;三是获利。例如,当价格下降,将遭到损失;价格不变,没有损失;价格上涨,投资者获利。所以,这是一种投机风险。纯粹风险是静态的,总与不幸相联系;投机风险是动态的,因投机有利可图,带有诱惑性,促使人们为获利而去冒这种风险。从社会角度来看,个人面临纯粹风险而蒙受损失,社会也会随之遭受损失。但投机风险则不一定,某人受到损失,但他人可能因此而获利,因而整个社会可能没有损失。

应该指出,这里的投机不是一种道德概念,不能用道德评判标准去褒扬纯粹风险,贬低投机风险。纯粹风险与投机风险只是风险的两种不同类型,没有好坏之分。例如对一个企业来说,可能同时面临着两种风险,而且这两种风险可能你中有我、我中有你。再如火灾一般被认为会导致纯粹风险,但一场大火烧毁了弃而不用、准备拆除的建筑物时,实际上为企业带来了益处。同样地,产品不能完全卖出去是一种投机风险,但通常也会包含许多纯粹风险的因素,因此从这个意义上看,纯粹风险与投机风险并不互相排斥,而是具有共存性。

2.2.3 静态风险与动态风险

静态风险与动态风险是以损失环境为标准划分的。静态风险是一般环境下所发生的风险,它是由自然力的不规则变动和人们的行为错误或失当引起的。前者如地震、雷电、洪水、台风、疾病等;后者如失火、盗窃、呆账、事故、对第三者的损害等。动态风险是与社会经济环境变动相关的风险,它是由消费者需求变化、企业组织结构、技术结构和生产方式变动而引起的,如投资环境恶劣、市场疲软、经营不当等。静态风险在一定时间内,其危险事故的出现较为规则,多属于纯粹风险。动态风险的事故出现是个别的、偶然的、不规则的,很难进行预测,既有投机风险也有纯粹风险。此外,静态风险所造成的损失,相对而言,影响面较小;动态风险造成的后果严重,影响面较大。静态风险与动态风险也常交织在一起。

2.2.4 特殊风险与基本风险

特殊风险和基本风险是以风险的来源为标准划分的。特殊风险,如非正常死亡、残废、火灾等,来源于特定的个人,因而损失也只涉及个人。基本风险来源于组织的性质,损失也影响到整个组织,与某个特定个人无关。基本风险包括:①经济系统的不确定性,如公共购买力,可利用的劳动力和资本、能源、交通,适宜建筑的土地等存在一定的风险;②社会和政治的不确定性,如税收、进出口控制、金融限制;③意外的自然破坏等。随着时代的发展和观念的改变,特殊风险与基本风险的某些界限也会有所不同。例如失业等,过去被认为是特殊风险,只与特定的个人相关,而现在则往往被视作基本风险。特殊风险一般是纯粹风险,而基本风险则包含了纯粹风险和投机风险。

对风险还有其他的分类,如可分为自然风险、社会风险、经济风险和技术风险,也可分为市场风险、生产风险、财务风险等。但这些划分不是绝对的,只有模糊的分界。有时,一种风险属于某种类型,但随着时间的推移,其性质发生改变,应调整到另一种类型中。

2.3 投资风险和投资冒险

风险与冒险是人们容易混为一谈的两个概念,其实两者是既相互区别又相互联系的。

风险是可能发生不利事件和损失的概率。任何时候,当我们无法预料某种结果,无法确定某种负面特点的后果时,我们就可能面临风险。

冒险是人决定对自己的行动做出的选择,而这种选择会产生或增加某种不幸后果发生的可能性,致使一些不希望发生的事情更有可能发生。所以,冒险的基本行为结构模式可以简单地表示为某人采取行动 A,主动去冒风险 R(指可能的具有负面的和不幸结果的事件)。当然,在投机风险中,冒险行为也会发生正向的结果。这就是说,风险是一种客观存在,冒险则是人的主观选择和决定。由于人类行为的介入,会加剧风险发生的可能性,从而促使这种客观存在的可能性转化为现实性。

例如,对某种股票,我们无法确定其价格是否会上涨和股份公司是否会倒闭,即无法确定价格下跌和血本无归的可能性和风险。但是,一旦我们决定购买这种股票,公司价格下跌或倒闭的情况则完全有可能发生。也就是说，我们在冒投资无法盈利的风险。

当然，风险与冒险的关系是相当密切的。一方面，风险的存在，使人们必须认真考虑自己的行为，在若干所能的行动中选择最合理的行动，以争取最好的结果。因此，风险是人们冒险行为的起因。另一方面，从结果的角度看，风险和冒险都以可能的负面性结果为特征，在很多情况下，这种结果是人的行为的介入所促成的。投资是一种对风险行为的选择，从这个意义上来说，冒险的概念对投资风险也是十分重要的。

2.4 投资者对投资风险的知觉与态度

2.4.1 投资者对风险的知觉

人感觉到的风险(即主观风险)与风险本身有很大的不同。主观风险是人的一种心理观念，是人对客观事物(风险)的主观估计与知觉。这种主观估计与知觉难免与实际存在的风险存在一些偏差。投资者对于可能发生的损失，或过分恐惧、过高估计风险发生的概率，或对这种损失特征有某些偏见，而在此误解的基础上建立起来的认识和判断，会使人处于一种虚假的、与事实相去甚远的主观风险之中。因此，一个有理性的风险投资者应具有两个观念：①一个人只能被期望去考虑那些能够认识的风险；②理性的人必须通过合理和恰当的努力去了解和掌握其周围的风险，即做到主观知觉到的风险应尽可能与客观存在的风险相符。

2.4.2 风险对投资者意味着什么

风险对投资者而言意味着以下意义。

(1) 资金损失。

(2) 无法盈利。

(3) 资金投向和投资方式令你感觉不舒服，或无法集中心思去做除投资以外的任何事情。

(4) 因投资价值的下降而焦虑不安。

(5) 在你的投资组合中有一只股票出现下降，而其他股票稳中趋升时，你感到了焦虑。

(6) 担心再次血本无归。投资者通常将损失等同于高风险，从而往往导致错失投资良机。他们所意识到的风险远远超过了实际的风险。

(7) 以数量而不是以比例衡量损失。5%这一比例对所有的损失都是一样的，而以数量衡量，对风险的担心程度会大大上升。

(8) 对未知事物的恐惧。缺乏经验与缺少知识导致很多投资者认为风险太高而错过机会，事实上只是情况稍微复杂一点而已。

(9) 当投资在很长一段时间里保持不错的表现时，会引起投资者的紧张情绪。事实是，股票价格上升越高，风险越大。

(10) 风险可量化为贝塔系数，即预期资产回报率与市场回报率的比例。贝塔系数高，则风险大；贝塔系数低，则波动性低，风险较小。

2.4.3 投资者的风险态度

个人投资者对待风险的态度是一个比较复杂的问题，它不仅与投资者所处的社会经济环境有关，而且还与投资者本人的地位、性格、心理状态有关。例如，有一个机会，以 0.5 的概率可获得利润 200 元，另外有一个机会，以 0.5 的概率会损失 100 元，在这种情况下，有的人为了追求 200 元的利润乐意承担 100 元的风险损失，而另外一些人为了不损失 100 元，甘心错过获得 200 元的机会。所以，投资者对待风险的态度常常是决定投资行为的重要因素。

虽然投资者对待风险的态度受到多种因素的影响，而且也可能经常发生变化，但从理论上来说，仍可将人们对待风险的态度分为以下三种类型。

(1) 回避风险型。例如上例中的第二种人，这种人进行投资决策时总是追求稳定的收益，不愿冒较大的风险。在选择投资机会时，对于预期收益大但风险也大的项目采取回避的态度，而倾向于选择预期收益虽小，但把握比较大的项目。这样，投资即使成功，也不会有特别大的收益；投资如果失败，也不会受到致命的打击，还有回旋的余地。

在股票投资中，回避风险型投资者通常是稳健的保守者，多选择历史悠久、信誉良好、较为著名的公司的普通股作为股票投资的对象，其心理特征是买高不买低，因为他惧怕风险，往往愿意买进高价位的股票，在他看来这种股票看涨，买后心里踏实，尤其是在股市尚不成熟完善的阶段。一般股民大都表现出这种心态。

(2) 勇冒风险型。例如上例中的第一种人，他们与回避风险型的人相反，有比较强烈的进取心和开拓精神，为了追求较大的收益，宁愿承担较大的风险。在风险程度不同而且收益不同的投资方案之间进行选择时，他们总是选择预期收益大、风险也大的方案，有时虽然投资方案的成功率极小，但由于预期收益很大，他们也乐意去争取，甚至不惜孤注一掷。因此，这种人有可能取得巨大的成功，也有可能一败涂地。

在股票市场上，勇冒风险型投资者多有一种赌博心理，以投机股为投资对象，预期报酬率很高，为此不惜承担巨大的风险。其结果通常走向两个极端，投资成功了，收益就相当丰厚，财产会迅速增加；投资失败了，亏损非常彻底，落得个身无分文、一无所有。

(3) 中间型。上述两种对待风险的态度是两种极端的情况，介于两者之间的属于中间型。这种人对风险不甚敏感，在选择投资机会时，比勇冒风险者要冷静一些，但又没有回避风险者那么保守,处于折中状态。

这三种不同的对待风险的态度可以用如图 2-1 所示的风险选择曲线来表示。

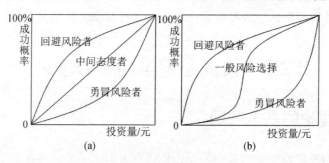

图 2-1　风险选择曲线

在股市中,风险中间型投资者往往采取折中态度并付诸行动,在进行投资决策时往往尾随在别人后面。由于缺乏自己独立的思考与判断,这类投资者有时会上当。例如,有些投资者看到别人大量购入某种股票就以为这种股票风险不大,不能错失良机,便盲目购进,当看到别人大量出售某种股票就以为持有这种股票会被套牢,便跟着抛出。其实,这种想法未必合理,因为别人购进或售出某种股票,都是别人出于他们自己特定原因的考虑而做出的决策,不加分析的跟风投资很容易被投资大户操纵。

图 2-1(a)中的曲线表示,投资决策者在选择投资方案时,必须考虑两个因素:一是投资的数量;二是成功的概率。一般来说,投入的资金越多,人们投资成功的机会就会越大,而投资成功的机会越大,人们就越乐意投入更多的资金。但是,由于人们对待风险有不同的态度,因此,他们的风险选择曲线也不同。勇冒风险者在成功概率低的情况下也会投入较多的资金,而回避风险者却要求在成功概率很高时,才投入相同数量的资金,持中间态度的投资者的风险选择曲线介于二者之间。

图 2-1(a)中,中间态度者的风险选择曲线是一条直线。这就是说,他愿意投入的资金数量同投资成功的概率是按比例增加的。但在现实生活中,这种情况是很少见的。通常人们对待风险的态度往往会随着投资量的改变而改变。因此,一般风险选择曲线往往呈"S"形,如图 2-1(b)所示。这一曲线表示,当投资数量较少时,即使成功率很低,人们也乐意承担风险;但当数量很多时,人们就会变得保守起来,不愿承担太大的风险。

应该指出的是,在企业投资中,企业投资决策者对待风险的态度还要受多种因素的影响。例如,心理因素和企业的外部环境常常是引起决策者改变风险态度的重要原因。企业在盈利时,其对待风险的态度往往偏于保守,而在亏损时,则容易偏于冒险。特别是当一个企业濒临破产时,常常会表现出强烈的冒险精神。另外,国家的政治和经济政策、社会风气等也直接影响着企业对待风险的态度。当国家的各项政策倾向于鼓励创新和开拓时,企业投资决策者的冒险精神自然会强烈一些。当社会风气注重培养和促进经济竞争时,企业投资决策者会更乐意承担风险。从这一点来看，在我国这样一个风险精神普遍比较缺乏的国家中，在建立市场经济过程中，强化企业和个人的风险意识是很有必要的。当然，同时也要加强风险分析教育，引导投资者在对风险进行科学分析的基础上做出决策。

2.5 投资心理学的核心理论

2.5.1 前景理论的基本内涵

前景理论作为投资心理学的核心理论，是研究人们在不确定性条件下如何做出决策的，主要是针对性地解释传统投资学理论中的理性选择与现实情况相背离的现象。该理论由卡尼曼和特维斯基(Tversky)于1979年共同提出的，并在之后得到了不断补充和修正。其一方面继承了传统理论中关于人类具有根据成本收益采取效用最大化的倾向；另一方面又提出，由于有限理性、有限自制力的存在，人们并不完全如传统投资理论所假设的那样，在任何情况下都会清楚地计算风险得失的概率，人们的选择往往会受到个人偏好、社会规范、观念习俗的影响，因而其未来的决策便存在着不确定性。具体而言，前景理论包含以下颇具说服力的论断。

(1) 决策参考点。投资者决策时判断效用的依据并非如传统理论所描述的是最终的财富水平，而是会以自己身处的位置和衡量标准来判断行为的收益与损失，也就是选取一个决策参考点，并以此来决定投资者对于风险的态度，从而做出投资决策。卡尼曼和特维斯基研究指出，在决策参考点上，由于人们更注重预期与结果的差距而非结果本身，因而选择什么样的决策参考点至关重要。也正是由于投资参考点的存在，致使预期具有不确定性和不稳定性，而由预期所带来的投资行为也不可能与理性选择理论完全相符，因此，非理性的投资行为会偏离传统投资学理论模型。

(2) 损失规避。卡尼曼和特维斯基通过实验研究发现，在决策参考点进行心理算计时，投资者在大多数情况下对于预期损失的估计会比预期收益高出两倍。因为在不确定性条件下，人们的行为偏好是由财富的增量而非总量所决定的，所以人们对于损失的敏感性要高于收益，这种现象称作"损失规避"，它不同于新古典理论关于偏好的假设，有效解释了人们现实的决策行为与数量模型之间的偏差。同时，卡尼曼和特维斯基还运用效用价值函数来描述个人的选择行为，由于损失规避的特征，效用函数表现为正的增量是凹的，表现为负的增量则是凸的，因而人们在面临亏损的情况下，会成为一个风险追求者而不是风险厌恶者。实验研究表明，在上一轮赌局中遭受损失的人更有参加下一轮赌局的内在冲动。

(3) 非贝叶斯法则的预期。概率论中的贝叶斯法则是指当分析样本数接近总体数时，样本中事件发生的概率将接近于总体中事件发生的概率。卡尼曼和特维斯基认为，当行为人在面对不确定性情景作预期的时候，其决策通常会体现出非贝叶斯法则的特征，即把小样本中的概率分布当作总体的概率分布，从而夸大了小样本的代表性，或者对小概率事件加权太重，出现了"小数法则偏差"。例如在十个被试者当中，文化程度高的人更容易掌握高尔夫球的初学要领，这样人们可能会形成这样一种观念：在高尔夫球学习者中，文化水平高的人更容易学会。显然，这就是一种非贝叶斯法则的预期。

(4) 框架效应。卡尼曼和特维斯基研究人类在不确定性条件下的决策时注意到行为选择与行为环境之间的关系。当人们面临决策时，不仅考虑行为的预期效用，而且会受到问题表述的框架方式的影响。换言之，问题是以何种方式呈现在行为人的面前，这会在一定程度上影响人们对于风险认知的态度。面对同样预期效用的确定性收益与风险性收益，如果行为方案的结果是收益的，那么行为人会选择确定性收益，即表现为风险规避倾向；然而，面对同样预期效用的确定性损失和风险性损失，如果行为方案的结果是损失的，那么行为人会选择风险性损失，即表现为风险偏好倾向。

2.5.2 前景理论解析投资者的风险态度

前景理论现已成为投资心理学的理论基石，可以有效诠释投资者的风险态度。前景理论认为，人们对相同情景的反应，取决于它是盈利还是亏损的状态。在盈利与亏损相同的情况下，亏损时感到更沮丧，盈利时也没有快乐。在损失与盈利等量的情况下，沮丧情绪比高兴情绪强烈得多。股民对待风险的态度也是随情景的不同而不同。投资者愿意冒风险而避免亏损，但不愿意冒风险而去实现利润最大化。为此，在有利润的情况下表现出对风险的规避，但在亏损的情况下投资者又变成了冒险者。这说明当投资者确信已赚钱时，愿意规避风险，而在确信已赔钱时，则愿意承受风险。投资者由于厌恶亏损的发生，倾向于卖掉手中获利的股票，继续持有被套的股票。前景理论所总结的投资者的风险态度如下：①大多数投资者在获利时是规避风险的；②大多数投资者在损失时是偏爱风险的；③投资者对损失比对获利更敏感。

2.6 投资心理学的相关理论

2.6.1 态度理论

1. 态度的基本含义

态度是指个体对待任何人、观念和事物的一种心理倾向，它包括认知、情感和行为三个因素。其中，认知是指人或物被个体知觉到的方式，即在个体大脑中形成的心理映象，它包括个体对于知觉对象的所有思想、信念及知识；情感是指个体对某一特定对象持有的好恶情感，即个体对态度对象的一种内心体验；行为是指个体对态度对象的反应倾向，即个体处于行为准备阶段，对态度对象做出某种反应。一般而言，上述三个态度因素是相互协调一致的。例如，某投资者经过研究发现一个具有成长性的潜力股后，便吸筹建仓，随着该股股价的涨跌，他的好恶情感也随之波动。但有时三个因素之间也会发生不一致的情况，这时，情感因素往往起着主导作用，产生了诸如恋股情结等的情绪反应。

2. 态度在投资行为中的功能及其相关性

个体态度与个体需要是密切相关的。积极的态度源于需要的满足，而消极的态度则源于需要未被满足。因此，我们认为，态度对于个体的投资行为具有以下三个功能。

(1) 实用功能。这是态度对于投资行为最重要的功能。由于态度是个体为了达到某一目的的手段，起到了争取获得外界最大利益的工具性作用，如良好的投资态度有助于进行正确的投资决策。

(2) 防御功能。每个个体都力求使自己的认知态度与现实环境保持协调一致。当个体的认知态度受到外界威胁时，他便会采取行动维护自身的态度，产生所谓的"甜柠檬效应"，如投资者购买的股票股价虽然跌了，但他坚信还有上涨的可能性，并主动采取一系列手段，降低持股成本。

(3) 表现功能。态度是个体价值观念的表现。例如，有人会一掷千金投资于古董收藏和人寿保险。

2.6.2　信息理论

信息理论认为，影响股价变动的主要因素取决于投资者对于未来股价、盈利与股息变动的认知态度。

若市场上为数众多的投资者都对股市前景抱乐观态度，必会争相吸筹建仓，拉高股指。如果投资者过于乐观而引起股票恶炒，则会将股价抬升至不合理的高位。例如，某股票股价短短一周从 6 元猛涨到 9 元，是因为市场盛传该上市公司即将进行资产重组并公布新的发展计划，造成投资者对该公司的投资前景充满想象空间，于是纷纷进场吸筹，促使股价扶摇直上。

反之，若投资者对股市前景持悲观态度，亦会大量抛售股票，致使股指大跌，尤其是在过分悲观态度充斥的情况下，投资者会盲目抛售股票而使股价过度缩水。信息理论可以说明当经济状况良好而股价疲软，或当经济状况欠佳股价反而上涨的原因。与其他投资理论相比，信息理论更重视投资者认知态度的变化。

2.6.3 情绪周期理论

由于情绪与态度关系密切，伴随着不同的认知态度，个体会产生不同的情绪体验。而股市的波动不仅表现为股价空间起伏的规则性，也表现为时间循环周期的节律性，个体的情绪对此起了很大的影响作用。统计研究表明，引发股价周期波动的因素中，心理因素占20%以上。而造成心理情绪周期波动的原因如下。

(1) 人类生物节律的周期特性。科学研究发现，个体的生理周期为23天，情绪周期为28天，智力周期为33天，而沪深两地股市的短周期与此十分吻合。

(2) 贪婪与恐惧情绪的交替出现。贪婪导致股价上涨时持有者不卖，未介入者则不断追涨，形成超涨；反之，恐惧则促使股价不断下跌，使股价由合理下跌转为超跌。股市中这两种情绪的不断交替，促成了股市呈周期波动状态。

(3) 股民情绪的相互感染与共鸣。股市是由人参与的，由于大多数股民缺乏自制力、自主性，以及输赢不计、处变不惊、不以物喜、不以己悲的超脱情怀，所以面对股市的变化，股民情绪相互感染，引发共鸣。

2.6.4 预期理论

1. 预期的基本含义

"预期"作为一种社会心理现象，影响着人类行为的各个方面。经济学中的所谓预期是指经济行为人对于经济变量(如价格、利率、利润及收入等)在未来的变动方向和变动幅度的一种事前估计。在某种意义上，预期作为经济行为的行为特征与前提，无疑支配着个体的现实经济行为。例如，个体正是依据自己的预期，才做出各类投资决策的。

在1936年出版的《就业、利息和货币通论》中，著名经济学家凯恩斯首次明确地提出了预期概念，并把它作为宏观经济理论的主导思想，他认为预期是影响总供给和总需求的重要因素，甚至是导致经济波动的决定性因素。凯恩斯对于就业水平、货币供求、投资水平及经济周期的分析与探讨，都是建立在预期概念之上的，换言之，作为心理因素的预期概念正是凯恩斯宏观经济理论体系的基石。

2. 预期对投资行为的影响

凯恩斯认为，在一个现实的充满不确定性的市场经济体系中，投资者进行投资决策，只能依据预期做出判断。而随着社会分工的迅速发展和市场经济的空前壮大，银行、证券、保险和房地产等企业的业务活动向社会经济生活的各个领域不断渗透与扩展，人们的各类投资决策对于预期的依赖程度也就不断增强，以至于人们所拥有的各类资产，不论是房地产等物质资产，还是货币、债券、股票和保单等金融资产，都成了现在与未来的连接物。人们对于一笔资产，首先要考虑如何在它的各种用途之间做出安排，以何种形式持有，以及各种资产之间的分配比例等，以避免各种可能有的损失和获得可能有的最大收益。这样，预期就成为影响投资决策的决定性心理因素。

3. 股价预期与投资行为分析

股价经常处于波动之中，是什么因素影响股票价格的预期呢？一般有三类基本因素。

(1) 股份公司自身因素的预期。股票价格的预期首先取决于股份公司的运营机制，具体包括公司的盈利和股利水平、公司的风险等股票内在价值因素。其次，公司的经营管理水平和信誉、公司经营者人选等因素，也影响股票价格的预期。

(2) 证券市场因素的预期。其中包括股票市场供求关系的预期、股票市场投资行为的预期、股票市场规模的预期、证券管理层行为的预期等。

(3) 社会心理因素的预期。由于证券交易行为的广泛性，使得股票价格对各种社会心理因素的反应十分敏感，成为社会政治、经济生活的晴雨表。这些社会心理因素包括政治因素、经济因素与投资人群的心理因素等。

综上所述，影响股价变动的主要因素是投资者对于上市公司的业绩营运做出的预期。如果投资者预期公司业绩蒸蒸日上，必会争相买入股票，促使股价步步上涨；反之，如果投资者预期公司业绩江河日下，就都会竞相抛售股票，使得股价节节下跌。该理论认为，盈利的多寡可进一步影响股息的多少，公司盈利越多，投资者对股息的预期就越高；反之则越少。因而，公司盈利与股价的高低有着千丝万缕的密切关系，投资者应审慎研究一切足以影响公司未来盈利变动的因素。

投资心理还涉及许多其他的理论，如风险理论，在此不作阐述。有关证券投资中的理论，如稳固基础理论、空中楼阁理论、金融市场中证券组合理论等在此不作阐述。

2.7 投资行为与投机、赌博行为的区分

人们经常将投资与投机进行对比来讨论投资的含义。投资被认为是具有有限风险的，投资的未来收入比较稳定，而且本金也相对安全，投机则具有较高的风险，但是，二者要画出一条区分界线是不容易的。

区分投资与投机的困难之一，在于未来的收入实现和本金的归还都涉及一定程度的风险。风险是一种态度，有时是一种个人的知觉。所以，较低程度的风险和较高程度的风险之间的界限是难以把握的。

区分投资与投机的困难之二，在于不同的投资工具的风险需用不同的方法来测定。就

债券而言，收到未来利息和到期本金都能做出准确的估计。但是就股票而言，本金通常仅在市场上方可以得到补偿，而收入是由股份公司的利润分配所决定的。

只有通过估计股票的市场价值才能做到这一点。而且，就某些股票来说，高风险与高报酬还包括对未来收益的估价。因此，有时国库券会比股票有更高的收益。

因此，以风险为依据区分投资与投机仍是有缺陷的。根据西方投资学家的看法和各国证券投资的实践，有以下结论。

(1) 投资与投机难以明确区分开。

(2) 证券市场的投机永远不会也无法绝迹。

(3) 投机有助于证券市场和证券交易所的交易，有助于提供充足的风险资金和投资资金，应该既允许投机存在，又控制其活动。

(4) 投资与投机的未来收益都带有不确定性，因而都包含着风险因素。

2.7.1　投资行为

这里所指的投资行为，不是广义的投资行为，而是狭义的投资行为，即投资者购买股票，准备长期持有，以取得定期收益的投资行为。

投资者购买股票的目的，主要是为了获得长期的资本所得，既希望定期地获得稳定的股息收入，同时也希望能在较长时期内通过股票价格的变动获得价格差额。

这些投资者，一般应选择质量较高的股票进行投资。质量较高的股票，是指那些经济实力雄厚、经营管理好的上市公司发行的股票。在股市中，一般蓝筹股都具有这些条件，可算是优质股。

投资者在进行投资之前，一般要在掌握较充分的信息资料的基础上，对所要购买的股票的各种风险和预期的收益率进行分析，绝不可凭臆测来进行投资决策。理性的投资决策是投资成功的一个关键点。

2.7.2　投机行为

投机行为是股票市场上一种常见的股票买卖行为。投机者从事股票买卖的目的，与投资行为不同，是希望能在短期的股价变动中获得差价。

投机者在买卖股票时，通常不注重对上市公司的经济实力和经营管理等方面的分析。他们进行投机行为的前提是了解和掌握某方面的内幕消息，以技术分析为主，并据此做出投机决策，因此，其未来收益的不确定性是很大的。但投机者愿意承担较大的风险，也往往会在短期内获得预期的收益。当然，一旦失算，其损失也是很大的。

投机行为的特点是，以在短期内获得较大的利润为目的，并愿意承担较大的投机风险。

投机行为虽然有时会造成股价的猛跌猛涨，不利于股市的安定，但它也有利于股票市场的一面：①投机者敢于承担新股票发行的风险，因此在一定程度上推动了新股票的发行工作；②投机者的投机买卖行为频繁，交易数量也很大，因而活跃了股票市场；③由于投机者不注重定期的稳定收入，而是关注股票价格波动带来的利益，所以能在股价下跌时购买，在股价上升时抛售，这对调节股市的供求关系、稳定股票市场起到了积极的作用。

但是，恶性投机活动，纯粹是以个人利益为出发点，凭其巨额资金，在市场上进行欺诈假冒、内外勾结、操纵行情、垄断市场，这些行为显然有损大众和投资者的利益，这种行为不是一种真正意义上的市场行为。

2.7.3 赌博行为

赌博行为是以运气、机遇为基础，凭借侥幸心理来买卖股票的。这种投资者希望在很短的时间内谋取大量的利益。

在股票市场中，赌博行为的特点是投资者进行股票买卖，是在毫无信息资料分析的情况下，或只凭点滴内幕消息便做出了股票操作的大胆决策。

赌博行为是盲目冒险的行为，往往只是得到风险，遭受损失，而很难收到预期收益，这里有必要把投机行为与赌博行为区分一下。

就经济性质而言，投机与赌博是性质截然不同的行为。赌博是制造一种风险，参与者的风险是由于该赌局的设立而产生的，如果赌局不存在，这种风险也随之消失。因此，赌博行为所冒的风险是本来不存在的风险。证券市场投机行为所冒的风险，本身已在市场经济过程中存在，即使投机行为不存在，这种风险依然存在。

就参与方式而言，在赌博之前，赌博者就存有侥幸心理，胜负完全依赖于运气的好坏与结果发生的概率，具有很大的盲目性。证券市场的投机者往往是一些具有丰富经验、熟悉市场的专业人员，他们能够较准确地预测价格趋势，通过低价买进、高价卖出的方法，从中谋取个人利润，这种行为具有主观能动性，胜负率依赖其预测价格走势和实际价格变化的准确程度。

就社会作用而言，赌博仅仅是个人之间金钱的转移，他花费的时间和资源并没有创造新的价值，对社会没有贡献。投机者是风险的承担者，转移了市场风险，对稳定市场、繁荣市场具有不可或缺的作用。在这里，损失的风险和盈利的机会并存，而且基本相等。从这个意义上来说，对投机者所获得的利润也就不应有任何非议。

2.7.4 三种行为之间的区别

股票交易中的投资行为、投机行为和赌博行为的界限是很难严格区分的，但从以上对三种行为的分析中，还是可以找出其差别的。这种差别表现为以下四个"不同"：股票买卖的目的不同、承担风险的程度不同、投资决策的依据不同、持股的时间长短不同。

1. 股票买卖的目的不同

在股票交易中，采用投资行为的投资者，其投资目的在于获取稳定的股息和长期的资本所得；采用投机行为的投资者，其投资目的是在短期内获取资本所得；采用赌博行为的投资者，与采用投机行为的投资者目的一样，只不过是前者希望在更短的时间内股价发生更大的暴涨或暴跌，从中获取更多的买卖差额。

2. 承担风险的程度不同

采用投资行为的投资者，关心的是股本金安全，而不期望有很高的收益，所以这种投资者不会投资风险较大的股票；采用投机行为的投资者，则倾向于投资那些能获得较高预期收益的股票，因而他们愿意承担较大的投资风险；采用赌博行为的投资者，则不考虑风险与收益之间的关系，他们敢于承担的风险是三种投资行为中最大的。

3. 投资决策的依据不同

采用投资行为的投资者，一般在投资决策前要对上市公司的资料及市场各方面的信息进行认真的分析，加以比较才做出投资决策；采用投机行为的投资者，就不那么注重上市公司的资料，而更注重对市场信息的分析，他们进行投资决策有时是靠内幕消息；采用赌博行为的投资者，投资的决策则是依据臆测和侥幸心理盲目地冒险操作。

4. 持股的时间长短不同

一般来说，采用投资行为的投资者，购入股票后，持股的时间能在一年以上；而采用投机行为的投资者，买入股票后，持股的时间在几个星期至几个月之间；采用赌博行为的投资者，入股后几天就抛售了，因为他们追求的是这期间的差价。当然，时间的划分也不是绝对的，有时持股期在一年内也算是短期的投机行为。因此，依据持股时间长短划分投资期限，还需结合其他方面的因素来考虑。

以上我们静态地区分了投资、投机和赌博，这种区分只是相对的。在一定条件下，这三种投资行为之间可以互相转化。对三者的比较如表2-1所示。

表2-1 投资、投机、赌博行为的比较

方式 项目	投资行为	投机行为	赌博行为
买卖目的	获取稳定的股息和长期资本所得	短期内获得资本所得	希望在更短的时期内获取更多的收益
承担风险	较小	较大	最大

续表

方式 项目	投资行为	投机行为	赌博行为
决策依据	基本分析为主	技术分析为主	凭臆测与侥幸心理
持股时间	长	短	最短

2.7.5 股民如何判别投资、投机还是赌博

沃伦·巴菲特的黄金搭档、投资家查理·芒格(Charles Thomas Munger)曾经说过，概率是 1/2，赔率是 1 赔 3 时，就可以押注，这就是投资的本质。尽管投资和赌博两者看起来都是在下注，但投资和赌博的区别在于你如何对待风险。赌博是盲目押注，没有风险管理，押上身家就等于试图与市场肉搏；而投资则是要评估胜率，必须有风险配置的策略跟进，包括仓位管理、止损止盈措施、估值手段等，不求速胜，不妄想一战击败市场，即投资是通过交易纪律保持足够长时期、相对大概率的成功。在实际操作中，投资行为就是"保持交易胜率，力求积小胜为大胜"的决策过程。价值投资之父格雷厄姆(Benjamin Graham)认为，当概率和赔率相结合时，交易成功的累计次数越多，则最终投资成功的机会才越大。相反，如果你指望着一把押注就由穷人翻身变为富人，那就是赌博行为。

普通人投资不要动用杠杆。杠杆如同迷药。上了杠杆，即使你偶尔赚了钱，那也只会沉迷得更深。说不定什么时候，高杠杆操作就会一并算总账。有人说，动用杠杆在牛市中可以迅速致富，不在熊市来临前玩一把，则可能错过发财致富的机遇。可是，只要计算一下风险，就知道杠杆既可能加速盈利，同样也可能加速亏光。自 2014 年下半年开始，A 股市场行情火爆，据传长沙某"80 后"股民本金 170 万元加融资 4 倍，全仓中国中车这一只股票，在中国中车复牌两个跌停之后，其因迅速亏光本金且无法承受心理压力而自杀。该事件之后，无锡又传出有股民在营业部跳楼。这为我们敲响警钟——股可以炒，但生命更重要。忘记风险控制，盲目加大杠杆，就是在玩命炒股。以传闻悲剧中加 4 倍融资杠杆为例，也就是合计 5 倍的波动，即放大了 5 倍的风险/收益，这就意味着，只需要 20%的下跌，你就可能亏光本金。事实上，即使在牛市中，一次快速杀跌 20%也是常见的事情，2015 年 5 月 28 日的 A 股暴跌，很多股票就从涨停杀到跌停，这足以让如此加杠杆的投资者爆仓。据说在灰色场外配资市场上，还有 10 倍等更高的杠杆提供，这简直不是金融投资，这是在玩火自焚。难怪查理·芒格曾经感慨道，金融衍生品就好比是一把锋利的剃刀，你可以用它剃须，也可以用它自杀！

投资者谨记：产生利润源泉的是时间。股票投资不是钱生钱的游戏，更不是通过大资金去掠夺小资金的游戏，而是时间对于看准方向、选对标的的投资者的酬劳回报。在这个平等的起点上，商业模式、经营绩效发挥作用，决定了股权资产、权益投资的回报水平。

时间见证股权对应的企业资产成长,借助商业模式和经营效率产生利润和收入的增长,进而推动股票市值的提升,这是在长周期内唯一可以验证的显著性因素。因此,要谨记累积财富如同滚雪球,最好从长斜坡的顶端开始滚,及早开始,努力让雪球滚得更久……事实上,如果一个人拒绝承认时间的作用,仅依赖资金规模在短期内通过放大很小的利差以博取利润,就容易因过度自信而走上不归路。

本 章 小 结

投资风险是指发生某种不利事件或损失的各种可能情况的总和,即损失发生的可能性、或然性、变动性、不确定性等。它可量化为贝塔系数,即预期资产回报率与市场回报率的比例。贝塔系数高,则风险大;贝塔系数低,则波动性低,风险较小。

虽然投资者对待风险的态度受多种因素的影响,但仍可将人们对待风险的态度分为回避风险型、勇冒风险型和中间型三种类型。另外还要区分投资、投机与赌博行为的不同。投资是投资者购买股票,准备长期持有以取得定期收益的投资行为;投机是希望能在短期的股价变动中获得差价;赌博是以运气、机遇为基础,凭借侥幸心理来买卖股票,这种投资者希望在很短的时间内谋取大量的利益。三者在买卖股票的目的、承担风险的程度、投资决策的依据及持股的时间长短上存在很大的差异。

经 典 案 例

痛苦让人记忆犹新——人人怕风险,人人都是冒险家

思 考 题

1. 投资者对待风险的态度有几种类型?各自的特征是什么?
2. 试述什么是前景理论及如何据此理解投资者的风险态度。
3. 如何区分投资、投机与赌博行为?

第 3 章　证券投资的心理与行为

【学习目标】

- 了解证券投资、证券市场的基本内涵及其功能。
- 掌握股票投资决策的理论。
- 了解股票价格的预测理论与方法。

【核心概念】

证券投资　证券市场　有效市场理论　证券组合理论

【章前导读】

股票投资和债券投资都属于证券投资。证券市场的发展是经济发展的必然要求，既为社会公众提供了融资和投资的场所，将社会各方面的闲置资金广泛动员起来，解决了资金盈缺不平衡的问题，也能够预测经济形势的变动，是经济动态的"晴雨表"。而股票投资作为不可或缺的投资对象，投资者需要了解和学习股票投资决策和风险的相关理论、股票价格的预测理论与心理分析方法，这样才能对股票投资形成清晰的认识。

3.1 什么是证券投资

证券投资对象，主要是指各种股票与债券等有价证券。有价证券是虚拟资本的一种形式。虚拟资本，就是以有价证券形式存在，能给持有者带来一定收入的资本，如股份公司股票、企业和国家发行的债券等。有价证券本身没有任何价值，它们只是代表取得利益的一种权利。有了这种权利证书，在法律上就有权获得一定收益。有价证券是表示财产的证明文件，以记载权利的行使、处理、让渡和占有为其必要条件。

有价证券的发行、交易等一系列活动，都属于直接融资的范畴。在商品经济的发展过程中，直接融资有其客观必然性，因为在商品和货币交换中，必然会出现资金盈余者和资金不足者，为了发展商品生产，两者之间必然要融通资金。在金融市场上，除了以银行为中介、银行信贷为内容的间接融资外，大量存在的就是以有价证券为主要形式的直接融资活动。投资者购买证券，目的是获取收益，股票的收益为股利(dividends)及资本升值，债券的收益为利息(interest)。

3.2 证券市场及其功能

3.2.1 证券市场的概念

证券是一种商品，它同一切商品一样，需要通过市场来满足供需双方的需求。与一般商品市场不同的是，证券市场是长期资金市场，是长期资金的需求者(筹资者)和供给者(投资者)之间进行资金融通和有价证券买卖的场所。

证券市场的产生和发展，一方面是经济发展的迫切需求，特别是随着科技革命的不断深入，新兴的现代化产业不断涌现，需要十分庞大的资本；另一方面也为社会化大生产提供了条件，由于证券市场具有积累和转化资本的职能，可以满足企业的资本需求。

证券市场可分为证券发行市场及证券流通市场。

证券发行市场又称证券初级市场或一级市场，是发行者(政府、公司)初次向投资者发行证券，筹集资金的市场。它一般没有集中固定的发行场所，证券发行者也不能直接向投资者发售证券，必须通过证券中介机构(证券发行经纪商)进行发行代理。

证券流通市场，也称证券次级市场或二级市场。已发行的证券需要在投资者之间互相转让、买卖，便有了证券的流通市场，这是证券所有权的转让市场。证券流通市场由证券交易所与店头市场构成。证券交易所是证券流通市场的核心，有固定的有形的交易场所，由交易所会员和经纪商与自营商共同从事交易，证券交易所订立了证券上市标准，只有符合上市标准的证券，才能上市买卖。店头市场是专门为上市证券流通转让服务的。证券必须具有自由转让的性质，才能维持其市场能力。证券市场是发达国家经济的"晴雨表"，金融市场的敏感性集中体现在证券市场上。经济的发展变化和跌宕起伏，证券市场很快就能反映出来。

3.2.2 证券市场的功能

现代证券市场的功能可表现为以下几个方面。

1. 促进证券的流通

西方经济学称证券市场是一个真正的市场，在这个市场上，一方面经常有大量的证券需求，另一方面经常有大量的证券供应。市场有较强的流动性，证券买卖双方在一个集中的场所，随时都可将所持有的股票、债券予以流通变现，使资金可以随时投入、转换、退出，对维持证券市场的市场能力有十分重要的意义。

2. 形成证券的价格趋势

在二级市场上，证券价格由所有买者和卖者共同竞争决定。证券的出价、叫价在公开比较价格的方式下进行，互相竞争，平衡供求关系，产生均衡价格，并形成某一种证券的价格趋势，这种价格趋势可以引导社会资金流向。企业经营有方、盈利增多时，会吸引资金大量流入，加速企业更新设备和扩大生产；企业经营不善、盈利下降时，资金会流出，证券价格的趋势是下降的。因此，证券价格的变动，可以自动调节社会资金的流向，促使社会资金向需要和有利的方向流动。

3. 为企业融通长期资金

二级市场的交易活动促进证券流通，把社会各方面的闲置资金广泛动员起来，满足储蓄与投资双方的需要及企业融通所需要的长期资金。二级市场是短期资金实现长期投资的场所，也是连接长短期利率的桥梁。因为证券在二级市场中可以自由流通转换，一些短期资金也可以通过购买证券来实现长期投资；在市场短期利率变动时，长期利率固定的证券可以通过证券市场价格的变动得以调整，使得长短期利率协调起来。

4. 预测经济形势的变动

由于投资者特别注重企业的发展变化，证券价格往往取决于企业未来的利润前景，企业的利润又同整个社会经济相关，证券价格波动往往成为经济周期变动的先导。因此，证券市场作为经济动态的"晴雨表"，通过证券价格的变动，预测企业生产部门的经济动态和整个社会经济的发展状况。

5. 政府的公开市场业务

公开市场是指高度竞争的对买卖双方无任何限定资格的证券市场。在这一市场上，所有证券的交易量和价格都必须公开显示、自由议价、自由成交。公开市场政策，即中央银行在公开市场上买卖有价证券，可以调整社会货币供给量和商业银行的信用规模。

由于商品经济的迅速发展导致信用形式和信用工具的多样，公开市场政策在许多西方国家已成为主要的货币政策工具。我国证券市场正逐步走向成熟，中国人民银行作为我国的中央银行，在国务院领导下独立执行货币政策，已经开始从主要依靠信贷规模进行管理，转变为运用存款准备金率、中央银行贷款利率和公开市场业务等手段，调节货币供应量，保持币值稳定。

3.3 股票投资决策与风险

3.3.1 股票投资决策理论

1. 传统理论

影响股价变动的主要因素，是投资者对发行公司的盈余做出预期变化的程度。

这一学说认为，如果投资者预期公司业绩蒸蒸日上，必会争相购进，结果促使股价步步上涨；相反，如果预期业绩江河日下，就都会竞相抛售而迫使股价节节下跌。

同时，该学说又认为盈利的多寡可进一步影响股息的多少，也就是公司盈利越多，投资者越期望可获得较高的股息；反之则可获得的股息也较少。

因此，公司盈利与股价的高低有着千丝万缕的密切关系，投资者应审慎研究一切足以影响公司未来盈利的因素。

在选择时机方面，应在基本因素发生变化之前买卖股票，否则等到事实公开时再采取买卖行动，恐怕难以获得最大利润。

第3章 证券投资的心理与行为

2. 投资信息理论

持有这种观点的人认为,从事证券投资实际上等于进行信息较量,消息灵通、信息丰富,才能把握机会,确保获得较大的利益。

要想成功地进行股票投资,需要掌握以下三方面的投资信息。

(1) 市场供求状况的信息。要想把握获利机会必须研究掌握供求信息。股票需求是否强劲,参与交易者究竟是实户、大户还是散户、小额投资者,有无财团看好某种股票等,这些都是市场信息。掌握并科学分析这些市场信息就能寻找到获利的机会。

(2) 发行公司经营业绩的信息。及时掌握发行公司经营业绩方面的信息,可以预做买进或卖出的决策,得到趁低吸纳、趁高抛售之利。

(3) 总体经济方面的信息。总体经济方面的信息较难掌握,因此,尽可能了解总体经济方面的信息,就可占据优势,这对于长期投资者尤其重要。

做任何投资决策,一定要有依据,而依据的可靠性如何,则取决于对投资信息的掌握。一般来说,经济环境的好坏、投资环境的优劣、发行公司经营状况的盛衰、业绩的好坏等资料,都属于投资信息的范围。而广泛搜集各种投资信息,并做出科学的分析处理,必然可以增加决策的可靠性,从而减少风险,增大收益。

3. 有效市场理论

任何时刻的股价,为当时对股票内涵价值好坏的评估值,而且由于新信息仍将源源而来,致使股价必然随之不断发生变化,促使目前的股价与过去毫无关联。由于许多学者对随机游走理论的推崇,扩展到从理论及实证研究着手,促成了"有效市场学说"。

随机游走理论的建立基于股价变动具有独立性这个大前提,这个假设条件又要以有效性市场的存在作为先决条件。

"有效性市场",是指市场中的所有信息均能充分地反映在股价上,市场具有价格调整功能,任何时间都能对广泛的投资信息给予正确评价及反应。

有效市场假说是早在20世纪60年代由美国芝加哥大学的法马(Fama)教授所提出的,并于其1970年的回顾及评论文章中奠定该假说的定义及权威性。自此之后,对有效市场的研究就如雨后春笋一般层出不穷,并传至亚洲金融市场。

首先,让我们来看看什么是"有效市场"。我们知道,任何资讯,包括企业本身的资讯、整体经济的资讯,如通胀率、外贸赤字及汇价等都会影响股价的变化。在一个有效率的股市中,股价应可立刻对这些资讯做出反应,即有利的资讯会及时使股价上升,而不利的资讯就会使股价继续下跌。因此,任何时间的股价都充分地反映出当时的有关资料。正因为一个有效的市场对资讯有着极快的反应速度,所以在我们知道有关资讯后再进行买卖就为时已晚，因此认同有效市场假说的人士亦认为利用资讯在股市获取额外利润的机会甚微。

法马教授于1970年以资讯的公开程度来界定不同形式的有效市场。

(1) 弱势有效市场。

这里所指的资讯是过去的股价。若股市是一个弱势有效的市场，则投资者无法单单利用过去股价的资料来获利。可以看出，股市的技术分析流派基本上都是违背弱势有效市场假设的，因为技术分析流派是以过去的价格走势来决定将来的买卖策略。

(2) 半强势有效市场。

这里所指的资讯是所有公开且公众人士可获取的资讯，其中包括企业的报表、盈利状况、企业所派发的股息及股利、企业更换管理阶层，一些政府公布的经济数据包括外贸盈余/赤字、通胀率、货币供应、政府财政赤字、中央政府发行国库券的规模等。总而言之，就是一般可以在传媒上获得的资讯。然而，若这个假设正确，大部分的股市分析员都会无法生存，因为如果他们大部分资讯来源也为传媒，与我们得到的就没什么两样。

(3) 强势有效市场。

这里所指的是所有的资讯，其中包括公开的及不公开的(即私人拥有的资讯，如企业在未来的扩展计划、高级行政人员的变动等)。这种假设很明显是难以令人接受的，特别是在一些对内线和内幕交易管理得不甚严格的市场，不公开的资讯通常会令投资人有利可图。

总之，"有效市场理论"认为股票市场是如此高效率，当新信息出现时，股价变动极为迅速，以致无人始终能迅速地买进或卖出以获利。因此，弱势理论认为，技术分析，即考察过去的股票价值，无助于投资者；而半强、强势理论认为，基本分析也于事无补。这是因为所知道的关于这家公司收益及股息的预期增长的一切情况(会影响该公司出现有利与不利的发展情况)都已反映在该公司股票的价格上。

(4) 规则的例外。

法马教授生活在一个资讯十分完善的世界里，获取资讯的成本甚为便宜，只花上不到1美元的成本就可以买一份资料甚丰的《华尔街日报》。然而，分析得来的资料却是另一回事，不是每个人都能看懂《华尔街日报》上的所有术语的。有些大学甚至专门开一个课程教学生如何阅读《华尔街日报》，也有出版词典解释一些报章上出现的金融术语。然而，这些问题在美国都不构成严重影响，因为大部分的资金都是通过专业的机构投资者，如共同基金和保险公司，转投到股市的。

亚洲地区市场与美国市场不同。很多市场如泰国及印尼市场等，它们的资讯系统都较差，加上很多企业都是家族式管理，所以内部交易的情况较为严重。个别亚洲地区的会计数据虽然采用了西方的会计制度，但一般公布的数字与实际的数字还是有一定的差距。

资讯不完善的情况在我国国内的股市表现得更为严重，国内的会计制度及会计数据因国内特殊的情况还需改善,我们还需要培养出更多数量的、有素质的股票分析师。

虽然西方的市场比我国的市场较为成熟,但它们的股市也出现过很多异常的现象(到现在还不能得到非常完满的解释),所以也不能视其为完全有效的市场。

最后,要将关于某种股票的已知信息变成一种真实价值的估计是极为困难的。我们已经看到股票价值的主要决定性因素涉及其未来的增长程度及持续时间,要对此做出估计是异常困难的,但不排斥个别才智和判断力杰出的个人能在这方面大有作为。

4. 期望理论

形成股票价格的机制很复杂,严格地说,证券市场的股价并不是由一般意义上的自由竞争所产生的,证券市场的不同价格只不过是可以接受的价格(买卖双方在某一价格水准上都愿意接受),而不是所谓的公平价格,这种情况使股市波动很难预测。那么,如何把握股票的最佳买期或最佳卖期呢?期望理论可以提供借鉴。

投资者期望理论是由美国斯坦福大学的考塔纳(Pawl Cootner)所创立的股价阻碍反应理论的主要内容。

参与证券交易的投资者和投机者,一般可以分为专业者和非专业者两大类。由于专业者熟悉股市分析的基本技术并能深刻了解股市的实际情况,他们从可靠的基本资讯研究中获知股票的实际价值,因而可以细心观察并分析股价的变化情况。当股价远离实际价值时,专业者就进入市场,意图从价格与实际价值之差中获得收益;相反,非专业性的投资者却缺少基本资讯去进行股票分析与研究,当其在股票市场感到乐观抢购股票和悲观远离市场而导致对市场产生阻碍反应时,专业投资者即进入市场引导股价避开阻碍,他们所采取的市场策略就是跟非专业者反向操作,因而形成股市阻碍反应理论。

如图 3-1 所示,由分析可知,非专业者参与市场交易的期望是在乐观与悲观之间活动,因此,股市的正常行为一般同非专业投资者的市场行为相悖。为了获得较高的投资报酬,投资者只能追随专业投资者,或者与非专业投资者背道而驰。然而,要想追随专业投资者是十分困难的,因为他们的交易行为是隐藏的。

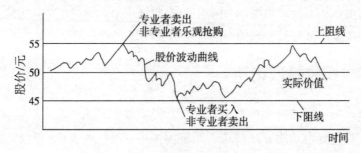

图 3-1 市场交易期望理论的表现

5. 信心理论

影响股价变动的主要因素取决于投资者对未来股价、盈利与股息变动的信任程度。

赞成信心理论的人士认为，市场上若有为数众多的投资者对于未来市场情况抱着乐观态度时，必争先抢购股票。如果投资者过分乐观，往往忽略股票的投资价值，并且可能将其抬高到不合常理的"空中楼阁"的水平。

假定市场盛传某公司将重新评估它的土地与建筑物并即将公布新的发展计划，就可能使投资者对该公司的前景充满信心，进场抢购，促使其股价扶摇直上，于是该股价便"龙腾虎跃"，可能在短短一星期内从6元涨到8元。

相反，投资者对于未来市场情况表示悲观时，就会大量抛售股票，尤其在过分悲观的气氛充斥的情况下，往往会不顾常理、胡乱丢弃、大量脱手，将股价压低到不合实际的水平。

信心理论可以用来解释当经济情况良好而股价反而疲软，或是当经济情况欠佳股价反而大涨的情况，但其缺点在于难以揣测投资者的信任度。如果说传统理论着重于各种统计数字的研究，信心理论则重视投资者的心理因素的变化。

6. 随机游走理论

这一理论认为股价的市场表现并无规律和秩序可言，仍以一种凌乱的步伐左摇右摆，动向难测。这可归因于各种影响股价的经济因素、公司盈利状况、估价方式及政局变化等都是无法预知的。

随机游走理论认为，不可凭借最近的股价变动形态，来预测其未来的变化方向与幅度。从统计学观点来看，股票市场的变动是具有独立性的，任何国家股市的变化，与先前的变动都是毫不相干的。换言之，股票价格虽然在昨天上涨了一点，但并不保证今天仍将上涨一点。

总之，正如随机理论所指出的：股市的规律在于其没有规律性。由此，也就会产生各种不同预测股价走势的理论。

以上六种理论都从不同的角度、不同的侧面(股票本身、股票市场、大众心理)来判断股价，并做出相应决策，都有其合理的一面，也都有不足之处，博采众长方为上策。

3.3.2 股票投资风险理论

在西方国家，每一个经济实体都必须决定怎样安排现有的财富，以及其在可供选择的资产中的规模，而证券市场的存在使这些经济实体可以对已经安排的财产做出不断地调整来减少投资的风险。证券组合理论就是用来研究家庭和厂商对持有不同的真实资产和金融资产的决定问题的理论。

证券组合理论最早是由哈里·马科维茨(Harry Markowitz)于20世纪50年代创立的。在其博士论文《资产组合选择》中,马科维茨宣布了自己的研究成果:风险较大的股票的组合可以用某种方式使整个股票组合风险实际上比其中任何一种股票的风险低。这一发现引起了整个华尔街证券分析人员的极大关注,并很快在实际的投资过程中得到广泛应用。

马科维茨的理论有以下三个假定。

(1) 投资者都是反对风险者和追求最大效用者。

(2) 投资者都是在期望报酬率及其变动(标准差)的基础上选择投资组合。

(3) 投资者都具有一个相同的单一持有期。

这些假定的含义是指,投资者将在效率边界上选择其投资组合。

效率边界和效率曲线如图3-2所示。

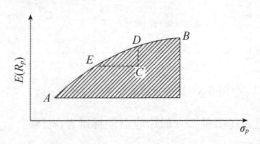

图3-2 资产期望报酬与效率边界

图3-2中的纵轴表示资产期望报酬率$E(R_p)$,横轴表示标准差σ_p,阴影部分表示由给定的各种证券所形成的所有可能的不同投资比例的投资组合。因此,只要知道某种投资组合$E(R_p)$和σ_p,就能把它表示成图3-2中阴影区中的一点。AB曲线是效率边界,在此边界以上的投资组合要优于边界以下的投资组合,被称为有效投资组合。因为在此边界以上的任何投资组合要么能够在相同的风险水平下提供更高的报酬水平,要么能够在相同的报酬水平下具有较小的风险水平。图3-2中的E和D就要优于C,因为E和C相比,报酬水平相同但风险小,D和C相比,风险水平相同但报酬水平高。

因此,理智的投资者都喜欢选择有效投资组合,但是各个投资者由于其对风险的反对程度(即风险/报酬的偏好)的不同而会选择不同的投资组合。保守型投资者(即对风险高度反感)将会选择一个靠近A点的投资组合,而进取型投资者(即对风险并不太反感)则会选择一个靠近B点的有效投资组合。

1. 风险及其衡量

证券投资风险指的是投资遭受损失的可能性。在证券市场上,各种客观因素和人为因素,共同对证券的价格发生作用。证券价格的波动便会使有些投资者的预期收益不能实现。如果投资者手中的证券价格下跌,投资者的投资本金难以收回,甚至投资本金赔个精光,这时可以说这种证券的风险便成了现实。

证券的总风险包括两个部分：非系统风险(unsystematic risk)和系统风险(systematic risk)。非系统风险指的是由于某家公司和某几家公司所特有的一些因素，如公司内部经营不善、重要人事变动等，导致股票价格的波动而使投资者遭受损失的风险。系统风险指的是各类股票和股票组合对股市中活动的灵敏反应程度，如股市崩溃时期，基本上所有的股票价格都将有不同程度的下跌，如图3-3所示。

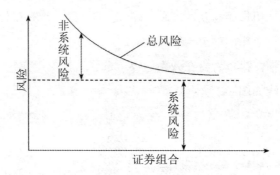

图3-3　证券投资的非系统与系统风险

那么，风险大小究竟如何衡量？一般用收益的标准差(σ_p)来衡量。现在假设有某种股票，其预期收益状况如表3-1所示。

表3-1　某种股票的预期收益状况

经济情形	发生概率	预期收益率
A_1	a_1	R_1
A_2	a_2	R_2
A_3	a_3	R_3
⋮	⋮	⋮
A_n	a_n	R_n

则这种股票的预期收益为

$$E(R) = a_1 R_1 + a_2 R_2 + a_3 R_3 + \cdots + a_n R_n$$

其收益的方差为

$$K = a_1(R - R_1)^2 + a_2(R - R_2)^2 + a_3(R - R_3)^2 + \cdots + a_n(R - R_n)^2$$

它的标准差为

$$\sigma_p = \sqrt{K} \\ = \sqrt{a_1(R - R_1)^2 + a_2(R - R_2)^2 + a_3(R - R_3)^2 + \cdots + a_n(R - R_n)^2}$$

上述所求出的标准差即为风险的大小。一种股票或者一种证券组合的标准差越大，其风险也就越大；相反，标准差越小，其风险也就越小。

第 3 章　证券投资的心理与行为

证券风险的大小随证券种类的不同而变化。一般来说，国库券风险远比股票要小。如果一位投资者购买收益率为 15% 的二年期国库券，并且一直持有到兑现的那一天，那么该投资者承受的风险极小，基本上可以稳得其预期的 15% 的收益率。而倘若持有的证券为股票的话，风险就大多了。

2. 证券组合理论的核心：组合投资，降低风险

投资者想尽量将其投资的风险降低，而证券组合理论说明的正是投资者如何通过证券组合达到减少风险的目的。证券组合理论的核心是：组合投资，降低风险。下面举一个简单的例子说明这一理论的核心。

现假设有两家股份公司，第一个是一家有海滩、网球场、高尔夫球场等娱乐设施的旅游公司，第二个是一家雨伞制造公司。气候影响着这两种行业的盈利。在阳光明媚的季节里，旅游公司生意兴旺，而雨伞制造公司销售则一蹶不振；到了雨季，游览场所的老板亏本，而雨伞制造公司销售额及利润则大大增加。再假设，一般而言，雨季出现的概率为 50%，阳光明媚季节出现的概率为 50%，并且这两家公司的股票收益率与预期如表 3-2 所示。

表 3-2　两家公司的股票收益率与预期

情　形	概　率	预期的收益率	
		雨伞制造公司	旅游公司
雨季	50%	60%	-40%
阳光明媚季节	50%	-40%	60%

通过分析，将全部资金都用于购买雨伞制造公司的股票的投资者便会发现：大约有一半的时间他可以获取 60% 的收益，而在另一半时间之中，他却要损失 40% 的投资。平均而言，他可以获取 10% 的收益率。将资金全部用于购买旅游公司的股票的投资者的结果也一样：大约有一半的时间，他将获取 60% 的收益率，而在另一半时间，他则会损失 40% 的投资。平均来说，总收益率为 10%。

但是，应当看到的是，上述两家公司股票的收益变动是相当大的。拿雨伞制造公司来说，其股票收益率是从正的 60% 到负的 40% 交替出现，而旅游公司也是如此。最让投资者忧虑的是：雨季或者阳光明媚季节完全有可能持续较长的几个时间段，从而使握有雨伞制造公司股票的投资者在阳光明媚季节接连到来时蒙受重大损失，而旅游公司的股票一旦遇到频繁雨季时则使投资者遭受损失。因此，上述两家公司的任何一家投资风险都是相当大的。

我们可以根据风险的衡量公式来计算两家公司的风险。

雨伞制造公司的风险为

$$E(R_伞)=0.6\times0.5+(-0.4)\times0.5=0.1$$
$$K_伞=0.5\times(0.6-0.1)^2+0.5\times(-0.4-0.1)^2=0.25$$

$$\sigma_{伞}=0.5$$

旅游公司的风险为

$$E(R_{旅})=(-0.4)\times 0.5+0.6\times 0.5=0.1$$
$$K_{旅}=0.5\times(-0.4-0.1)^2+0.5\times(0.6-0.1)^2=0.25$$
$$\sigma_{旅}=0.5$$

计算表明，雨伞制造公司和旅游公司的股票风险均为0.5。

那么现在我们假定某位投资者并不将自己所有的资金都投入上述两家公司中的一家，而是将自己所有资金的一半用于购买雨伞制造公司股票，另一半则用于购买旅游公司股票。那么，这位投资者可以发现，不管是雨季还是阳光明媚季节，他都可以稳获10%的收益。在雨季，用于购买雨伞制造公司股票的一半资金会带来60%的收益率，而投资于旅游公司的另一半资金则损失40%，投资者的总收益为10%。

在阳光明媚的季节，旅游公司则使投资者收益，雨伞制造公司使其蚀本。但投资者总收益率不变，仍为10%。

这种证券组合的收益率如表3-3及其下面的公式所示。

表3-3 证券组合的收益率

情 形	概 率	证券组合的收益率(两家公司各占一半资金)
雨季	50%	10%
阳光明媚季节	50%	10%

此时，
$$R_{组合}=10\%$$
$$K_{组合}=0.5\times(0.1-0.1)^2+0.5\times(0.1-0.1)^2=0$$
$$\sigma_{组合}=\sqrt{K}=0$$

这样我们看到，投资者通过同时购入两家公司的股票，在保持收益率不变的情况下，可将风险大大降低。因此，本例中两种股票的组合可以使投资者安心。

上述例子虽然极为简单，但它表达了证券组合理论的核心内容：通过证券投资的多样化，投资者可以降低风险(f)，如图3-4所示。

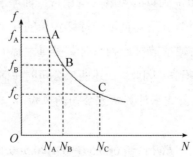

图3-4 证券投资种类与风险大小

在 A 点,有 N_A 种证券,对应的风险为 f_A;在 B 点,有 N_B 种证券,对应的风险为 f_B;在 C 点,有 N_C 种证券,对应的风险为 f_C。显然,$N_C>N_B>N_A$,所以 $f_C<f_B<f_A$,即随着投资者手中证券种类数 N 的增多,其承担的风险也逐步下降。

3. 系统性风险与 β 值、α 值

应当指出的是,通过证券的组合可以降低甚至消除的风险是非系统性风险,如某公司由于新近发生一起火灾导致其股价下跌,从而使投资者蒙受损失。这类非系统性风险是可以通过多样化投资来消除的,毕竟不可能出现这种情况:手中握有 20 种股票,而这些股票所属的 20 家公司同时发生火灾。美国华尔街的一些证券分析员认为,当手中握有 20 种股票时,非系统性风险大体上便消除了。

但是,系统风险却无法通过多样化来消除。股票收益或多或少是要协调地变动的,因为整个股市都在波动。这样一来,即使多样化的组合也会有一定的风险。对于系统性风险,最简便的方法是用 β 值和 α 值来识别与测试。可以发现,一些股票其证券组合往往对市场动向非常敏感,另一些就比较稳定。这种市场动向的相对变动性和敏感性可以根据以往的记录做出估计,它通常用希腊字母 β 来表示。

β 值是用来衡量一种股票相对于整个市场风险和敏感程度的一种系数。一种股票的 β 值是其股价平均百分比相对于整体市场百分比的比例。设 j 为某种特定的股票或资产组合,m 为市场有价证券总和,则有

$$\beta_j = \frac{\mathrm{Cov}_{jm}}{V_{arm}} = \frac{\mathrm{SD}_j}{\mathrm{SD}_m} \mathrm{Corr}_{jm}$$

式中:Cov_{jm}——证券 j 和市场有价证券 m 之间的协方差;

V_{arm}——市场有价证券的方差;

SD_j、SD_m——表示 j 和 m 的标准差;

Corr_{jm}——证券 j 和 m 的相关系数。

市场有价证券总和 β 值为 1。一般以标准普尔 500 指数(Standard & Poor'500)1.0 作为基准,代表整个市场风险,这是指美国市场 500 家最大最重要的股票变化的股票市场指数。在纽约股票市场所有列出的股票中,这 500 家公司股票占据了 80%。一家新成立的化工企业,其股票的 β 值系数可能为 2.0,高于市场风险 1.0,这是因为新企业面临生存、发展等问题,股价交易的敏感性自然也比较大。同理,如果市场价格上升 10%,则该股票就上升 20%;相反,对于公用电力事业的股票,β 值可能只有 0.5,低于市场风险 1.0,因为即使股市大崩盘,人们仍需用水、用电,所以股份波动的敏感性较弱,相应地,当市场价格下降或上升 10%时,该股票只下降或上升 5%。一般称高 β 值股票投资为进取性投资,而将低 β 值的投资称为保护性投资。

我们将α值定义为实际报酬和预期报酬的差额,借以衡量风险调整的表现(risk-ajusted performance)。其计算公式为:

$$\alpha_j = E(R_j) - [\beta_j \times E(R_{S\&P500})]$$

式中:α_j——有价证券 j 的α值;

$E(R_j)$——证券 j 的平均报酬率;

$E(R_{S\&P500})$——平均标准普尔指数。

如果预期报酬率是 13%,而实际报酬率是 15%,则α值为 2%,表示比预计报酬高 2%。所以,α值越高,就代表实际的投资表现比预测的投资表现好。一般来说,α值是正数,即意味着该股票表现比整个市场好。若α=0、β=1,则表明这个投资表现与整个市场表现一样,没有特别出彩之处。

通常,我们希望α值越大越好,而β值越小越好。如果有两种投资,其所得报酬几乎不相上下,而β值分别为 1.1 与 0.55,前者的风险几乎是后者的一倍。在这种情况下,显然应对后者进行投资。因此,面对两个表现相当接近的投资,我们可以运用上述原则加以判断,以选择最适合的投资对象,不能只注重报酬而忽略风险。因此,证券组合理论仍是有意义的。

4. 股票的国际化

证券组合不仅适用于一国的各类证券,而且还可以推广到国际证券,即多样化能降低风险这一道理同样适用于国际证券市场。事实上,有关研究已经充分证明,通过将国外股票引入已有的证券组合,可以进一步降低风险。图 3-5 很好地说明了股票国际化能降低风险的结论。

图 3-5 是索尔尼克发表在《金融杂志》上的一个图表,它表明由于外国经济运行与国内经济状况的不一致性,通过将外国股票引入证券组合之中能够进一步降低风险。

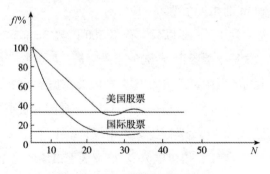

图 3-5 股票的国际化

总之,证券资产组合理论表明,在收益率既定的情况下,分散化和混合的资产构成会减少风险,这就是希克斯在 1935 年提出的"投资分散化原理",即"分散定理"(separate theory)。用一句形象的话比喻就是，"不要把你所有的鸡蛋都放在一只篮子里"，分散投资具有分摊风险的优点。这个理论对于研究证券市场和公司理财的各个领域还是有参考价值的。可以说，投资多样化是在不确定条件下普遍适用的投资准则，它可以说明人们同时持有货币、债券及其他多种资产的现象。市场经济的发展，也要求人们学会运用这种资产组合。

3.4 股票价格的预测理论与方法

3.4.1 预测股票价格的两种理论

所有投资效益，都在不同程度上取决于未来事件，投资的成功，取决于预测未来的能力。传统上，投资界的高手使用"空中楼阁理论"和"稳固基础理论"这两种资产估价方法中的一种。依靠这两种理论，有人获取了大量财富，有人失去了大量财富。而这两种理论看来是不相容的。

1. 空中楼阁理论

空中楼阁理论认为，股票的价格是难以确定的，上市公司和市场本身都处在变化中，无法准确判别股票的真正价值。这一理论是著名的经济学家和极其成功的投资家凯恩斯于 1936 年分析和阐述的。他的观点是：专业投资者不愿花费精力估算股票的内在价值，而愿意分析许多投资者在将来可能会如何行动，以及在投资市场上充满信心的时期，他们会怎样把希望寄托在"空中楼阁"上。成功的投资者会估计到何种投资形式公众最宜建造"空中楼阁"，然后抢在众人之前买进股票，并试图通过这一方式抢先成交。凯恩斯在其《就业、利息和货币通论》一书中，用了整整一章的篇幅论述了股票市场及投资者预期的重要性。

就股票而言，凯恩斯认为，无人能确切地了解什么将会影响未来收益前景及股息支付。因此，多数人主要关心的不是对一笔投资在其投资期间的可能收益做出准确的长期预测，而是想在公众之前预见到惯用的估价依据的变化。换言之，凯恩斯运用心理学原则，而不是金融估价来研究股票市场，他写道："对你认为其预期收益应当估价 30 元的一项投资支付 25 元是不合理的，除非你认为 3 个月后股票市场将会对其估计为 20 元。"

这一理论又被人戏称为"最大笨蛋理论"，即对某物支付其所知的 3 倍价格是完全可以的，只要以后你能找到某一笨蛋，他愿意支付其所持的 5 倍价格，这没有什么道理可多讲，只是大众心理而已。因此，精明的投资者必须做的是抢先成交——抢在刚开始时进行交易。

为此，这一理论提出了操作股票的两条原则，即心理价值和技术分析法。

(1) 心理价值。

社会公众普遍看好的股票其价值较高，市场有时往往被人气左右。凯恩斯把选购股票比喻为选美，不必根据自己的见解行事，而是需要仔细研究其他人的心理，按多数人认为的原则办，选美是如此，买卖股票时更应如此，关键是在操作时须领先一步。

(2) 技术分析法。

空中楼阁理论是技术分析法的理论基础。以作图等技术方法寻求最佳买卖点，判别股价趋势，找出支撑线和阻力区，使操作有依据。

空中楼阁理论看重股票的市场属性，注意研究大众的投资心理，对成交量、交投密集区间和短期的高期望价位下大力关注。股价走势有时虽和企业经营状况相背离，但由于对市场把握较准，短期收益相当丰厚，不过弄不好也可能竹篮打水一场空，损失惨重。

2. 稳固基础理论

稳固基础理论认为，每一种投资工具，不论是一种普通股股票，还是不动产，均有某种"内在价值"的稳固基础，它是可以通过仔细分析现在的情况及未来的前景而得出的。当市场价格低于(或高于)这一稳固基础内在价值时，就会出现一个买进(或卖出)的机会，因为这一价格波动最终将被纠正，返回其内在价值。这样进行投资就成为将某物的实际价格与其稳固基础价值进行比较的一种单调易做的事。

这一理论认为，一种股票的内在价值等于其未来的全部股息的现值。现值的计算公式可表示为

$$PV = \frac{F_1}{1+r_1} + \frac{F_2}{(1+r_1)(1+r_2)} + \cdots + \frac{F_t}{(1+r_1)(1+r_2)+\cdots+(1+r_t)}$$

式中：PV——现值；

$r_1, r_2, \cdots, r_t$——各计息期上的利率，显然 r_1 为现期利率，$r_2, \cdots, r_t$ 为远期利率；

$F_1, F_2, \cdots, F_t$——未来收益现金流。

稳固基础理论强调股票的内在价值，注重研究上市公司的个性差异。如何判定股票内在和潜在的价值呢？该理论提出了以下四点依据。

(1) 预期增长率。对企业以往的财务报表和有关信息进行分析，并对该行业未来发展前景提出预测，若今后若干年平均增长率高，则该股票内在价值较高。

(2) 预期股息红利等收益。股票投资除差价收益外，上市企业每年分红和增配股等报酬的多寡也是股东考虑的主要因素，预期收益多，多花钱购买也是合算的。

(3) 风险程度。投资要有高收益，但也应规避高风险，对各种风险因素的综合分析，是衡量股票质量的依据。

(4) 市场利率水平。国外投资工具多样化，市场对利率变化很敏感，利率上浮则股价坚挺；反之股价下挫。把握近期利率的变化趋势，也是判别短期股价是否坚挺的标志。

稳固基础理论为稳健型投资者所崇拜，强调股票内在价值是判定投资的重要依据，属于中长期投资类型。稳固基础理论提出了衡量股票质量的四要素，试图从理论上阐明股价形成的内因。但事实上，股票价值和市场价格两者总有差距，实际操作时收益不明显。当熊市来临和准备长期投资时，这一理论的优越性比较显著，因为好多股票"抗震性"强，长期投资效益不菲。

总之，"空中楼阁论"讲究市场性，风险性中隐含着短期巨大收益；"稳固基础论"是抗风险的良药，有时效率并不明显，两种理论都有各自强调的重点，如何将两者结合，是每个成熟的投资者都必须学习的课题。

3.4.2 预测股票价格的心理分析法

1. 人气指标——OBV线

股市"人气"即股市中投资者群体的心理气氛总和，"人气指标"用OBV线来表示。OBV线是美国投资专家葛兰维(Granville)发明的，葛兰维认为：成交量是股市的信号，股价只不过是它的表现而已，因此，成交量通常比股价先行。OBV线是从成交量变动趋势来预测股价变动的一种方法。OBV线表现成交量与股价之间的配合关系。

OBV线的制作方法是：根据当日的指数与成交量，将它们制成表格，添加涨跌栏、正负数栏与累积数栏。当日股价指数较前一日股价指数高，则在涨跌栏以△表示，如果较前一日股价指数低，用×表示。当日指数上涨，成交值则是正数，以+表示；当日指数下跌，成交值用负数，以-表示。将每日涨跌之正负数累积起来，可得一累积数，OBV线便是根据累积数用图形表示出来的。

以某地2016年8月的指数为例，如表3-4所示，并说明其用法。

表3-4 OBV指数计算

2016年8月	当日加权指数	涨 或 跌	成交总值/千万元	符 号	OBV累计成交总值(累积数)/千万元
1	536.99	×	69	-69	14016(基数)
2	540.64	△	54	+54	14170
3	549.65	△	100	+100	14070
4	543.90	×	110	-110	14060
5	541.16	×	86	-86	13974

用OBV线判断行情变动的趋势原则如下。

(1) OBV 线下降，而此时股价上升，是卖出股票的信号。

(2) OBV 线上升，而此时股价下跌，是买进股票的信号。

(3) OBV 线从正的累积数转为负数时，为下跌趋势，应该卖出股票；反之，OBV 线从负的累积数转为正数时，应该买进股票。

(4) OBV 线缓慢上升，为买进信号，但若是 OBV 线急速上升，隐含着不可能长久地维持大成交量，非但不是买进信号，而且应是卖出的时机。

一般来说，要了解何时脱离盘局及在突破时走势如何，OBV 线变动方向是重要的参考指标。

OBV 线也存在缺点。

(1) 它不适用于长线投资，因为人气的聚散很难说有什么规律性。

(2) 在市场投机气氛很浓的情况下往往失效，因为投机气氛一浓，做差价的很多，他们往往一天进出几次，这样当日的成交量会很大，但是市场换手情况并不那么大，能量潮在这个时候就不能有效地反映能量的真实变化。

(3) 当出现股价波动大，但当日收盘价与昨日相同的情况时，OBV 线没有反应，这是重大缺憾，而股价的大幅波动正体现多空双方激烈的争斗，人气动向已在改变。

2. 心理曲线分析

心理曲线是观察行情涨落的一种短期性指标，它表示股价高于前一天(或前一周)价格的次数(或日数)，在某指定期间的总次数(日数)中所占的比重。

心理曲线分析法着眼于股价的涨跌不可能是长期持续的，而是随着人们心理活动由强(指的是看涨或买进)向弱(指的是看跌或卖出)的变动的观点。

心理曲线指标的计算公式为

$$心理曲线(\%)=高于前一天(或前一周)股价的次数÷指定区间的长度×100\%$$

式中的指定区间的长度，日曲线一般为 12 天，周曲线一般为 12～13 周。

心理曲线分析法的运用如下。

(1) 心理曲线指标在 25%左右及以下的区域为谷底区，在该区域为买进时机。

(2) 心理曲线指标在 75%左右及以上区域为警戒区，在该区域内为卖出时机。

(3) 心理曲线指标在 25%～75%的区域为正常区，投资者可正常买卖或静观其变。

本 章 小 结

证券市场是长期资金市场，是长期资金的需求者(筹资者)和供给者(投资者)之间进行资金融通和有价证券买卖的场所。它可以促进证券的流通、为企业融通长期资金并预测经济形势的变动。

　　股票投资决策的理论多种多样。传统理论认为投资者对发行公司的盈余做出预期变化的程度会反映在股价中。投资信息理论认为，从事证券投资实际上等于进行信息较量，消息灵通、信息丰富，才能把握机会，确保获得较大的利益。有效市场理论认为股票市场是高效率的，当新信息出现时，股价变动极为迅速，以致无人始终能迅速地买进或卖出以获利。期望理论认为当非专业投资者在股票市场感到乐观抢购股票和悲观远离市场而导致对市场产生阻碍反应时，专业投资者即进入市场引导股价避开阻碍，他们所采取的市场策略就是跟非专业者反向操作，投资者只能追随专业投资者或者与非专业投资者背道而驰。信心理论认为如果投资者过分乐观，往往忽略股票的投资价值，并且可能将其抬高到不合常理的水平；相反投资者对于未来市场情况表示悲观时，就会大量抛售股票，将股价压低到不切实际的水平。随机游走理论认为，不可凭借最近的股价变动形态，来预测其未来的变化方向与幅度。

　　另外还有一些理论用于预测股票价格，如何将"空中楼阁论"的市场性与"稳固基础论"的抗风险性结合，是每个成熟的投资者都必须学习的课题。

经 典 案 例

市场走在前面

思 考 题

1. 试述股票投资风险理论并举例说明。
2. 什么是股票价格预测的空中楼阁理论与稳固基础理论？
3. 分析预测股票价格的心理分析法。

第 4 章　股票市场中个人投资者的心理与行为

【学习目标】

- 正确理解股市中的异常现象及其背后凸显的人性弱点。
- 股票投资者的投资需要与动机分析。
- 股民的股价错觉、情绪对股市操作的影响。
- 股民的思维定式对股市投资操作的误导作用。

【核心概念】

时狂现象　投资需要　投资动机　股价错觉　股民的认知偏差

【章前导读】

我国股票市场已有 30 多年的发展历史，其间经历了数次牛熊市的转换。尽管股票市场的风险很大，但是中国股民也深知高风险中潜藏着高收益，对股票市场的狂热由中国股民已超亿人这一现象可见一斑。股票市场亦有"二八"原则，而很多投资者的失败并不是输在了技术和经验上，更多的时候是输给了自己的心理。因此，在以散户占主导地位的我国投资者结构类型中，了解个人投资者的心理与行为对投资者本身的投资行为有很大的借鉴意义。

4.1 股市中的异常现象与人性的贪婪与恐惧

4.1.1 股市中的时狂现象

1. 时狂现象的历史

时狂现象又名郁金香狂潮，这源于 16 世纪中叶荷兰发生的郁金香狂潮。1594 年荷兰植物学家沙尔·戴列克留兹从土耳其带回几支郁金香球茎在莱顿大学的药材种植园种植。盛开的郁金香被人偷走，于是开始了商业性的栽培，由此引发了全国性追逐郁金香的热潮。1634 年一支郁金香球茎售价高达 2 500 弗罗林(荷币)，1637 年卖到 1 000 荷兰盾，这些钱可买一幢私人住宅。在当时，拥有郁金香成为地位与威望的象征，于是，囤积球茎待机抛出可获稳定利润。1634 年许多人利用郁金香球茎进行投机，1636 年已到狂热的地步。由于投机价格严重脱离真实价值，形成过度投机，殃及荷兰的经济。1637 年，因其泡沫破裂，球茎市场崩溃，在市场价格下跌的形势下，人们竞相抛售郁金香。

2. 时狂现象的特征

时狂现象是指一种令人亢奋不已的大众投入状态，或称大众激奋状态，这是一种时狂而无理性的行为方式。

时狂现象的特征为持续时间长，卷入人数多，行为非理性。

时狂现象是投资过程中的一种异常现象。

时狂现象可表现为市场"泡沫(bubbles)"，即价格会涨到人们无法相信的高位，价格完全脱离其内在价值，形成市场的"泡沫"。时狂现象亦可表现为市场崩盘(crash)，即市场价格会狂跌到令人无法接受的低位。

时狂现象是一种过度的投机行为或投机气氛过浓。

中国股市也存在时狂现象。股市上涨时，所有股民积极跟进，股市下跌时拼命抛售。

1992年11月10日—1994年7月19日—2001年6月14日,我国股市持续11年上涨,形成持续的牛市,股民发展到6 000万人,这时可谓形成了炒股的时狂现象。但从2001年6月14日开始股价下跌至2002年1月23日为止,股价从2225.35点跌至1355.86点,持续了7个月,跌了869.49点,跌幅达40%,这时市场又出现了狂抛现象。2007年10月开始,中国股市同样陷入时狂熊市。一般出现时狂现象时,投资者都会入市抢筹码,即发生"抢盘现象"。

4.1.2 时狂现象的背后——人性的贪婪与恐惧

1. 贪婪与恐惧是投资者的基本心理现象

证券投资者的基本心理现象为贪婪与恐惧、焦躁与慌乱、盲从与随意。

贪婪是指贪得无厌。投资者多头能赚,空头也能赚,唯独贪婪不能赚。在多头市场期望更低价买入,在空头市场指望更高价卖出,结果错失良机,该介入时犹豫不决,该退出时优柔寡断。

投资者的贪婪表现为:见好不收,羡慕和嫉妒,一味贪低,斤斤计较。

投资者的恐惧心理表现为:害怕亏本,害怕被套,害怕输。

恐惧和贪婪主宰着整个股票市场。

成功投资者巴菲特说:"我们也会有恐惧和贪婪,只不过是在别人贪婪时我们恐惧,别人恐惧时我们贪婪。"物理学家牛顿曾说:"我可以计算天体运行的轨道,却无法计算人性的疯狂。"

时狂现象的历史中,一支郁金香球茎的价格一度竟可折合币值高达5万美元。赌博与投机者趁机进行大宗买卖交易,操纵价格,价格下跌时买入、上升时卖出。当泡沫破碎,郁金香价格下跌时,随着信心的消失,恐慌开始,一夜致富的人又变得一文不名。例如股票下跌时,恐慌情绪笼罩整个股市,公众信心崩溃,导致股市彻底崩盘。

贪婪与恐惧是人性的弱点,这种人类行为与心理的非理性很难克服,历史总是在重演。

2. 学会克服贪婪与恐惧

"祸莫大于不知足。"贪婪是人性的一大弱点,也是投资理财的大忌。克服贪婪是身为投资者必须学会的基本技能。然而,贪婪根植于人的心灵深处,要克服它也绝非易事。但是,成功投资者的成功之处,就在于他们能够在该反贪婪时坚持"反贪婪"。这样,在任何背景下他们都能获利。现以巴菲特为例来说明。有段时间在股市上涨过程中,巴菲特减持了中石油,为此,很多人说"股神老矣"。当然,假如巴菲特能再晚一段时间减持,他就可以多赚取上百亿。可是,后面的事实却让大家不得不信服,巴菲特的拒绝贪婪依然是正确的。再遥想当年美国互联网泡沫全盛之时，巴菲特也是远离贪婪按兵不动的，当时屡遭众人非议，而随着互联网泡沫的破裂，巴菲特重新获得了人们的尊敬。

在1984—1986年那轮美国股市的大牛市中，当巨大的诱惑激发了几乎所有人的贪婪欲望之时，巴菲特却开始抛售股票。1987年10月股市疯狂暴跌时，巴菲特由于仅持有《华盛顿邮报》、可口可乐等三只重仓股，最后反而在当年的下跌反弹中赚了20%。

平心而论，克服贪婪的确是一件非常困难的事情，只要想一想就连世界公认的"股神"，也常常因为不愿过分贪婪而受到投资者的质疑，就足以说明问题了。

虽然克服贪婪的路遥远而艰难，但只要有勇气和毅力，克服贪婪还是能做到的。

至于恐惧，则会令人过于退缩。股市升跌是正常的，股市刚上扬时，涨了还涨，见股价已高，股民往往怕追进吃套，然而越怕它越涨，致使许多股民在低位踏空后在高位买入被套。在股价不断下跌、风险随之释放的过程中，又有股民看到自己手中股票持续几天跌停板而恐惧，不但不敢抄底，反而"割肉"，在地板价上失去机会。

做股票就像是比心态，贪婪使"煮熟的鸭子飞了"，恐惧则会失去诸多获利机会。只有克服贪婪与恐惧心理，报以平和心态，才能从容应对股市风云。

4.2 股票投资者的需要、动机与行为

4.2.1 股票投资者投资行为的一般模式

股票投资是一种动态的心理与行为。投资行为心理过程的模式可以表示为：需要引起动机，动机引起行为，行为又指向一定的目标。这说明：人的行为都是由动机支配的，而动机则是由需要引起的，人的行为都是在某种动机的策动下为了达到某个目标的有目的的活动。

需要、动机、行为、目标，这四者之间的关系如图4-1所示。

图4-1　动机激发的心理过程模式图

如果将图4-1改为如图4-2所示的形式，那么这就是一张典型的人类行为模式图。

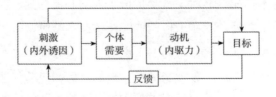

图4-2　人类行为的模式图

第4章 股票市场中个人投资者的心理与行为

从心理学角度分析投资过程,实质就是三类变量之间的相互关系。这三类变量是指刺激变量、机体变量和反应变量。

刺激变量是指对有机体的反应发生影响的刺激条件,其中包括可以变化与控制的自然与社会大环境刺激。投资的刺激变量大都是社会的、经济的环境变量。

机体变量是指有机体对反应有影响的特性,这些都是有机体本身具有的特性,如性格、动机、内驱力强度。

反应变量是指刺激变量和机体变量在行为上引起的变化。

由此分析,图4-1和图4-2中的需要和动机都是属于机体变量,行为是属于反应变量,外界的目标实际上是刺激变量。

人的投资行为过程,实质上就是社会、经济的环境刺激变量引起机体变量(需要、动机)产生持续不断的兴奋,从而引起投资行为反应,当投资目标达到之后,经反馈又强化了刺激,如此周而复始,延续不断。

上述投资行为的模式图在一定程度上反映了人类行为和心理活动的共同规律。因为心理学的研究证实了这样一些客观的规律性:人的意志行动开始于需要及由需要而引起的动机。具体来说,人受到刺激产生需要,需要不满足时,个体内部呈焦虑状态,从而激发动机,通过行为实现目的,满足需要后焦虑得到平息,但又产生新的需要,进而激发新的动机,最后又推动新的行为。如此循环往复,以至无穷,使个体的心理水平达到更高的境界。

4.2.2 股票投资者的投资需要

个体在生理上有对食物、水、氧气、排泄及避开外界有害刺激等的需求,在心理上有对友谊、自尊及知识等的追求,这些需求与追求就是需要。其中有些需要是与生俱来的,但绝大部分的需要则是在生活中习得的。

在投资者当中,绝大部分人努力通过制订和实施投资计划来满足一定的个人需要,这也就是投资者投资的个人目标。投资者投资的中心问题是为了应对各种需要而取得收益,这些需要包括财务上的需要、情感上的需要和心理上的需要。大多数投资者的投资动机是为了增加经济实力和对其资产的控制,当然也有的投资者只为在别人面前树立一种富有而又有知识的形象。

美国著名心理学家马斯洛的需要层次理论是最为著名并广为流传的一种动机理论,其影响深远,至今不衰。这一理论在许多领域得到了广泛的运用,如教育、工业、宗教组织与管理、治疗、自我改善等方面。

马斯洛认为,人有许多基本需要,鉴别基本需要的方法是验证某种需要是否符合下述情况:"缺少它引起疾病,有了它免于疾病,恢复它治愈疾病;在某种非常复杂的、自由选择的情况下,丧失它的人宁愿寻求它,而不去寻求其他的满足;在一个健康人身上,它处于静止的、低潮的和不起作用的状态中。"据此，马斯洛提出了人的一系列基本需要，这些需要存在不同的层次，可排列成一个需要系统。其中最低层次的需要是生理需要，它是一种随生物进化而逐渐变弱的本能和冲动；最高层次的需要是高级需要，它是随生物进化而逐渐显现的潜能。马斯洛认为，人的需要体系分为五个层次，从生理的、安全的、社交的、尊重的需要，一直到自我实现的需要。

1. 生理的需要

生理的需要是人类最原始、最基本的需要，是指饥饿需要食品，口渴需要水，御寒需要衣服，居住需要场所，还有身体有病需要医疗等。这些需要维持人们生命的起码要求，若不能满足，人类就无法生存。马斯洛认为，在一切需要之中生理需要是最先产生的，而且是有限的，当需要被满足时，它就不能作为行为的动力而存在。这时人类可以从生理需要的支配下解脱出来，产生其他"更高级"的需要。

因此，由生理需要引发的投资需要成为投资需要中最基本的需要，即希望通过投资来获得股息和利息收入，以实现私人资本的增值，更好地满足个人的生理需要。

2. 安全的需要

个体的生理需要相对得到满足之后，就会产生安全的需要，希望避免如冷、热、毒气、灾害、疼痛等物理条件方面的伤害，要求职业安定、劳动安全，希望未来生活有保障等。安全的需要是自存的需要，除了对此时此地的考虑以外，还要考虑以后。在安定良好的社会里，一般健康而正常的成年人，其安全需要基本上能够得到满足，但在动乱的社会，安全的需要就显得很突出。

参与证券投资可以满足安全的需要，因为用现金购买证券可以防止意外灾害或被盗造成的损失，使资本更有保障。有不少投资者把购买人寿保险作为其安全财务需求的标准保障。在一般情况下，如果投资者过早死亡，人寿保险便能给投资者家庭提供财务上的保障，这种形式的保障是有幼儿的年轻父母的最大需求。也有一部分投资者的主要目的是为退休后能有安全稳定的收入，准备资金以补充来自雇主和社会的保障金。这些都是安全的需要在投资需要中的体现。

3. 社交的需要

如果上述两种需要都满足了，个体就会出现感情、友谊和归属的需要，如渴望父母、朋友、同事、上级等对其所表现的爱护、关怀、温暖、信任、友谊及爱情等。人们还渴望自己有所归属，成为团体成员之一。马斯洛特别强调，人是社会的动物，没有人希望自己过孤独生活，总希望有些知心朋友，有个温暖的集体，渴望在团体中与他人建立深厚的感情，保持友谊和忠诚。

人是一种社会性动物，社交的需要成为必不可少的一种需要。股票投资可以在某些方面满足这些需要，有人说，现在人类最集中的地方除了商店之外，就是证券公司门口了。在证券公司门口，总可见到三个一伙、五个一群的股友们在谈论着股票行情，交流各自的观点。如雨后春笋般涌现出的股市沙龙更是聚集了各路热衷股票的投资者。而这在一定程度上正好满足了人们社交的需要，从而激发了人们的投资动机。

4. 尊重的需要

作为一个社会人，都有自尊、自重、自信的需要，希望他人尊重自己的人格，希望自己的能力和才华得到他人公正的承认和赞赏，要求在团体中确立自己的地位。这种需要可分为两个方面：一是要求和希望得到他人的重视、关心和高度评价，希望自己的工作得到社会的肯定与认可，要求有名誉、威望和地位；二是在所处的环境中，希望自己有实力、有成就、有信心。这些需要的满足可以增强人们自信的感情，觉得自己生活在这个世界上有价值、有用处，可对周围环境产生影响力。这些需要一旦受挫，就会使人产生自卑、软弱、无能的感情，从而失去信心。当这些需要得到满足时，就会产生强大的动力，表现出持久的干劲。但这种需要很少能够得到充分满足。

尊重的需要在投资需要上表现出投资者想展示自己的才能，从中得到一种心理上的满足。腰缠万贯者和社会名流以拥有巨额股票来显示自己的财富、声望和地位；一些自认为能力超群的人通过投资股票赚取比别人多的收益来表明自己能力的不同凡响；一些青少年参与股票投资以表明自己已经长大自立等，这些都是由一种希望获得尊重的需要而引发的投资需要。

5. 自我实现的需要

马斯洛指出，即使人的以上需要都得到了满足，往往又会产生新的不满足，这就是要求实现个人聪明、才智、理想与抱负。这是最高层次的一种需要。马斯洛把"自我实现"一词加以限定："说到自我实现需要，就是指他的潜力得以实现的趋势，这种趋势可以说成是希望自己越来越成为自己所期望的人物，完成与自己能力相称的一切事情。"

股票市场上，有的投资者参与股票投资，主要是为了参与公司决策，这也是某种程度上自我实现的满足，即可以通过自己的努力，影响公司的重要决策，实现自己的投资目标。同时，投资者投资成功的体验，也强化了对自己能力的信心，可以促使投资者向更高目标攀登，完成与自己能力相称的一切事情。这种投资需要在高层次的知识分子中占有一定的比例。

4.2.3 股票投资者的投资动机

股票投资是一个令人神往的领域,在美国等国家,数以亿计的投资者在与股票打交道。那么,是什么促使这么多人从事股票投资呢?换句话说,他们从事股票投资的动机是什么呢?

动机,是直接推动个体活动以达到一定目的的内部动力。个人的一切活动都是由一定的动机所引起的,并指向一定的目的。动机是个人行为的动力,是引起人们活动的直接原因,它是一种内部刺激。

动机这一概念包含以下意义:动机是一种内部刺激,是个人行为的直接原因;动机是为个人行为提出目标;动机是为个人行为提供力量以达到其体内平衡;动机使个人明确其行为的意义。

由此可见,动机具有两个方面的作用。一是活动性。个人怀有某种动机之后,能对其行为发生推动作用,表现为对其行为的发动、加强、维持直至终止。二是选择性。具有某种动机的个人,其行为总是指向于某一目的而忽视其他方面,使其行为表现为明显的选择性。

应该说,每个投资者的投资动机是不同的,它依赖于投资者的财务需要、社会、家庭及货币使用的道德观念。例如,有些投资者参与投资活动仅仅是为了积累财富,而无其他动机;有些投资者是想为子女的高等教育积累资金;还有些投资者是为退休后的收入补偿,以及完成其他方面的财务需要。个人投资者和社会联合团体投资者的投资动机往往也是不同的:个人投资者投资往往是为了增加资产净值,以便能够为未来家庭成员增加资金来源;社会联合团体投资者往往是为了积累资金,以便更好地为其服务对象服务。

总之,在日益发达的商品经济社会,证券股票投资在各类经济活动中占有重要地位。随着世界经济的不断发展,证券投资形式更加多样化,内容更具丰富性。与之相适应,证券投资的功能进一步多元化。投资者不但可以通过长期投资获得与其所承担的风险相应的收益,也可以利用市场证券行为的波动进行短期投资以取得差价收益,当然,由于证券投资的形式多样化、功能多元化,必然也使投资动机越来越复杂化和多元化。归纳起来,一般个人投资者的投资动机主要有以下几种。

1. 资本增值动机

人们参与证券投资活动,最基本的动机就是获取股息和利息收入,以实现资本增值。持这种动机的投资者的行为属于投资行为,不带投机性质。投资者比较注重各种不同股票的股息差别,同时也注重股票的质量,以求稳定地获取较高的股息。在当今世界的股票市场上,单纯持这种动机的股票投资者已为数不多。

2. 投机动机

持这种动机的投资者参与投资活动，其目的主要是从股票价格波动中获取差价收益，他们很少注重股息。因为在他们看来，股息和差价相比微不足道。他们认为，为获取股息买进股票而干等，不如在股票市场上短期买进卖出各类股票赚取差价收益好，因此他们极为重视股票市场的供求关系和股票行市变动趋势，把资金投放在价格波动幅度较大的股票上。他们有可能频繁地买卖股票，愿意承担较大的风险而获取较高的收益。有的投资者甚至推波助澜，故意操纵某种股票的价格，以图暴利。

在股票刚发行时，其价格与票面价值大致是一致的。股票进入流通市场后，情况就发生了变化，股票价格越来越脱离其票面价值。有些股票的市场价格与其票面价值相差几倍，甚至相差几十倍。

在上面所述的股票票面价值与市场价格的差价悬殊的情况下，名义派息率和实际派息率的偏离扩大，使股息往往低于银行存款利率。在这种情况下，人们对股票投资更多的是追求从价格变动中获取收益，而不是追求股息收入。由于这个原因，在股票市场上持投机动机的人较持投资获利动机的人多，投机活动已成为证券投资的一种普遍现象。

应该指出的是，除持投机动机和投资动机的投资者以外，更多的是两种动机兼有的投资者。

3. 灵活性动机

灵活性是指投资者在尽可能避免损失的前提下，迅速将投资转换为现金的能力。保留现金灵活性最大，但却无法实现资本的增值，银行活期存款的收益率则太低；相反，动产与不动产的投资一般收益率较高，但投资者将其转换成现金的成本往往太高，而且交易时间也较长，这类投资的灵活性较低。证券投资基本上将灵活性与收益性结合起来，既能快速转换为现金，又能长期为投资者带来收益。因此，在保证资本增值的前提下，考虑到灵活性，投资者可以选择证券投资。

4. 参与决策动机

虽然就广大的投资者而言，特别是我国的投资者，参与决策意识是比较淡薄的，但部分投资者可能为了参与公司的决策而购买其股票。在发达的资本主义社会，资本雄厚的投资者为了控制股份公司，有时会大量购买该公司的股票。

诚然，现代股份经济的特征之一是股权的日趋分散，大规模股份公司拥有众多的股东，只有极少数的大股东才有参与决策的实际能力，大部分股东无法真正参与决策。实际上绝大多数小股东不太关心所谓的公司决策，而更注意股息的收益高低。在我国，股民参与公司管理的意识不强，持这一动机的人很少，但是很多人都千方百计地打听股东大会的"内幕"消息,以获得较大的差价,导致投资者角色错位。

5. 安全动机

有的投资者之所以参与证券投资,还往往出于安全上的考虑,因为用现金购买证券可以防止意外灾害或被盗造成损失,使资本更有保障。这类投资者也重视投资收益问题,他们认为把钱存入银行和购买证券安全程度基本相同,但证券投资更能提供高收益,因此采取证券投资的方式更有利。由于他们更侧重安全问题,所以在投资时多把资金用于价格波动幅度小和收益稳定的证券,在购买证券时,他们也往往要求领取寄存证而不是证券本身以提高安全程度。

6. 选择动机

边际效用递减规律在一般商品的购买活动中的作用表现为:消费者不会把大量现金花费在一种商品上,尽管这种商品可能对他有极大的吸引力。因为随着购买数量的增加,效用就会递减。同样地,在证券购买活动中,边际效用递减规律也起作用,投资者如果总是购买一种证券会感到乏味,没有一种证券能满足投资者的全部需要。私人投资者在增加投资规模时总希望购买其他种类的证券,目的在于从各种证券的投资效益比较中获得平衡性满足。

7. 自我表现动机

自我表现动机的核心是自我炫耀,并从中得到心理满足。正如前面所述,社会上某些巨富以拥有巨额证券资产显示自身的富有、地位及威望;一些自认为能力超群的人通过证券投资赚取比别人多的收益来显示自己能力超群;部分退休者及家庭妇女则期望借此得到社会认可而从事证券投资;另外,一些青少年参与证券投资以表明自己已经成熟,在上海就有众多的学生参与股市操作。

8. 好奇与挑战动机

有人从未买卖过股票,目睹他人买卖股票,自己也想体验一下;有人则眼见别人炒股赚了钱,出于一种挑战心理,也开始买卖股票,力图比别人赚得更多。具有这种动机的投资者往往缺乏必要的技术和心理准备,因而投资具有冲动性,也往往不够稳定。

9. 投资癖好

有投资癖好者具有习惯动机。这类投资者曾长期从事股票投资活动,已经形成习惯,证券投资成为他们生活中必不可少的重要内容,以至于有人对股票投资成癖,极为关心股票行市的变化，一日不炒股，则坐立不安。此类超出常规的股票投资活动，一般属于不理智投资行为。

10. 避税动机

避税动机是指高税阶层的投资者为逃避收益纳税而选择收益免税的证券或者可提供税收保护的证券进行投资的心理趋向。例如，他们愿意选择可获得利息免税的市政债券进行投资，或者选择能源交通建设方面的证券投资，因为这类证券可以为投资者提供税收保护。

在现代西方社会，许多经济学家已提醒投资者不要被投资活动的税收优惠蒙蔽，而应注意考虑经济方面的因素。

综上所述，投资者的动机是复杂的、多方面的，当然，获取收益始终是其最基本的和最主要的动机。

4.2.4　投资者的高级需要与动机

投资活动是人类经济生活中的一种需要。成功投资者的活动既可满足投资者的物质需要，又可满足其精神需要。投资需要是人类的高级需要。

赚取金钱并不是决定人们是否从事此种活动的主要原因。投资者参与投资活动还有想学习和发现价格运行规律，实现个人价值，获得自我满足的高级动机。这些投资者往往将投资领域看成新的生活方式与生活体验领域。

德国学者彼得斯于 1999 年研究了 215 名投资者的动机。研究结果表明，85% 的投资者的第一动机是赚取利润；64% 的投资者的第二动机为寻求刺激，因为股市有风险；47% 的投资者的第三动机为证明自己在金融领域有能力；25% 的投资者将投资看作自己闲暇时的一份工作。

投资者的成就动机水平与投资者愿意承担的风险水平有着密切的关系。有着强烈成就动机水平的投资者不会选择那些极难或极易投资成功的股票，而是选择风险程度适中的股票去投资。这是因为失败在容易的任务上比失败在难度较大的任务上，投资者会感到更没有面子。

显然，适当的赚钱动机是成功投资者的必要条件。任何过强、过弱的赚钱动机都会对操作业绩产生不利影响。

4.3　不同股票投资者的投资行为分析

股票投资者之所以将其资金投入股市，而不用于消费，是为了获取投资报酬。投资报酬由两部分组成：一是投资的本期收益，即投资期内，上市公司派发给的股息；二是投资的资本利得，即由于股价变动，投资者买卖股票所获得的差价。因此，投资行为又表现出其自身的特点。

4.3.1 投资者的类型

在股票市场上，根据投资者的行为特点，可把投资者划分为不同的类型。

1. 按投资者在股票市场上所起的作用划分

这是一种最通俗、最普通的划分方法。按这种方法划分，投资者可分为：①财力雄厚的大户；②发行公司董事；③市场做手；④一般小额投资者。

发行公司董事和一般小额投资者是两个极端的持股类型。发行公司董事持有股票有一部分是"基本董事股"，这类股票除非董事本身不想再居其位，否则是不能随意出手的，一般小额投资者大都想赚点投资利润，很少愿意长期持有。

一般来说，如果股票大都掌握在大户、公司董事和做手的手里，那么股价就不至于跌得很惨，因为大户也不愿意被套牢。但如果股票大都在一般小额投资者手中，那么行情恐怕难以乐观，因为大户手中股少，散户手中股多，大户不会心甘情愿来照顾行情的。

2. 按投资持股的时间长短来划分

按投资持股的时间长短来划分，投资者可分为：①长期投资者，如公司董事、长期持股的大股东；②中期投资者，如过户的投资者、参与投资的中大户；③短期投资者，如赚取差价利润的短期投资者。

当然，持股时间长短也不是绝对的。有的投资者本来只想做短期投资，后来由于股市行情变化出乎预料，不得不做中期投资；有的投资者，有意从事长期投资，但如果股票行情发展对他们相对有利，经过盘算，认为值得获利了结，落袋为安，因而转变为短期投资。因此，所谓的长期投资者和短期投资者实际上无法进行严格的划分。

3. 按投资的心态及投资形态来划分

按投资的心态及投资形态来划分，投资者可分为：①基本分析投资者，他们是着眼于公司获利能力，关心股息和资本增值的投资者；②技术分析投资者，他们是着眼于市场因素及差价利润的投资者；③消息研究投资者，他们是以消息好坏来决定操作的投资者。

投资者投资心态及投资形态的不同，对于证券投资有着截然不同的影响。

如果股市大多数投资者为基本分析投资者，他们注重企业获利能力的基本因素，那么股价的变化必然较为平稳。因为除非有特别的变化，发行公司的获利能力一般不会在一夕之间就截然改观。更何况基本分析投资者着眼于长期目标，持股的稳定性强。

如果技术分析投资者在投资者总体中占优势，他们由于以市场因素和差价利润等因素为操作的着眼点，因而往往股价越涨他们越抢买、股价越跌越抛售，造成股市价格的跌宕升降。

当以打听消息来决定买卖的投资者占有相当比重时，将造成股市的不断震荡。

4.3.2 不同投资者的行为特征

1. 股市大户的行为特征

大户总是与小户相对立而存在的。大户能操纵股市，是因为其投资额巨大，交易量惊人。大户之所以成为大户，不仅是因为其资金雄厚，持股数额大，还在于有小户、散户为其奠基。因此，大户要进行投资，也需要外围摇旗呐喊，散户紧随其后，然后哄抬价位方能得心应手，顺利操作而上。

大户进行投资的形式固然和小户不一样，但他们获取利润的目的一致：小户盼望低进高出赚取差价，大户也旨在调高价位获利。所不同的是小户对于股价只能盼望，不能像大户那样哄上、拉高、抬升、随心所欲。

股价的调整，跟推车上坡的道理相似，大户启动发动机的时候，许多散户助力，于是股价便扶摇直上，期间有获利退出的投资者，也有加入推动的投资者。一旦后续力量不足，这时主力(大户)撤退，股价便迅速下跌，难免有人亏损。如果股价走势平稳，其下跌就会缓慢；如果之前涨势过猛，则下跌必然迅猛。股价若迅速上升，其下跌也可能非常剧烈。

1) 主力大户的行为动向分析

股票交易的动态，尤其是大户进行股票交易的动态，对研究和判断股价趋势具有相当的参考价值。大户进出的动态(一般称为消息)，可作为一般投资者买卖股票的决策依据，这是因为大户对于股票的选择，必然已是花费了相当多的研究时间，而且大户的财力雄厚，极易影响股票价格的波动。

实际上，如果一般投资大众的心理取向共同，达到"众志成城"的程度，投资大众的参与也足以影响股票价格的起落。因此，倘能掌握一般投资大众的共同心理取向，也能得到较多的获利机会。

当然，一般的小额投资者在股票买卖方面，大都只能跟随大户和主力进出，很少能够主动操纵股价。然而，跟随主力和大户进出，并不一定可以获利，因为除非是主力和大户的至亲好友，一般人很难获得真实的交易信息。所以如果对于主力和大户的进出动向判断正确，或许可以搭上股价上升的"末班车"，赚些利润。如果判断错误，则往往被套牢。

要判断市场主力或大户的进出动向，投资者不能只凭道听途说，盲目相信，而必须以市场的各种交易资料综合研究，加以印证，方能不至于陷泥沼而不能自拔。

一般地，主力大户有意吃进时，不可能到处张扬，否则会使自己吃不到足够的筹码，又增加上涨的压力；只有在买足盘子希望抬高时，或者在获利已有希望时，才会主动设法让一些小额投资者来跟进。因此，研究判断主力大户的买进固然重要，但研究判断主力大户是否卖出，更是小额投资者不可疏忽的关键。

主力大户是否卖出，相当难以判断，因为谁也不会大张旗鼓地出货，除非手中持股已经快要出光了。尽管如此，投资者只要细心留意，还是可以从各种交易资料中发现主力大户的卖出迹象。这些迹象诸如：当利多消息出现时，成交量突然大增；股票价格涨得相当高时，成交量大增；主力大户频频把筹码让出去，而不是转进来；主力大户接二连三地宣扬某种股票的利多消息，自己却不再大量买进。

2) 大户操作股市的能量分析

从承担风险、博取利润的观点来看，股票投资可视为一个竞局(game)，故博弈论(game theory)在股票投资中也得到了应用。在这个竞局中，每一个投资者都为自己的利润而全力以赴，至于对手受损失如何，则全然不顾。

主力大户由于财力雄厚，在股票交易中，自然获胜的概率较大；小额投资者通常处于劣势。然而，股票市场是一个不特定众人集合竞价的场所，因此，买方属于不特定的多数人，卖方也属于不特定的多数人，所以说，就买卖而言，并无固定的优势力量存在，即使是资金实力相当雄厚的大户，也不能与整个市场的主体投资者相抗衡。

主力大户尽管具有雄厚的实力，如果不顾整个股票市场的趋势及投资心理，硬是要逆势操作，恐怕也不会有好结果。不过，大户的最有利之处，在于大户可以采用拉抬等操作手段，制造股市气氛，进而可以汇集市场众多的资金，起到推波助澜的作用。

一般的小额投资者从事股票投资的实力本来就极微弱，如果要在股票交易的竞局中获利，当然必须站在力量较强劲的一方，跟随大户(站在力量强的一方)也好，跟随大势(站在多数人的一方)也好，总之，不能与股票市场的主流分庭抗礼。

因此，股票的特点和市场的特点，决定股票交易是一个永无止境的竞局，除非投资者获利了结或停止损失退出，否则谁也不知道谁将最终获胜。

3) 大户与一般投资者的关系分析

股票市场需要各种各样的股票投资者。需要小额投资者，作为股市的基本群众；需要中大户，作为股市的主力；需要团体投资者及信托投资公司，作为市场调节供需的稳定力量；甚至需要短线进出投机者，作为热络交易、灵活股市的力量。股市行情是各类投资者共同参与的结果。

可见，大户和散户之间的联系十分密切。然而，总有少数目光短浅的知名大户，不知道珍惜良好的自我形象，专以获取短利为目的，不仅丧失群众的信任，更使股市的发展受到危害。例如，有的股市大户操作起股票来一路涨停板，一旦达成目的清除存货后，又一

第4章 股票市场中个人投资者的心理与行为

路跌停板,这种做法未免过于极端。有的市场大户本来很精于投资分析,善于做长期投资,拥有不少群众,但却也突然做短线,或大量吃进拉高一两天。类似这种做法,都有损广大投资者的利益,降低了投资者的投资热情,也违背了股市的最终目的。

2. 股市散户的行为特征

股市散户一般是指股票市场中的小额投资者,之所以称其"散",是因为他们通常是没有组织、缺乏计划地进行投资,不像大户投资那样富有规划性。

按照常规的观点,股票市场里的散户往往会成为股市的牺牲者。在资金力量庞大、富于操作技巧、有着一整套投资计划及策略的大户、做手及投机机构获利之后,套牢的、亏本的往往是缺乏组织和计划的散户。除非是异常精明,并能克制自己冲动的投资者才有可能获利,可谓"股市投资十人有八人要亏"。

一般的小额投资者(散户)多半抵挡不住市场气氛的诱惑,在行情上涨时抢进,行情下跌时卖出。他们就这样周而复始地为做手和为大户们摇旗呐喊、制造气氛的"号兵"们所左右,在行情上上下下之间疲于奔命地把资金摔过来又摔过去,最后越摔越少。

由于散户对于投资分析及投资计划自然"力有未逮",因此只能天天看着电子显示器见机行事。倘若见机行事的小额投资者太多,那又将加大股票行情的波动幅度。

股市中有这样一句话,叫作散户跟大户,大户跟机构,那么机构又跟谁呢?其实就是跟大势看人气,即散户的力量、人心之所向。因此,作为散户股民也不必将大户看得过于神秘和紧随其后,重要的是加强自己的判断能力和预见能力,这样才能在变幻莫测的股市中立于不败之地。

3. 股市做手的行为特征

做手,在股票市场上是一批特殊的投资者。

在证券市场建立之初,人们不大谈什么业绩,也不谈什么股息,甚至于亏损累累的投机股,居然也可以凭着做手一路猛涨。谁要是不信做手的威力比业绩能力强,它偏偏涨给谁看,于是乎以票面3倍的价格能成交,以票面10倍甚至100倍的价格也能成交!然后,小额投资者不得不相信做手的确有一套。久而久之,业绩优良的股票没人去理它,好股票的价格下跌大家认为是应该的,因为这种股票没有做手,于是就有了股票价格的"板块现象",如"四川板块""东北板块""延中板块"等。而信誉很差的股票只要风闻有人炒作,立即身价倍增,大家都是唯恐跟得慢,错失大捞一把的好时机。于是,投资者一天到晚都在打听什么股票有人做、什么股票没人理,整天为了消息而奔走,也整天被消息折腾得惶惶不安。

应该明白,做手之所以成为做手,主要在于他们不比一般的投资者笨拙。做手不会做一种股票一辈子不放,他们也不会贸然出手让散户们赚钱,因此,不要迷信做手,否则最终受害的是自己。

那么,投资大众怎样判断哪些股票有做手操纵,进而掌握这些股票的动向呢?

根据市场的经验法则,有做手参与的股票,可从价与量的变化上观察出来。做手开始抢进时,市场表现为:平日成交量不多,忽然大量增加;股票有大笔转账,而且是一笔转给某一公司时,可能意味着做手向公司有关方面让进股额了;股价虽然偏低,却每天以最低价收盘,也可能有做手压低吸纳。

做手开始操作时,大致表现出以下迹象:成交量热络起来,而且买卖较集中,往往集中于少数公司;股价迅速冲刺而上,往往出乎市场投资人意料;有些做手喜欢临收作价,作为拉高行情的手段。

4.4 股票投资者的个体心理过程与行为

4.4.1 股民的知觉选择性与股市中的视觉双关效应

在日常生活中,作用于我们感觉器官的客观事物是多种多样的,但是在一定的时间内,人总是有选择地以少数事物作为知觉的对象,对它们的知觉格外清晰,这就是知觉的选择性。此时,知觉的对象好像从其他事物中突出出来,出现在"前面",而其他事物就退到"后面"去。前者是知觉的对象,后者成为知觉的背景,在一定条件下对象和背景是可以相互转换的。

心理学上有两张著名的视觉双关图,如图 4-3 所示。一张是大块黑色中镶嵌着一块白色,如果观察者以黑色为背景,就会看到一只白色的酒杯,而以白色为背景,又会见到两个脸对脸的侧面头像。另一张是用线条勾勒的妇女侧面像,如果观察者将视力集中到上半部,就会感到这是一位年轻姑娘,而如果将视力集中在下半部,又会觉得这是一位老妇人。背景不同,选择的重点不同,所得的影像也不同,这就是心理学上的视觉双关效应。

(a) 酒杯与侧面人像

(b) 两可图

图 4-3 视觉双关图

第4章 股票市场中个人投资者的心理与行为

在股票市场上,当人们讨论沪深两股市时,常可听到这样的讨论,说沪市盈利率偏高,上市公司业绩不如深股,因此投资深股比投资沪股风险小。而又有人反过来说深圳股市盘子太大,不如沪市盘小稳定,因此投资沪股风险更小。这就是股市中的视觉双关效应。当投资者选择不同的股票为观察背景,以不同的因素为注意对象时,就会得出不同的观察结果。

不同的股票有不同的特征,同一股票又有不同的侧面,当它们共处一个市场上时,就会产生互为背景、互相映照的效果。价位高的股票衬托出低价股的价位之低,盘子大的股票衬托出小型股的盘小之优,劣质股衬托出绩优股之优,而绩优股价位的勇往直前又使人感到劣质股虽劣但价廉,低价吸纳也蛮值得,如此映照的结果是投资者感到各种股票都各有所长、各有所得,都有投资价值。

不同投资者会因自身条件、愿望和习惯偏好,选择不同的观察背景和注意重点,就会造成观察结果上的差异,如新入市者往往以价位为注意重点,会感到小盘股价高危险、价低保险,而一些久经"沙场"或财力较强的投资者则更注重小盘股,认为股小好炒作、盘小冲高快。但股市群体的这种观察选择始终是双向的,有人这样观察,有人那样观察。这种视觉双关效应,使各种股票以人家的"短处"来衬托自己的"长处",从而使大家的短处都得到了遮盖或弥补,形成互相帮助、互相支持的局面,使大市更添你好我好大家好的欢乐气氛。因此,视觉双关效应的存在是股市能否较稳定地走得更长一些、更远一些的重要条件。

正确认识股票市场中的视觉双关效应,对我们判断大市状况具有重要意义。因为再盲目的投资者(实质上绝对盲目的投资者是不存在的),在决定投资方向时也总要依据一定的背景进行一番观察,即使一时冲昏了头脑,到一定时候也会醒悟过来。所以,一个有潜力的市场,必定是由一些小型或中型绩优股带头冲锋,由一些大型绩优股适当滞后压阵的。反过来,如果前者已开势乏力,再加上一些劣质股不顾一切向前冲,那一定不是一个好兆头,很可能就是一个大调整的前兆。每当这时,投资者就会说:投资没有方向了,或者投资没有目标了。而所谓没有目标,是因为股市的图像已经紊乱,使得视觉双关效应荡然无存。

4.4.2 股民的股价错觉

错觉是对客观事物的不正确知觉,它不同于幻觉,是在客观事物刺激作用下产生的一种对刺激的主观歪曲的知觉。

股市中,即使是再理性的投资者,在很多时候,也会产生时强时弱的错觉,最明显的莫过于股价错觉。

10元面值的股票卖200元同1元面值的股票卖20元,前者看上去价格更高,这就是大家所知道的股价错觉。这种错觉使同样已达面值20倍的后一种股票,看上去感觉价格还低,有一种虚幻的安全感,而前者却已价高惊人,使人望而生畏了。可以说,股价错觉同人的日常生活经验息息相关。我们日常生活当中接触到的价格问题总是同某一具体的计量单位联系在一起的,如水果多少钱1斤、衣服多少钱1件。而常识告诉我们,千总比百大,3总比2大,这种联系经过长期强化,就形成了固定的神经联系,产生条件反射。因此,一接触到股价问题,也自然而然地跟着感觉走。衡量衣服和水果的贵贱还可以靠手摸眼看,凭另外一些感觉来修正原来的错觉,而股票却无法这样做,投资人唯一能够感觉到的只有"多少钱1股"。

1. 股价绝对值错觉

10元1股和20元1股,哪只股票价格更高?许多人都认为前者比后者便宜,这实际就是对股价绝对数的一种错觉。但只要我们冷静分析,有的股票虽然要20元1股或者更高,但其货真价实,"水分"较少;有的虽然只要10元1股,但可能已被市场注入了过多的"水分"。某些市场人士将被注入了过多"水分"的股票称为"水分股",如果将两只股票同时放到"水"里,20元1股的股票还能吸更多的水分,即可更大幅度地提高价格,而10元1股的股票吸水余地已不大了。如果同样拿去缩水,则结果正好相反。所以,注重股票的内在价值十分重要。

2. 股价相对值错觉

甲股已跌掉40%,乙股已跌掉20%,哪只股票价更高?许多人会认为乙股相对价要高。这又是一种价格错觉,我们称为股价相对值错觉。

股价跌幅深浅总有其内在原因,但凡跌幅较深的往往是定价太高,即使价位回升,要冲破上涨阻力也是困难重重,而跌幅较浅的股票往往说明原先的价格比较合理,下跌很可能不是自身的原因,而是大市拖累的结果,一旦大市回升,这种股票更容易轻松冲关,再创佳绩。而买进甲股票者,这时往往只能眼睁睁地看人家做多头快车而痛心疾首。股票同商品一样,一分价钱一分货,价高价低是相对而言的,关键要看实质价值。

3. 股价的动态错觉

还有一种股价错觉是动态错觉。当股票处于几元一股时,每上涨1元,都会叫人怦然心动,但真正冲破10元、20元后,1元1元的累加反而使人感到它像静止不动了。这从动速角度上看当然是对的,但对原始股东来讲,其盈利面绝对值的增加并没有减缓,只是缺少了原先的"心跳感",使人对涨势更心安理得。因此,在美国股票市场上,有些公司喜欢拆股,以降低高价感,而有些公司却不喜欢拆股,乃至有的面值仅1美元的股票涨到七八千美元依然有人趋之若鹜。因为错觉同人的注意力指向有一定的关系,紧盯着红颜色看,再闭上眼睛会看到绿色，紧盯着"十"看，对"一"也就觉察不到了。

另外，股价错觉的强弱还同投资人的习惯偏好有关，平时爱便宜货的人会比一般投资人产生更强的股价错觉。当然，作为一种心理现象，人类的错觉是永远存在的。因此，对一般的股价错觉没必要太顾忌，因为你有的，其他人也会有，与市场同向并不能算错，但过于强烈的股价错觉常会使我们选错股票。

4. 比价错觉

股民对股价的相对高低会产生错觉。低价股涨一倍都不觉得贵，而高价股涨50%就会觉得贵。股民有买进低价股的偏好，高价股往往曲高和寡。

5. 资金量翻番错觉

股民们还有一种错觉，似乎赚到的股票可以每月翻番，其实一个月内赚取10%是可能的，但每个月都能赚10%，是不可能的，因而指望从资金量翻番中致富的想法是不现实的。

6. 涨跌幅错觉

投资者在股票的涨跌幅度上也会产生错觉。认为股票下跌后再上涨也不可能回到原位，因而在股票市场中赔钱比赚钱更容易。

7. 除权错觉

除权错觉是一种上市公司经分红送股后，股价经折算处理，使投资者误以为其价值被低估的一种错觉现象。事实上，除权之后股票便宜了，易被投资者接受，其实这也是一种比价错觉的特例。

8. 成交量错觉

成交量错觉是指成交量的变化会给投资者造成一种对主力机构行为判断上的错觉，因而也会影响投资者的决策，造成失误。

综上所述，股市中的股价是重要的股市变量，最易产生错觉，我们对这些现象进行总结，如表4-1所示。

表4-1 股价错觉的种类、特征

股价错觉现象	特征及含义
股价绝对值错觉	对股价绝对值的一种错觉，股民会看好绝对数低的股票
股价相对值错觉	对股票跌幅价低者，认为其股票价更高
股价的动态错觉	从动速角度看，对涨势心安理得

续表

股价错觉现象	特征及含义
比价错觉	对低价股涨1倍不觉得贵，对高价股涨50%就觉得贵
资金量翻番错觉	期望每个月都能赚到钱
涨跌幅错觉	对股票的涨跌幅产生错觉
除权错觉	上市公司经分红送股后的股票价值会被低估
成交量错觉	成交量变化给投资者造成判断错觉

4.4.3 投资者的情绪与股市操作

1. 投资者的情绪与股票的买卖区域

心理学上称情绪是人的心理生活的一个重要方面，它是伴随着认识过程产生的，是人对客观事物是否符合人的需要而产生的体验。

大家知道，人是具有自己的主观世界的，当外界事物作用于人时，人对待事物就会有一定的态度。根据是否符合自身的主观需要既可能采取肯定的态度，也可能采取否定的态度。当他采取肯定的态度时，就会产生爱、满意、愉快、尊敬等正面体验；而当他采取否定的态度时，就会产生憎恨、不满、痛苦、忧愁、愤怒、恐惧、羞耻和悔恨等负面体验。不论是对客观事物肯定的态度还是否定的态度，我们都能直接体验到，这就是情绪体验。不管是在成熟的股市中，还是在不成熟的股市中，最难控制的就是自己的情绪。

股票市场具有自身的周期性特征，那就是股价指数的起伏不定，低价位—高价位—低价位—高价位，如此往复。这种股票市场的有节奏波动，反映出投资者的情绪状态，即悲观还是乐观。一旦大多数投资者出现了悲观情绪，股票将变得廉价并使其投资风险减少，这时，股票市场就进入了一个买进区域。与之相反，当投资者的情绪乐观且受股票的上升热所驱使，大多数股票的市盈率达到顶点时，股票市场就进入了一个卖出区域，因为很可能在一夜之间，股票价格将经历一次暴跌。

2. 投资者的基本情绪体验

贪婪与恐惧是成功投资者必须克服的两大情绪体验。贪婪实为一种不符合市场现实的赚钱期望。与其说是贪心才导致了亏损，不如说是应该"贪"时产生了过于害怕的情绪从而丧失机遇；而应该害怕时因产生了"贪"念，从而踏入陷阱。

除贪婪与恐惧外，投资者的基本情绪体验还包括焦虑与郁闷。焦虑与郁闷是多种基本情绪体验的复合体。焦虑包括担心、痛苦与不自信；抑郁包括痛苦、厌恶心理等情绪体验。

牛市下赚钱效应不断涌现，投资者对前景越来越兴奋乐观。但是一旦股票处于下跌状态，股民就会产生焦虑情绪体验。股票下跌被套时，投资者会产生无助、沮丧，甚至会产生厌世自杀的倾向,投资者对股市、管理层会产生愤怒、憎恨情绪,更有甚者会产生暴力的行为倾向,成为社会不安定因素。

3. 投资者的情绪困扰

股市即人生,股市中的情绪体验是人生过程中情绪体验的表现。投资者成功的喜悦、失败的痛苦,从狂喜到绝望、从愤怒到惊慌,都可在短短的几天内发生。

在投资过程中,投资者多数是焦虑、抑郁、愤怒、绝望的,不良情绪体验占据主导。

带有不良情绪者会严重干扰投资者理性认知在投资决策中所起的作用。面对的情境不确定性越高,情绪对决策的影响也越大。

股民处于不良情绪状态时,由于赌性太强,不接受失败,一心想的是只能赚不能赔。在股价下跌时,这些股民会过度惊慌,随大流地加入恐慌抛售行列。

不良情绪体验是一种过度的消极情绪,会使投资者操作失误。反过来,操作失误又会加重消极情绪,这就使情绪与操作陷入恶性循环。

对于消极情绪仅靠发泄未必能调节好,甚至更坏。

当然,过分的乐观情绪往往会产生过度自信,从而导致投资者过高估计成功的概率,过低估计决策后可能产生的风险。

理性投资者应该摆脱情绪的困扰,从而做出正确的投资决策。

4. 不良情绪的调节

不良情绪的调节可以从以下几方面进行。

(1) 打消赌徒心理和急躁情绪。

(2) 杜绝"借鸡生蛋""借钱炒股"。

(3) 合理分配和管理资金。

(4) 允许、接受可能发生的亏损。

(5) 转移注意力。

(6) 认错、出局。

(7) 资本增加即是成功。

5. 情绪与股市操作

那么,我们怎么判断投资者的情绪是悲观还是乐观呢?现在我们以美国华尔街股市为例,资料表明,其悲观态度的最准确迹象出现在道琼斯指数达两年来的最低点之时。从第二次世界大战以来,除非道琼斯指数下跌到两年来的最低点,没有任何一个持久的多头市场能够形成。在达此标准以前就开始了的任何涨势都无疑是"虚晃一枪"。

一般来说，买进股票的最好时间是在道琼斯指数跌至两年来的最低点的一个星期之后，这时的价格指数极富诱惑力，也可断定，买进股票是绝不会亏本的。事实上，许多股票已经降到了令人垂涎的低价位。这就标志着一个买进区域的开始，它将一直延续到投资者的情绪再次转为乐观时为止。

　　投资者乐观情绪的最可信的暗示出现在道琼斯指数涨到两年来的最高点之时。那些曾在过去两年间就买进股票的投资者明显地意识到了时机的成熟，而且人们普遍认为这是个获利的好时机。于是，一个新的投资大军犹如"猛虎下山"一般突然袭击股市，投资热情空前高涨，这种情况一般会持续大约 9 个月的时间。此后，股票市场处于一个脆弱区域，我们称为警戒区域，它意味着一次规模巨大的股票价格暴跌将接踵而来。

　　在华尔街，正如我们所观察到的，一个买进区域总是在道琼斯指数出现两年来的最低点的一周之后开始，到该指数创下两年来的最高点的 9 个月以后结束，随后进入股票市场的警戒区域，它持续到道琼斯指数再次跌到两年来的最低点为止。股票市场就像钟摆一样不停地摆动而不是静止在一个位置，要从两年来的最低点冲到两年来的最高点，然后又跌落到两年来的最低点。这是股市发展的规律，也是经济波动周期的折射。为期两年的经济波动与美国总统的任期有关：前两年，为调整恢复经济时期，经济发展受到抑制；后两年，为竞选(或谋求连任)期，对经济的上升有利。当然，这对分析我国股市周期有借鉴意义。

　　投资者的悲观心理和乐观心理在股市上起着指导作用，成为大多数投资者心目中的技术指导者。这是因为在经济和金融界中存在矛盾相互转化规则，当大多数人认为前景黯淡时，他们却在无意识地为经济的惊人发展创造条件：投资者的悲观心理使公司投资紧缩，其债券也变得便宜极了，同时还会引起利率下跌，可就是这种利率的下跌在很大程度上促进了一个大范围的商业经济的复苏。

　　另外，因为投资者的乐观心理导致公司投资过剩，股票价格超过其自身的价值，也促进了利率的高涨，正是这种高利率反过来抑制着经济的上升趋势。

　　总而言之，买进股票的机会总是在大多数人对经济前景不抱希望时出现的，特别是在股价暴跌，投资者的悲观情绪已泛滥成灾的时候，买进股票即可坐收渔利。当投资者确信一个主要的多头市场正在形成并开始启动时，就应该毫不犹豫地在股票投资上全力以赴，直到投资气候转坏或者一次新的通货膨胀周期开始时为止。同样地，卖出股票的时机也是在大多数人充满乐观，甚至是欣喜若狂的时候，投资者应冷静思索，因为这很可能是一次规模巨大的股价暴跌的开始。这种股市循环如图 4-4 所示。

第4章 股票市场中个人投资者的心理与行为

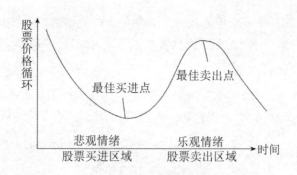

图4-4 股票价格循环与情绪

6. 情绪稳定性的自我测验

以上我们分析了投资者的情绪与操作时机的选择之间的关系。股市因与股民的切身利益相关，股价的一点波动常造成股民情绪的变化，如高兴、悲观、焦虑等，它常干扰股民对行情的判断，导致巨大的损失或丧失良机。为此，本书提供了如下一套简单的问卷，供投资者自我测验情绪的稳定性。

请你仔细阅读题目，然后在三个答案中选择符合你真实情况的答案，注意只能选择一个。内容如下：

1. 当你拥有的股票下跌，人们纷纷抛出时，你是否常常急于脱手，而不能冷静地分析？
   A. 经常如此　　　　　B. 很少如此　　　　　C. 介于AB之间
2. 听到利空消失时，你很紧张吗？
   A. 很紧张　　　　　　B. 不紧张　　　　　　C. 有点紧张
3. 对你来说，失败造成的悲观情绪会持续……
   A. 很长一段时间　　　B. 很短的时间　　　　C. 介于AB之间
4. 成功后，你是否兴奋不已，以至于越来越大胆？
   A. 是　　　　　　　　B. 否　　　　　　　　C. 介于AB之间
5. 你的情绪经常随着股价的波动而波动吗？
   A. 经常如此　　　　　B. 很少如此　　　　　C. 介于AB之间
6. 股市人气冷落时，你是否常有心灰意冷的感觉？
   A. 是　　　　　　　　B. 否　　　　　　　　C. 介于AB之间
7. 当你持有的股票进入盘整期，此时股价时高时低，走势微妙，你会常常坐立不安、吃睡不香吗？
   A. 经常如此　　　　　B. 很少如此　　　　　C. 有时如此
8. 股市"人气"旺盛时，你是否也感到信心百倍？
   A. 常有这种感觉　　　B. 很少有这种感觉　　C. 介于AB之间

9. 当你买入某只股票后,股价的走势并非如你当初的预测,这时你能保持冷静吗?
   A. 很少做到这点　　B. 基本上做到了这点　　C. 介于 AB 之间
10. 在股市上,你做到临危不乱了吗?
    A. 没有做到　　　　B. 做到了　　　　　　C. 介于 AB 之间
11. 注视着行情显示板时,你是否紧张?
    A. 是　　　　　　　B. 否　　　　　　　　C. 介于 AB 之间
12. 你担心失败吗?
    A. 经常如此　　　　B. 很少如此　　　　　C. 有时如此
13. 证券交易点的那种气氛常使你……
    A. 无法静下来思考　B. 对思考基本上没有影响　C. 对思考有一定的影响
14. 你常常因听到各种各样的消息而心烦意乱吗?
    A. 经常如此　　　　B. 很少如此　　　　　C. 介于 AB 之间
15. 情绪对你的操作影响如何?
    A. 很大　　　　　　B. 很小　　　　　　　C. 一般

结果判断如下。

选择答案 A 记 2 分,选择答案 B 记 -2 分,选择答案 C 记 0 分,然后把 15 道题的分数相加。总分数越低,则情绪越稳定。具体地说,总分数在 -6~2 分之间为平均水平,大于 2 分为情绪不稳定,小于 -6 分为情绪稳定。

4.5 股市情结

心理学上称"情结"是一组与许多因素相联系的复合情绪。著名人格心理学家荣格用情结表示一种伴随着强烈情绪变化的观念或思想。由于这种情绪的变化,使保持在无意识中的情结对人的行为产生重要的影响。

股市中的情结是过去的产物,是投资者不能摆脱过去、摆脱自我,过于沉溺于某种心理体验的产物。在股市中,形形色色的"情结"是不胜枚举的。

4.5.1 迟到情结

有人原先没想到要投资的股票,或曾经想到过,但由于种种主客观因素,没有及早付诸行动,在股市兴旺起来,看到人家大赚之后,就会产生迟到的念头。这种念头的产生不能说不正常,但心态正常的投资者会知错就改、亡羊补牢,错过第一班,赶进第二班。而另一些人却沉溺于迟到的懊悔中不能自拔。股价每升一步,就喊一声"晚了",股价越升,这种念头就越强烈,以致结头越打越紧,无法解脱。若是有人劝他赶快入市,他会说:"晚了,现在再进已经晚了。"为什么已经晚了?晚到什么程度?只有天知道。迟到情结就是这样,不能正确地面对市场、面对未来。许多人的时间就这样莫名其妙地消逝了,机会就这样一次又一次地溜掉了。应该明白,只要参与投资,永远不会迟,股市中只有被淘汰者,没有迟到者。

4.5.2 错卖情结

有的投资者因一时不慎,做空踏空,这在股市中本是很正常的事,只要感到错卖了,亡羊补牢就是了。可有些投资者却因此而耿耿于怀,产生"错卖情结",宁愿让懊恼捆住自己,也不愿再做调整,真不知是什么逻辑。一位投资者在上海望春花(ST中源)股票14.60元时卖出了该股票,后来当该股不见下跌反而上行时,他立即以15.80元的价位追加买进。有人说他犯傻,他一笑了之,"以后你们就不会笑我傻了"。果然,不出几天该股涨至18元多。别的不说,光是这种洒脱也许就可以保证这位投资者不会被股市淘汰。如果与市场怄气,最终气死的是自己。

4.5.3 恋股情结

还有一种"情结"也相当普遍,就是"恋股情结"。有许多投资者在什么股票中赚过钱,就一直对这只股票怀有特殊的好感,以致当股性已变,市场中有了更好的股票可选择时也往往视而不见。相反地,当在什么股票中吃过苦头时,又会对这只股票抱有深深的成见,明知在现有的情况下购进该股不失为明智之举,也宁可不买。这种心理有点类似于心理学家弗洛伊德所称的"恋母憎父"情结或"恋父憎母"情结。

情结是股市经验不足的产物,一个情结就是一个套子,于是种种套子把投资者给套住了。股市中有人越做越顺,是因为他较能自我解脱;有人越做越背,很大程度是因为他们"心有千千结"。

4.6 股民的股市记忆

心理学上称记忆是过去经验在人脑中的反映。感知过的事物、思考过的理论与问题、体验过的情绪和练习过的动作等都可成为记忆的内容。例如,熟读了一首诗,几天后还能把它背出来,这就是通过记忆实现的。

股市有没有记忆力,这是许多专家争论的问题之一。有些专家认为,股市是有记忆力的，过去的股价走势会令人吃惊地重演，并据此总结出了许多股价运行模式或表现模式，建立起了一整套预测股价走势的方法和理论，这就是技术分析法。而在有些专家眼里，股市是没有记忆力的，过去的只是过去，不管表现如何，不管曾经达到过什么价，都不能用来指导现在。持这种观点的大多数是市场"人气学派"，喜欢根据眼前的人气状况推测眼前的股价走势。

股市到底有没有记忆力，我们先看一个典型的例子。

1991年1月14日上海电真空股票兵败530元"高地"，后来在495元反弹，至524元再度失利，其后上海股市便进入熊市。经过这一场多空战，495元和530元就在股民心目中留下了一段可怕的记忆，成为笼罩在"电真空"头上的阴影。因此，到5月17日牛市起步后，"电真空"尽管途中两遇波折，而涨势依然十足，但到7月1日，刚刚摸到495元门槛，就遭到空头方的强大压力，迅速回落，进入盘整期。后来重新上扬，到523元时盘中又起厮杀，经过1.9万余手的交锋才使空方全线溃退，使其安全跨越530元"高地"。

"电真空"股价的基本走势，如图4-5所示。

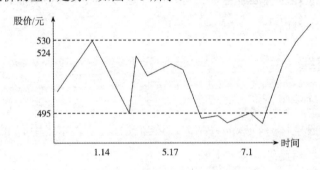

图4-5 "电真空"股价走势

这一例子说明，股市确实是有记忆力的，而所谓股市有记忆力，实质就是股民有记忆力。过去失败过的地方会给人留下可怕的映射，当人们重新踏上这块地方时，就会情不自禁地回想起失败，令人心有余悸，不敢贸然造次。因此，495元回落与523元抖动，在技术分析家眼里叫阻力线，而从心理分析上来看，就是股民的记忆作用，熊市阴影保持在头脑中。

但是，这一例子也说明股市其实是没有绝对记忆力的，过去的影像能作用一时，却无法作用长久，能作用局部，却无法作用整体，记忆会慢慢消退、慢慢弱化，取而代之的是新的映射、新的感觉。股价最终不会重演历史，否则就不可能再创新高。因此，投资者应留意过去，但更要注重现在、展望未来。

然而遗憾的是，许多投资者虽然知晓这一道理，事到临头却往往忘记这一点，以致沉湎于过去而不能自拔。明知大势已变，涨势已成，却依然不能摆脱熊市的阴影，明知局势已变，大势已去，却依然跳不出牛市的光环。这种现象的产生固然同投资者的分析能力与心理素质有关，但同记忆的形式也有很大关系。记忆的一种主要形式是表象，表象具有形象性、直观性、片段性等特点，人们最容易记住的往往是形象最鲜明、最突出的东西。

4.7 投资过程中常见的思维定式

4.7.1 思维定式的定义

思维定式是一种思维偏差。思维定式是指在解决问题过程中，较长时间以来，人们在思维上逐渐形成的一种固定模式。例如，作为投资经验总结而产生的"持股不动是最好的策略""应采取游击战术，积小胜为大胜"，又如"长线是金，现金为王"的两种投资策略，第一种策略是长多短空的操作策略，即长线做多、短线做空，第二种策略为多做短线、长线做空，即赚点钱就跑的短多长空的操作策略。

思维定式对于正确认识和把握市场，指导投资操作常会起到误导的作用。

思维定式也就是心理定式，心理定式是人人都有的心理现象。投资新手开始操作时，没有经验，也没有心理定式，能随时根据新的情况做出新的判断，相对成功率很高；到了后期，由于长期受同一股市运行模式的影响，使同一经验经过反复印证、强化之后，就形成一种固定模式、一种操作的心理定式。

心理定式使人们的思维与行动达到高度自动化的同时，也会使人们的思维模式固定化、单一化和机械化，因此，在股市中会影响投资者对行情的随机判断。例如有的投资者习惯按消息来判断股市，有的喜欢按单子(买进单多还是卖出单多)来推测买卖盘变化，有的则按成交量大小来衡量人气是否旺盛，诸如此类，不一而足。应该说，这些方法都是有一定效果的，但效果却有限，在牛市中，用不着这些方法也可赚钱，而在大市巨变阶段，继续照此操作，危害性很大。它不仅会使我们误入歧途，而且一旦心理定式失灵之后，就容易造成心理崩溃，以致对明明用得上的经验也会产生动摇、怀疑，使我们举止失措，使心态与行为调整的过程更长、更痛苦。

不同的股民会有不同的心理定式，但在股市长期走高或长期走低之后，股民总体的心理定式就是好了还会好、坏了还会坏。这种心理定式的存在，使股价不易出现一旦转好就直线上升、一旦转坏就直线下跌的情况，所以，有经验的投资者可以有效地利用这点，趁大多数人还没真正反应过来之前，及时调整方向。当然，前提是自己不能被心理定式固定住，而应经常观察股市现状，随时积累新的经验、新的认识。

4.7.2 产生思维定式的原因

产生思维定式的原因有以下几种。

(1) 判断与决策所依据信息的不完整性。
(2) 信息分析的表面化。
(3) 不同投资者的不同的归因方式。
(4) 情感因素对思维的影响。

4.7.3 克服思维定式的方法

克服思维定式的方法有以下几种。
(1) 了解牛市、熊市循环周期，分析常犯的错误。
(2) 分析市场及市场外的信息。
(3) 分析方法综合性，包括心理与行为分析。
(4) 克服归因偏好。
(5) 对股票不要有好恶情感的偏好。

4.8 投资者的认知特点

4.8.1 投资者认知过程的理性与非理性

在此，我们需要了解认知过程的完全理性与有限理性。

传统理论认为，人们在进行投资决策的过程中是完全理性的。投资者期望在承受一定风险的前提下实现收益的最大化。

但是，传统理论无法解释市场的异常现象，如过度反应现象与反应不足现象，此时，股价会超过或低于其内在价值，为此提出了"有限理性"的假设。

有限理性假设认为，没有必要去追求操作的理想化或最优状态。因此，没有必要去追求资金使用效率上的最优化。完全理性假设违背认知上的有限理性，会给盈利操作带来负面影响。

4.8.2 过度自信理论

过度自信(over-confidence)理论是指投资者在投资过程中产生对自己预测市场能力和赚钱能力的一种过高估计。投资者往往认为，别人的投资决策是非理性的，而自己的投资行为则是理性行为。

这种投资者喜冒风险，忽略交易成本。事实上，在股市中这种人并不能保证获得高收益。

4.8.3　投资者的认知偏差

投资者的认知偏差包括乐观主义偏差、事后认知偏差与短视偏差。

1. 乐观主义偏差

乐观主义偏差(optimism bias)是指大多数投资者对市场的未来有一种乐观的估计,他们总是相信市场会向好的方面转化。对于可能产生的不好结果估计不足,过高地估计了自己对投资行为的控制能力。乐观主义者在牛市中有不俗的表现,但在熊市里会成为受害者。

2. 事后认知偏差

事后认知偏差(hindsight bias)是指投资者往往在事后完全回想起事前自己实际的心理状态和想法,事前可能会有这样或那样的原因,使投资者没能做出正确的决策,到了事后,投资者似乎变得相当清楚和明白,市场走势本该如此。

3. 短视偏差

短视偏差(myopic bias)是指投资者对于市场的短期走势过于看重,而忽略市场的长期方向。大多数投资者的长线持股时间不会超过2年。许多投资者以5天或5个星期来判断行情的未来趋势。

4.8.4　投资者认知的启发性特点

认知启发(cognitive heuristics)是一种认知偏差,也是提高决策效率的方法,它能在不确定因素的市场中准确、快速、简捷地做出决策。

认知启发告诉投资者,只有对那些最明显、形成判断最必要的信息才进行加工。

认知启发包括表征性启发、获得性启发、锚定启发等。

1. 表征性启发

表征性启发是指要根据当前信息的相似程度,判断通过表面特征的类似性,推断规律的一致性。这种情况会导致错误的决策。这是因为一味迷信过去的经验而不去分析市场情况变化会导致决策偏差。

2. 获得性启发

获得性启发是指根据某种信息容易在心里想起来的程度,判断与该信息相关的事件发生的可能性。这也容易产生认知偏差,因为投资者会高估股价暴跌出现的概率,从而胆子越来越小。

3. 锚定启发

锚定启发是指当人们对模糊信息进行推理时，倾向于先找出一个类似事物作为参考，或称为锚定(anchoring)。当投资者没有更多的有效信息作为参考时，投资过程中习惯将最近的价格水平作为自己判断股价走势的参考点进行锚定。

4.8.5 投资者的后悔心理状态

由于过早地卖出获利股票，在熊市背景下没能及时止损，获小利而未能退出，后又被套牢等，在上述种种情况下，投资者因在投资判断与决策上出现差错，由此会感到难过和悲哀，也由此会产生后悔的心理状态。后悔心理会使投资者表现出优柔寡断、害怕后悔、避免后悔的情绪。如果市场证明你是错误的，那么会产生更大的后悔情绪。

投资者有害怕后悔、追求自豪的动机。害怕后悔与追求自豪的动机就易造成投资者持有获利股票时间太短、持有亏损股票时间太长的情况，这种现象被称为处置效应(disposition effect)。处置效应是投资者被高位套牢的心理依据之一。投资者为了保留自豪感，不产生后悔感，所以常常会令亏损股票存在的时间很长。

产生这种现象的原因还在于不同心理账户的资金难以转化。投资者往往不愿意为了开一个新的心理账户而将一个已经亏损的心理账户关闭。

本 章 小 结

股市时狂现象的背后凸显了人性的贪婪与恐惧、焦躁与慌乱、盲从与随意。只有克服贪婪与恐惧心理，报以平和心态，才能从容应对股市风云。

股票投资者的投资需要是多种多样的，有生理的、安全的、社交的、尊重的需要，也有自我实现的需要。股票投资者的动机是复杂的、多面的，有资本增值动机、投机动机，也有自我表现动机、好奇与挑战动机等，但是获取收益始终是其最基本的和最主要的动机。

股市中，即使是再理性的投资者，也会产生股价错觉，包括股价绝对值错觉、股价相对值错觉、股价的动态错觉、比价错觉、资金量翻番错觉、涨跌幅错觉、除权错觉及成交量错觉等。情绪也会对股市的操作带来影响，买进股票的诱人机会总是在大多数人对经济前景不抱希望时出现的，特别是在股价暴跌、投资者的悲观情绪已泛滥成灾的时候，买进股票即可获利。同样地，卖出股票的时机也是出现在大多数人充满乐观，甚至是欣喜若狂的时候。

股票投资中，会受到判断与决策所依据信息的不完整性、信息分析的表面化、不同投资者的不同归因方式、情感因素等多方面的影响形成一定的思维定式,因此投资者要通过了解牛市、熊市循环周期,分析市场及市场外信息,克服归因偏好等方式来克服思维定式。

经 典 案 例

为什么你认为自己能准确知晓何时发生股市崩盘?

思 考 题

1. 为什么说人性的贪婪与恐惧是时狂现象背后的基本心理现象?
2. 什么是投资者的高级需要与动机?
3. 试述不同股票投资者的类型及其行为特征。
4. 分析股价错觉的种类及其对股价判断的影响。
5. 试述股票价格循环与股民情绪的相关性。

第 5 章 股票市场中机构投资者的心理与行为

【学习目标】

- 了解机构投资者的内涵、种类和特征。
- 了解机构投资者的行为特征、有限理性。
- 机构投资者的行为分析。

【核心概念】

市场势力　证券投资基金　有限理性　羊群行为

【章前导读】

长期以来，以散户为主的投资者结构一直被认为是中国股市波动剧烈的主要原因。有鉴于此，中国证监会于 1997 年颁布了《证券投资基金管理暂行办法》，以期改善投资者结构，促进股市持续、稳定和健康地发展。在此背景下，机构投资者的迅速发展，增强了股市的筹资功能，推动了金融体制改革。然而，机构投资者并不总是能够稳定市场，有时甚至曝出"基金黑幕"，加剧了股价的波动。因此，分析机构投资者投资行为特征，学习机构投资者的投资理念和策略，掌握机构投资者的炒作时间，对广大散户投资者来说，是很有意义的。

5.1 机构投资者的内涵

5.1.1 机构投资者的概念

机构投资者是进行金融意义上投资行为的非个人化和社会化的团体或机构，包括用自有资金或者从分散的公众手中筹集的资金专门进行有价证券投资活动的法人机构。由于拥有巨额资金量，因而拥有强大的市场势力(market power)，可影响股票价格走势。相反地，个人投资者中的中小散户仅作为价格的接受者。因此，机构投资者的投资行为在很多方面与中小散户投资者不同。

机构投资者是证券市场的重要参与者，同时也是证券市场有效运行的重要基础。机构投资者的健康有序发展有利于证券市场的长远发展。这是由于机构投资者往往拥有庞大的可支配资金，具有较强的专业分析能力和信息搜集能力，能够较有效地实现证券市场信息的传递和处理及利用，从而保证证券市场运行的有效性和证券价格的合理性。另外，由于机构投资者往往持有较大数量的证券，因而他们难以像个人投资者那样"用脚投票"来实现其目的。因为这样做，会使证券价格波动较大，从而使机构投资者承受较高的退出成本。这使得机构投资者介入企业治理，有利于提高上市公司的质量，从而有利于证券市场的长远发展。

5.1.2 机构投资者的种类

目前存在多种对机构投资者进行分类的标准，本书按资金来源的不同进行划分，将其分为证券投资基金、证券公司、社保基金、保险公司、合格境外机构投资者(QFII)五类。为了便于理解不同机构投资者的投资行为，有必要对各类机构投资者进行介绍。

1. 证券投资基金

证券投资基金是一种利益共享、风险共担的集合证券投资方式，即通过发行基金单位，集合投资者的资金，由基金托管人托管，由基金管理人管理和运用资金，从事股票、债券等金融工具投资。证券投资基金一般可分为封闭式基金和开放式基金。封闭式基金是指基金发起人在设立基金时对发行总额进行设定，当足额筹集完资金后，在一定时间内不再接受新的投资，即对基金进行封闭，投资者也不能申请赎回，只能通过证券经纪商在二级市场进行竞价交易。与封闭式基金不同的是，开放式基金对基金规模没有限制，可以随时发行新的基金份额，允许投资人赎回投资基金。开放式基金由于其在激励约束机制、信息透明度和流动性等方面明显优于封闭式基金，因此已成为国际市场的主流产品。证券投资基金资金雄厚，并且配备了大量投资专家，在投资领域也积累了丰富的经验，加上监管力度的加强，对资本市场的健康运转起到了很大的推动作用。

2. 证券公司

证券公司是指经国务院证券监管机构批准设立的专门从事证券业务的金融机构。证券公司的业务范围包括代理证券发行、代理证券买卖或自营证券买卖，也可以从事咨询业务、兼并与收购业务和提供资产管理业务。资产管理业务是证券公司的一项主要业务，其作为资产管理人，接受客户的委托对客户的资产进行经营运作，为客户提供证券及其他金融产品的投资管理服务，此时，证券公司符合机构投资者的定义。除此之外，证券公司也会利用自有资金在证券市场中运作来获取利益。

3. 社保基金

社保基金是由国有股减持划入资金及股权资产、中央财政拨入资金、经国务院批准以其他方式筹集的资金或投资收益构成的，交由专门机构进行管理以实现保值增值的社会保障基金。社保基金投资运作的基本原则是在保证基金安全性、流动性的前提下，实现基金的增值。社保基金的运作直接关系到国民资产的安全与社会稳定，因此国家对社保基金的运作有很多具体的要求。

4. 保险公司

保险公司的利润来源主要有两个渠道：一是承保盈利，当支付的赔款总额小于保险费总收入时就产生了承保盈利。大多数保险公司都很难通过承保来盈利，而是通过第二个渠道获取利益——投资盈利。保险公司收入保险费与支付赔偿之间存在时间差，使得保险公司存在稳定的资金存量，保险公司可以充分利用这些闲置资金进行投资，既可以保持较高的流动性，也可以获取一定的投资收益。一般情况下，只有大型的保险公司才能进行股票投资，而且需满足偿付能力充足率的要求。对保险公司的组织架构、专业队伍、投资规则、系统建设和风险控制也有严格规定。在严格准入条件和监管环境下，能进入股市的保险公司基本上是行业优秀企业，具备先进的投资理念和丰富的管理经验。

5. QFII

QFII 是符合《合格境外机构投资者境内证券投资管理办法》中规定的条件，经证监会审核批准，并取得国家外汇管理局额度批准的中国境外基金管理机构、保险公司、证券公司和其他资产管理机构。我国引入 QFII 的目的在于加强市场的竞争，同时引进国外先进的管理方法和价值投资理念，促进我国资本市场的健康发展。QFII 具有以下特征：与我国上市公司无业务往来，独立性较强；投资决策不受政府的干扰；投资管理人都是老练精明的投资者；遵循价值投资理念，是公司治理的积极参与者。

5.1.3 机构投资者的特征

机构投资者就其性质，是一种社会化的集合的投资者。但就其特征来看，则呈现出复杂性，这主要是基于在委托代理关系中代理人并不能完全反映委托人的意志，或称激励的不相容。机构投资者是一个金融中介服务机构，能够极大地降低信息成本、有效地规避交易风险。机构投资者的中介性是相当明显的，具体地说，这种中介机构所提供的中介功能表现在以下几个方面。

1. 信息成本较低

信息是保证投资成功的前提，投资者投资于任何一种金融工具都存在一个收集有关该企业和证券信息的问题，而收集加工信息是需要花费时间和费用的，而且需要投资者具备专门的知识、技能和经验，然而对于一个普通投资者而言，几乎是不可能做到的。机构投资者的从业人员大都受过高等教育和专业训练，他们是证券投资分析专家，知识全面，思维敏捷，工作勤奋，具有较高的综合素质，专家从事信息加工的成本一定会比一般的投资者要低得多。投资者通过机构投资者投资于各类金融工具，也使投资者需要获取的信息大大减少，从而降低了交易成本。各种金融工具的特性不一样，上市公司的经营状况千差万别，市场风云变幻莫测，投资者直接参与市场所需获得的信息量是巨大的，而通过机构投资者间接入市，只需获得有关机构投资者的经营管理信息就够了。

2. 风险分散合理

个人投资者的资产规模太小，一般难以通过合理的投资组合来规避风险，其投资收入也基本上依赖于单个或若干个公司的正常运转。当公司经营出现困难时，个人投资者就很难在不同的公司股票之间分散风险。而机构投资者一般都采用组合投资的方式，投资于各行业及不同企业。这种分散化的投资策略可以大大降低单个行业或单个企业的非系统性风险，从而有效规避"把所有鸡蛋放在一个篮子里"的风险。同时，机构投资者更容易及时发现、调整和转换风险，并更快地在投资活动中运用新的风险规避工具。

3. 规模效益较高

随着规模的扩大，边际成本递减，使机构投资者更易于达到较优的投资规模。机构投资者作为金融中介机构，它雇用经济、金融、会计、审计、法律等方面专家来完成投资的各项管理工作，进行专业化的分工与协作，提高了运作效率。此外，投资者谈判和签订合同、监督和管制合约履行需要花费时间和金钱，而机构投资者的出现使众多的个人交易为机构交易所替代，个人投资者可以将这些工作交由机构投资者去完成，从而大大地节约成本。

4. 监督力量较强

个人投资者大都无力承担交易后高昂的监督成本，除了"用脚投票"以外，很难直接介入公司控制权。但是机构投资者介入公司治理结构的事例时有发生，这是机构投资者监督公司管理层的主要策略之一。由于监督成本可在部分"终极投资者"之间分担，且具有重复操作的技能优势，使机构投资者更有机会也更有能力介入公司治理。从上述分析可知，机构投资者通过专家操作有效地分散风险，发挥规模优势，形成专门进行投资业务的经营机构。从分工的角度看，这种制度安排无疑是符合经济原则的。

从机构投资者的法律特征来看：机构投资者是由单个投资者转化而来，通过发行受益凭证或通过契约(合约)而募集资金进行金融投资，一方面具有了投资者的特征，另一方面又涉及信托代理等问题。从信托法、投资法、保险法等涉及的法律法规所规范的行为关系的角度看，每一类机构投资者基本上都按以下原则或特性运作。

(1) 诚信原则，这是最基本的受托人义务。诚信原则是忠诚原则和守信原则的简称。忠诚原则要求受托人须诚实地为其受益人服务。这要求受托人要置受益人之利益于其自身利益或第三方利益之上，更要避免出现受托人的自利性交易。通常机构投资者只能依法收取手续费，而不能利用其受托人之地位和权力及委托人之资产自谋私利，尤其在涉及受益人利益的交易和决策中不能掺杂其个人利益的考虑，否则就违背了忠诚原则。这要求受托人须杜绝个人私利之诱惑。当然这里所谈的受托人利益既包括受托人机构自身的利益，也包括受托机构中雇员的利益。机构投资者的忠诚问题贯穿信托关系行为中的各个方面，从金融资产的购买与出卖到投票权的代理等，这要求机构投资者要尽最大努力为其客户或受益人负责。而守信原则是指机构投资者对于预先约定的为客户服务的承诺都要无条件地遵从,对于因不可抗力所造成的失信要做出诚实明确的解释。

(2) 审慎原则,也称谨慎人原则,就是指受托人在管理客户或受益人之财产时要像对待自己的财产那样尽心尽力,甚至要比管理自己的财产更趋于保守、更趋于慎重。当然,这种谨慎是指通常意义上的谨慎,但这种谨慎又是无法准确测度的。一般或通常的小心谨慎是受托行为的测度标准,不过这也只能通过法律推定来完成,因为这种谨慎行为是无法进行定量分析的。根据谨慎人原则,投资要考虑多重困难,这些因素包括:①根据分散化投资原则进行的证券组合的构成;②投资的流动性现行收益;③根据养老金计划之目标确定的所有证券组合的期望收益。由于不存在真正客观的标准衡量受托人义务,人们只能通过观察受托人在做出合理的投资决策之时是否根据可得到的信息而行动来判断。

(3) 勤勉原则,包括两个方面:一是在业务上要不断创新,以设计更多、更方便的交易品种来满足受益人的需要;二是在交易过程中不应当放过任何一个增加受益人财富的机会,哪怕付出的努力很多而增加的收益很少。受托机构中的雇员,无论在何时何地,在何种有利于或不利于自身利益的局面下,都应当时刻以成绩或失败来勉励自己,把增进受益人的福利作为自己唯一的宗旨。上述两个方面的内容都要求机构投资者有勤勉务实的原则,要求机构投资者比其他部门中的从业人员加倍地做出努力。当然,勤勉原则里面也隐含了勤俭节约的意思,它要求机构投资者不能过分享受在职消费和支取过多的薪酬,因为这样会间接损害基金公司股东和个人投资者的利益。

另外,机构投资者与个人投资者相比,具有以下几个特点。

(1) 投资管理专业化。机构投资者一般具有较为雄厚的资金实力,在投资决策运作、信息搜集分析、上市公司研究、投资理财方式等方面都配有专门部门,由证券投资专家进行管理。自1997年以来,国内的主要证券经营机构,都先后成立了自己的证券研究所。个人投资者由于资金有限而高度分散,同时绝大部分都是小户投资者,缺乏足够时间去搜集信息、分析行情、判断走势,也缺少足够的资料数据去分析上市公司经营情况。因此,从理论上讲,机构投资者的投资行为相对理性化,投资规模相对较大,投资周期相对较长,从而有利于证券市场的健康稳定发展。

(2) 投资结构组合化。证券市场是一个风险较高的市场,机构投资者入市资金越多,承受的风险就越大。为了尽可能降低风险,机构投资者在投资过程中会进行合理投资组合。机构投资者庞大的资金、专业化的管理和多方位的市场研究,也为建立有效的投资组合提供了可能。个人投资者由于自身的条件所限,难以进行投资组合,相对来说,承担的风险也较高。

(3) 投资行为规范化。机构投资者是一个具有独立法人地位的经济实体,投资行为受到多方面的监管,相对来说也就较为规范。一方面,为了保证证券交易的"公开、公平、公正"原则,维护社会稳定,保障资金安全,国家和政府制定了一系列的法律、法规来规范和监督机构投资者的投资行为。另一方面,机构投资者通过自律管理,从各个方面规范自己的投资行为,保护客户的利益,维护自己在社会上的信誉。

5.2 机构投资者的行为特征

不同机构投资者的投资行为、方式和策略明显不同,在决定资产配置时,有强烈的风险厌恶者,也有运用复杂技术的积极战略者。在一些机构投资者使用指数型保守投资策略时,另外一些基金进行积极的管理。但是,无论是哪一类的机构投资者,它们在投资时也会有共同的投资理念和原则。

1. 遵循一定的投资理念和富有凝聚力的企业文化

在经济全球化的时代,企业之间的竞争,越来越表现为文化和理念的竞争,企业文化和投资理念是企业生存和发展的基础。机构投资者在市场激烈的竞争中不断发展壮大,有的也被兼并或淘汰,生存下来的逐步形成了自己独特的投资理念和富有凝聚力的公司文化。例如美林(Merill Lynch)的信念:在所从事的领域追求卓越,致力于在为客户、股东和雇员创造最大价值的过程中,成为全球证券市场的领导者。引导公司发展战略的目标只有一个,即实现最大的增长,在增长中实现相关各方的价值增值。

2. 多元化的业务结构

以投资银行为例,其收入主要来源包括:投资银行业务,即传统的承销业务及收购兼并等财务顾问业务;自营业务及客户指定交易业务,经纪业务收入,净利息和股息收入,资产管理和其他服务费。它们还充分利用各自的独特优势重点发展某项业务。在特定领域树立各自的品牌,如摩根士丹利和高盛长于包销证券,美林长于组织项目融资、产权交易以及为个人投资者提供经纪服务,雷曼兄弟公司擅长固定收益证券的交易与研究等。它们还积极参与全球业务,尤其是大量参与全球跨境并购业务活动。

3. 资产配置的差异化和全球化

差异化和全球化不仅是分散风险的手段,更是创造长远业务增长的关键。以欧盟国家养老基金的资产配置状况为例,它们的资产结构明显不同,投资股票比例最高的是英国,其次是爱尔兰和比利时,德国和西班牙最低。除去英国,欧洲养老基金资产大约 30%投资于股票市场,而且随着养老基金体系的转变,投资会进一步上升。另外,所谓非传统资产类别(alternative asset classes)有不断增加的趋势,如投资于更小的资本化股票和风险资本等。

资产配置也会被基金的类型影响，如固定收益养老基金和固定缴款养老基金就不同。因为养老金固定缴款计划管理的大部分责任在于受益人，资产组合可能更多是风险厌恶，导致次优结果(sub-optimal results)；而固定收益计划管理很大程度上是专业资产管理人操作，发起人有较大的风险容忍度，趋向拥有更高比例的股权和较小比例的债券及货币工具。机构投资者资产组合的地区分布反映了过去几年国际化资本流动的大量增长，有统计数据证明了这个事实。养老基金拥有最多部分的国外资产，保险公司的地区多样化比例最低。尽管近几年来在新兴市场的投资一直在增加，来自工业化国家的机构投资者的国际资产还是倾向集中于工业化国家的证券。不论是根据资产类型决定主要的资产组合框架的战略水平，还是具体证券选择的战术水平，其决定都不能独立于当时的环境。投资机构化趋势的增加使得在考虑风险和回报的同时，刺激资产配置差异最大化，这就导致了在机构投资者中间的不同的投资行为。

4. 个性化的投资策略

机构投资者的投资策略主要分为积极管理模式和消极管理模式。在 20 世纪 80 年代以前，人们普遍相信市场有选股高手和把握时机高手，相信他们能够取得超额的投资收益。因此积极管理模式一直是传统上的主流。但在 20 世纪 80 年代后期，消极管理模式越来越受到重视。两者的区别在于投资组合是如何组建的，前者的投资组合是为了取得高于指数的收益，通过市场时机、热点转换、个股选择来增加收益，后者的投资组合只是简单地复制指数。后来又出现了混合管理模式，其关键是有选择地承担风险，在某些领域通过技术操作可以获得额外收益，而在另外一些领域，投资组合进行消极管理模式。

5.3 机构投资者的有限理性

经济学理论中理性的内涵集中体现在"理性经济人"假设上。通常认为，确定性条件下对理性的刻画表现为效用函数的最大化，不确定条件下表现为期望效用的最大化，偏离最大化原则就属于非理性。实际上，经济学中的理性是一个内涵十分丰富的多维度概念。不同时期、不同背景下的经济理论对理性的界定和理解有较大的差异。现代经济学最基本、最主要的假定是经济人理性行为假定。在微观经济理论得以建立的众多假定中，至少有两个基本的假设条件，即合乎理性的人的假设条件和完全信息的假设条件。而合乎理性的经济活动都是以利己为动机，力图以最小的经济代价去追逐和获得自身最大的经济利益。可见，作为主流经济学基本假定的经济人理性行为在这里是一种实现个人利益最大化的最有效途径或手段，理性等同于严格的精密计算。由于这一假定与现实有明显的不符，诺贝尔经济学奖得主西蒙(Simon)提出了"有限理性"的概念。

第 5 章 股票市场中机构投资者的心理与行为

有限理性是指当人们所处的环境相对于他们有限的智力而言太复杂的情况下所依靠的理性。西蒙建立有限理性概念所采用的步骤如下：人们或组织追求可能相互冲突的多重目标；对于决策者，为追求这些目标而从中选择的可相互替代的方案不是事先给定的，因此决策者需要通过一种过程来产生可相互替代的方案；与决策环境复杂性相比决策者智力的限制在这个阶段已经存在并且一般会阻止决策者考虑所有的可替代的方案；当决策者不得不考虑这些替代方案的排序时，这种限制也存在，以至于决策者采用"经验学习法"来达到目的；给定期望水平，决策者采用一个"满意的"而不是一个"最优的"战略，寻找足够好或满意的解。正如西蒙所说："人类行为在意图上是理性的，但仅能实现有限的理性。"由此可见，有限理性与"理性经济人"假定相比只是更多地考虑了客观能力方面所受的限制。此外，知识理性从另外一个角度对理性进行了阐述。知识理性有两层含义：一是交易者最大限度地利用可获得的知识形成自己的信念，强调序贯决策中人们的信念更新能力，通常指"贝叶斯理性"；二是决策者努力获知关于其他个体特征的知识，即高阶知识(信念)方面的能力，这又被称为"交互理性"。

实际中，机构投资者和一般投资者一样，也可能会有违背有效市场假说中的理性人假设，体现为有限理性。

(1) 机构投资者同样要面对因信息披露问题导致的信息不对称，并因此可能会发生有限理性行为。机构投资者信息的理性能力再高，但如果上市公司披露的信息极不完善，机构投资者在没有渠道获取更多有用信息的条件下，同样可能会忽略所能获得信息，根据主观判断进行投机或产生盲目从众行为。

(2) 机构投资者的行为也同样会有认知偏差和行为偏差。在机构投资者的整个投资过程中，信息的解读，对未来收益的预期和最后投资决策都是各种个体来完成的，证券分析师、基金经理等个体分别扮演不同的角色。这些个体除了受到信息披露质量的影响外，也不可避免地要受到个人的心理、情绪、知识水平和判别能力等多方面的影响。这样，一般个人投资者所有的有限理性行为，如过度自信、从众行为、后悔厌恶、损失厌恶和启发式偏差等，也会在机构投资者方面得到体现。但要承认的是，机构投资者中扮演不同角色的个体，由于职能分工和专业化(如负责信息研究和咨询的证券分析师)，与一般的个人投资者相比，非理性方面的特征通常要显得弱一些。

(3) 委托代理问题也会使机构投资者产生有限理性的行为。以基金为例，由于作为代理人的基金经理和作为委托人的基金投资者之间存在信息不对称，基金经理面临个体理性和集体理性的抉择。若基金经理选择个体理性，在投资决策中，考虑的是个人的效益最大化，会重视自己在社会上的声誉，有时会放弃自己基于信息的理性判断，采取从众行为，避免自己因犯了错误而遭受较大的损失。这时对于基金经理个人来说是理性的，而对于投资于基金的集体来说则是非理性的。

5.4 机构投资者的行为分析

5.4.1 机构投资者的操纵行为

一般而言，股价操纵属于市场操纵的范畴。而证券市场操纵是指这样一些活动，其目标是通过利用能导致非自然市场价格的技术来改变金融证券的价格，常用的技术有虚假交易或散布虚假的市场价格。粗略地讲，当个体(或群体)对企业股票的交易在某种程度上影响着股票价格使之对自己有利时，市场操纵就发生了。因此，操纵股价意味着存在某种影响市场价格的势力。在此意义上，机构投资者与股价操纵有着天然的联系。

从本质上讲，机构投资者股价操纵主要有三种方式，即基于行动的操纵、基于信息的操纵和基于交易的操纵。

1. 基于行动的操纵

基于行动的操纵(action-based manipulation)是指操纵者采取的行动改变了资产(股票)的实际(或可观测)的价值而从中渔利。其中两种典型方式是市场囤积和市场逼空。这两个操纵策略密切相关，常常相伴出现。市场囤积指的是某交易者持有的某证券头寸已经大于此证券的实际或浮动供给量，这意味着一定有其他交易者拥有卖空的头寸。此时，囤积者故意减少供给或报出很高的卖出价格，由于卖空者限于头寸、期限等因素的制约而必须买回证券以平仓，因此他不得不以比卖空时价位高的价格买回证券，操纵者由此获利。在我国证券市场上，此类操纵往往由与上市公司有特定联系的机构投资者进行，包括利用资产重组、资产置换等可以直接操纵股票基本面价值的行动。从法律方面看，此类操纵行为完全可能在合法范围内进行，因此，要完全杜绝此类操纵比较困难。当然，并不是所有的机构投资者都有使用此类操纵手法的可能。

2. 基于信息的操纵

基于信息的操纵(information-based manipulation)指的是通过发布虚假信息或者传播流言蜚语来影响股票的市场价格。比较常见的形式是由庄家、上市公司、证券分析师(新闻媒体)共谋操纵的。根据金融经济学理论，如果市场中的参与主体无法对于评价推介人形成一致的看法，则基于信息的操纵行为就有可能发生。当然，各国的证券法都对基于信息的操纵(也包括基于行动的操纵)作出了比较严格具体的规定和限制。换言之，此种股价操纵的方式实际上非常容易触犯法律。在证券市场上，此类操纵股价的方法是证券监管部门重点打击的对象。

3. 基于交易的操纵

在所有的股价操纵形式中，基于交易的操纵(trade-based manipulation)是最不容易判定的。这是因为此类操纵往往仅通过买卖证券来进行，没有采用任何公众可以察觉的非交易行动来改变公司股票的价值，也没有散布虚假信息，只是由于交易者是大户，又有较大的市场影响力，他的买卖行为能在某种程度上影响股票的价格。这一类操纵行为是市场中最为常见的。从理论上讲，交易者的信息不完全是构成这类操纵行为的基础。实际上，证券市场中常见的庄家拉起股价—散户跟风买入—庄家出逃就属于这类操纵行为表现形式之一。

5.4.2 机构投资者的投机分析

从广义上讲，任何一项经济活动，只要包含了对未来不确定风险的预测，都可以称为投机。投机作为一个经济学范畴，学术界就投机的内涵并没有达成共识。但在证券市场上，投机的一个狭义定义是指很少关心或根本不考虑股价和未来股利收益的关系，仅仅想通过低买高卖的交易策略依靠价差获利。与狭义的投机定义相对应，投资可以定义为通过长期持有证券以获得未来股利收益的行为。投机又可以分为基于基本价值的投机和基于市场心理的投机。

基本价值是指预期未来股利收益的折现值，由于证券市场的不确定性和各交易者私人信息的不同，个人心目中的有关证券的基本价值会有不同，理性的交易者正是根据较为精确的信息不断地调整自己心目中的基本价值，以此确定价格是否高估或低估，高估时卖出，低估时买入，所以基于基本价值的投机常常被认为是理性的投机，并认为理性投机的存在，是有利于证券市场的。基于市场心理的投机不以证券基本价值为买卖依据，而是重视其他交易者的看法和心理(即高阶信念)，通常以技术分析方法来确定证券走势。如果交易者心目中有关于某证券的基本价值同时发现价格与价值有偏离，但又认为市场行情继续看涨(或看跌)而采取从众行为，是一种理性的投机；如果交易者是根据某种市场认为行情仍然看涨或看跌，则这种基于市场心理的投机是非理性的投机。

5.5 机构投资者的羊群行为

机构投资者存在羊群行为已经成为学术界的共识。按照克劳斯和斯托尔(Kraus & Stoll)最先提出的机构投资者平行交易(parallel trade)的概念，他们将大量机构投资者在同一时间内以同方向交易同一只股票的行为定义为平行交易，即机构投资者的羊群行为。羊群行为反映的是投资者的一种非理性的行为，具体是指在信息不充分或者不对称的情况下，某一投资者的行为受到其他投资者行为的影响,过度依赖市场中压倒性的盘口,导致所做出的决策不是充分建立在独立的对投资标的的分析上,而是来自市场中绝大多数的意见。

本节主要以证券投资基金来介绍机构投资者的羊群行为。造成投资基金"羊群行为"的原因是多方面的,除了其本身的专业素质外,更主要的是国内股市本身存在严重的制度缺陷和结构失调,从而使投资基金运作和外部市场环境之间产生了尖锐的矛盾,进而导致基金经理独立与理性的思考能力蜕化为从众行为,基金的投资风格和投资个性湮没在"羊群行为"之中。机构投资者的羊群行为成因主要有以下几点,如图5-1所示。

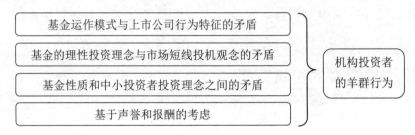

图5-1 机构投资者的羊群行为成因

(1) 基金运作模式与上市公司行为特征的矛盾。从运作角度来看,不同类型的基金风格实际上是按照所投资企业的风格来划分的,并且为了充分发挥多元化组合投资的优势,基金至少应分散投资到20只股票之上。但从我国上市公司情况来看,由于改制不彻底和市场约束机制软化,相当部分上市公司产生了"国有企业复归"的现象,以致上市越早的企业平均盈利水平越低。这种情况使我国股市缺乏足够的蓝筹股和绩优成长股,可供选择的投资品种较为有限。另外,大量的资产重组也使企业的经营情况和产业特征处于不稳定的状态。在这种市场环境下,基金无法形成并坚持既定的投资风格,而只能追逐市场热点,从而使多个基金同时买卖相同的股票。

(2) 基金的理性投资理念与市场普遍存在的短线投机观念之间的矛盾。作为一个新兴市场,我国股市存在高投机性、高换手率及市场和个股频繁剧烈波动的特点,市场上充斥着短线投机观念。基金的理性投资理念遭到了"适者生存"法则的严重挑战,越来越多的基金经理放弃原来所奉行的成长型或价值型投资理念,在某种程度上蜕化为"追逐热点、短线运作"的投资方式。

(3) 基金性质和中小投资者投资理念之间的矛盾。基金是一种代人理财的集合投资方式,但我国广大的基金投资者缺乏长期投资的理念,将基金看作短期内能为自己带来丰厚利润的工具,是一种"准股票",一旦基金表现落后于市场或同行,或净资产值有所下降,就会遭到投资者的责备和质询。在这种巨大的压力下,某些基金为了不使本基金净资产值落至最后一名,不得不改变原先确定的长期投资理念,在运作上呈现从众和跟风趋向。

(4) 基于声誉和报酬的考虑。这在基金经理中较为普遍。由于雇主不了解基金经理的

第 5 章 股票市场中机构投资者的心理与行为

投资能力，基金经理也不了解自身的投资能力，为了避免因投资失误而出现名誉风险，基金经理有模仿其他基金经理投资决策的动机，因为这至少可以获得行业的平均利润。因此，经理们将更多地关注其他经理的投资行为，而较少关心自己的信息和对标的物的分析，或者说即使有了自己的分析结果，由于和别人的差别较大，进而放弃自己的分析结果而采用和同业相似的决策行为。假如许多基金经理都采取同样的行为，羊群行为就产生了。同时，基金经理采取模仿别人的策略还来自其报酬降低的风险。在存在道德风险和逆向选择的条件下，基金投资人的最优决策是和基金经理签订与基准挂钩的报酬合约，使基金经理的报酬根据其所管理的基金的相对表现来确定，并和其管理的基金的业绩成正比。但这种报酬结构会使得基金经理人的报酬激励机制被扭曲，间接促使基金经理追随同行进行投资决策，最终导致无效的投资组合。在与基准挂钩的报酬结构下，如果基金经理的表现落后于基准，那么基金经理将面临极大的压力，甚至职位不保。谨慎的决策是舍弃自己的信息或信念，尽量避免使用过于独特的投资决策，以免业绩落后于指数或同行。在这一情况下，当某些股份或概念在市场上成为潮流或可能成为潮流时，不少基金经理也会因此而加入，以免自身业绩被市场大势或其他基金经理抛弃；反之，如果基金投资这类股票遭受损失，那么也比投资其他股票产生损失更容易被基金持有人接受。

上述结论在宏观和微观方面都有重要的现实意义。从宏观角度来看，基金的交易行为是一系列因素复合作用的结果，反映了我国股市内在的制度缺陷。因此，在一个以筹资为导向，上市公司业绩缺乏成长性且风险难以控制的市场上，投资基金的发展未必能给人们带来期望的果实。事实上，良好的行业前景、高速的业绩成长性、及时的信息披露、完善的市场监管，这些因素才是市场稳定发展的关键因素。从微观角度来看，现有的投资基金几乎给人千篇一律的感觉，不利于基金业多元化和差别化发展。因此，投资基金宜根据自身的投资目标确定投资组合和风格，这样才能充分满足不同投资者对收益—风险组合的多元化需求，基金本身的发展才有坚实的基础。

本 章 小 结

作为证券市场的重要参与者，机构投资者是进行金融意义上投资行为的非个人化和社会化的团体或机构，包括用自有资金或者从分散的公众手中筹集的资金专门进行有价证券投资活动的法人机构。按资金来源不同可将机构投资者分为证券投资基金、证券公司、社保基金、保险公司、QFII 五类。机构投资者的中介性表现在信息成本较低、风险分散合理、监督力量较强及规模效益较高等方面。另外机构投资者与个人投资者相比，具有投资管理专业化、投资结构组合化及投资行为规范化等特点。

机构投资者的行为往往会遵循一定的投资理念和富有凝聚力的企业文化、多元化的业务结构、资产配置的差异化和全球化以及个性化的投资策略。而且实际中，机构投资者也可能会有违背有效市场假说中的理性人假设，体现为有限理性。一是机构投资者同样要面对因信息披露问题导致的信息不对称，并因此可能会发生有限理性行为；二是机构投资者的行为也同样会有认知偏差和行为偏差；三是委托代理问题也会使机构投资者产生有限理性的行为。

机构投资者的行为主要有操纵行为、投机行为及羊群行为，其中股价操纵行为主要有三种方式：基于行动的操纵、基于信息的操纵和基于交易的操纵。

经 典 案 例

利用庄家的"欲纵故擒"之计

思 考 题

1. 试述机构投资者的有限理性。
2. 分析机构投资者价格操纵的三种方式。
3. 分析机构投资者羊群行为的成因。

第6章　股票投资者的群体心理

【学习目标】

- 正确理解投资者的群体心理效应。
- 了解群体心理价位与股市操作。
- 了解投资中的从众行为、流言现象。

【核心概念】

群体心理效应　群体心理价位　股市人气　股市流言

【章前导读】

群体是个体的共同体。群体对个体能产生巨大的影响，个体在群体中会产生不同于独处环境中的行为反应，从而形成各种群体心理现象。一个个体的力量虽然十分微小，不能对市场的走势产生任何影响，但是"团结就是力量"，群体的力量和公众一致的心理预期足以影响股市的整体动向，既可以在短期内推动股价急剧上扬，也能导致股价一路下滑。因此，分析投资者的群体心理效应是非常重要的。

6.1 投资行为与群体心理分析

群体是个体的共同体，个体按某一特征结合在一起，共同活动、相互交往，就形成了群体。个体通过参加群体活动而融入社会，成为社会的一员。个体的一生是在不同的社会群体中度过的，他不仅从属于许多群体，而且在不同群体中占有一定的地位，扮演一定的角色，因此说人是"社会人"。

社会心理学家霍曼斯(G.C.Homans)认为，群体不是个体的简单总和，而是超越了这一总和。群体对个体能产生巨大的影响，个体在群体中会产生不同于独处环境中的行为反应，从而形成各种群体心理现象，如从众、流言等。

6.1.1 投资者的群体心理效应概述

证券市场是一个动态的开放市场，参与人数众多，因而影响股价的因素复杂。其中，投资者的群体心理因素起着重要作用。我们除了研究影响市场的各种客观因素外，也应该重视对心理因素的研究。投资者的群体心理对股价的影响，主要是通过投资者的心理变化引起证券供求关系发生变化，从而影响行情。因此，分析投资者的群体心理效应是非常重要的。

1. 投资群体的心理乘数效应

投资群体有一种极端心理倾向，就是行情看涨时更加乐观，行情看跌时更加悲观。因此，当股市萧条时，即使某些个股前景看涨，也少人问津；当股市繁荣时，即使某些个股前景看淡，不具有投资价值，人们也会争相购入，唯恐失去良机。可见，正是由于群体心理的乘数效应，股市一旦呈现涨势，就有可能引发"井喷"行情；而一旦陷入跌势，则容易"一泻千里"。国际著名金融投机家索罗斯在其投资策略中便充分利用了这样的"羊群效应"，他并不根据对于基本面的分析而是基于对未来公众投资行为的预期进行交易。例如，在20世纪60年代，当信息不灵通的投资者为索罗斯旗下基金收益担忧时，索罗斯并不因预期未来收益的下跌而出售股份,而是预期投资者会进一步购买而抢先购入股份。如他所料,由于抢购而导致的基金股价上涨及基金年收益增加的消息一经公布,刺激了投资者进一步购买,从而持续推动基金股价上涨。

2. 投资群体的心理偏好效应

如同人们对于商品会有不同的偏好一样,投资者也会偏好某类股票,对某类股票感兴趣的投资者,往往几经考虑,最终还是购买该类股票作为投资选择。例如,有的投资者总离不开绩优股,因为他们偏爱其相对稳定的收益,而不喜欢冒险;有的投资者则具有强烈的风险收益意识,喜好购买资产重组股。

产生投资偏好的原因一般有以下三个方面。

(1) 信息偏好。因投资者所处的环境及地位等原因,其能获得的信息不完全,一般投资者获得信息都限于少数几种特定的来源,这样,他们就只能选择可获得信息来源的股票作为投资方向。

(2) 习惯偏好。投资者如果曾在某股票上获利,一般会对该股票产生好感,会很自然地继续投资于这一股票。

(3) 安全偏好。如果投资者经常接触某类股票,就会比较熟悉这类股票的股性,出于投资安全考虑,便更愿意投资于这类股票。

6.1.2 股市的发展周期与群体心态

股票市场与其他经济市场一样有着自身的发展周期,纵观世界各国股市,有些股市处于比较稳定的状态,而有些股市则起伏剧烈和长时期处于颓势。呈现这种截然不同局面的主要原因在于它们各自处在不同的发展阶段,这既是各国股票市场发展不均衡所致,更是投资者群体心理的反映。

不同股票市场的发展情况可能不尽相同。然而,如果我们仔细观察西方国家股票市场的发展历史,不难看出有五个发展阶段比较明显,即休眠阶段、操纵阶段、投机阶段、调整阶段和成熟阶段。下面具体剖析一下这五个发展阶段的特点。

1. 休眠阶段

休眠阶段是股票市场的初级阶段。开始时大部分人对股票市场都较陌生,只有极少数人涉足股市,因此交易量不多,几乎没有公司挂牌,而且股票的上市价格接近票面价值。随着时间的推移,一些精明的投资者发现股票的红利收益超过了其他投资的收益时,他们便纷纷转而投资股票,起初谨慎小心,后来便积极购买,引起股票交易量逐渐增加,股价也缓慢攀升。

2. 操纵阶段

在操纵阶段，由于市场上股票供给匮乏，股票供需矛盾突出，以及股票市场管理法规的不健全，便为市场投机者操纵一种或多种股票创造了条件，一旦价格上涨，操纵者就利用股票的差价套利。这种活跃的交易，同样也可能是由于政府制定有关放宽的政策、激发起投资者的投资热情所引起。此外，一个国家或公司的经济景气程度突然出现回升也会引发投资者狂热地购买股票。

3. 投机阶段

随着一部分人在股票交易中发了财，甚至成为众人瞩目的暴发户，吸引了一大批投资者进入股市，掀起"炒股热"，当股价上涨到远离基本价值以及交易量猛升时，投机阶段便开始了。尽管政府会采取一些限制投机的措施，如政府机构入市托盘、增加交易管理场所、搞活上市公司的承销业务等，但总体而言，投机仍然不可避免。面对股价持续狂涨、市盈率增高，头脑冷静的投资者会认识到，股价被炒得如此之高表明现在股票价格与其内在价值已背离，于是他们开始抛售，致使股价与股指开始波动，股价逐渐下跌，甚至大幅跳水，调整阶段便开始了。

4. 调整阶段

调整阶段的股市基本上处于低迷状态，股市的熊市期有可能延续几个月甚至数年之久，要使股市走出低谷，恢复投资者对股市的信心，主要取决于股价下跌幅度和银行利率水平、证券市场管理法规的完善、市场利好措施的出台以及机构大户的投资行为。在调整阶段，大部分投资者都不愿忍痛割肉抛售股票，而坚持把它作为长期投资并寄希望于股价重新上涨，这表明广大股民经过股市风雨洗礼，其总体素质水平及心理承受能力有所提高。随着证券市场法规制度的日益完善，股市将逐渐发展到成熟阶段。

5. 成熟阶段

随着广大股民的入市操作日益规范和熟练，以及新的投资团体的形成与介入(诸如信托投资公司、保险公司入市等，这些团体一般是由专业人士经营)，会大大减少整个股市运作的盲目性，有利于股市稳定、健康地发展。随着股票供应渠道的拓宽、投资风险减少，尽管股价仍会不断上涨，但其波动幅度将不大，同时，因经济呈现出长期增长的趋势，使企业盈利继续上升，股市将发展到其巅峰状态，并持续很长一段时间。

然而，并非每个股市的发展周期都要经历上述五个阶段，也有可能呈现出跳跃的特点，但从长期发展趋势来看，股市的发展将日趋成熟。

回顾我国股票市场的发展状况，分析股票市场的发展周期，研究投资人群的心理变化，无疑将有助于客观地把握我国股市的现状。

6.1.3 市场周期五个阶段中的群体心理特征

市场周期经历兴高采烈、逐渐趋同、更加贪心、价格回落、恢复五个阶段，股民群体在这五个阶段中具有不同的群体心理特征。

第一阶段：人人兴高采烈期。

市场股价已经稳定上升了数日，甚至更久，几乎没有任何停顿。

此时，股民群体对市场走势有着过度的乐观情绪。这种情绪相互传染，此时投资者反而不知道现在是否为买入股票的最佳时机。

此时市场上存在大量进行投资和投机的机会，以致投资者在太多的机会面前反而显得无所适从。

此时股民会低估负面的政治和经济新闻的影响，甚至根本不予理会。

那些意味着市场会在近期发生变化的局部调整，使过分紧张的投资者提早离场，其他人对此根本不注意。

第二阶段：市场逐渐趋同。

此时，从财经记者到股票经纪人、专家与顾问们的建议变得越来越一致。他们经常提醒投资者："市场很快将出现调整，甚至可能持续较长的时间，但与真正到达市场巅峰还存在一定距离。"

此时股票价格达到了前所未有的高度。

随着市场价格不断创下新高，投资者变得既兴奋又不安。你会不断地听到这样的评论，"市场正在不断向前发展""市场正在走向不可预知的领域""市场正在试验新的价格成交幅度"。

投资者谁都不愿意错过机会。眼看着谷仓之门就要关闭，投资者争先恐后地赶大潮流的末班车(仔细观察，你会发现这些现象更集中地发生在那些价格处于下降边缘的股票身上)。

由于谁都无法判定正确的股票价格，投资者开始对新闻做出过度反应，从而引发价格剧烈波动。

股票上升势头越猛，趋势越得以持续。

股票收益已开始下降。

市场频繁出现小规模价格起伏。

第三阶段：投资者变得更加贪心。

由于所有股票的价格都已经很高或者过高，股民们很难找到好的投资机会。推荐低价股票的内情通报越来越多。

投资者在购买股票时不再依据收益、价格分析等基本因素。

股民全家老小都参与了股票投资。

受欢迎的股票领域吸引了大量短期投资资金。

送上门来的客户多得是。

投资乐观情绪普遍。

第四阶段：价格回落期。

负面消息得到关注，媒体解释市场下跌的原因。

股民对负面信息做出过度反应，股市下跌。

股民急抛股票遭受损失。

股民开始对未来表示悲观。

股民对市场感到迷茫。

股民已谈论股市崩溃，金融灾难发生。

政府呼吁对市场保持冷静。

第五阶段：恢复期。

此时投资者谨小慎微，不敢将资本投入市场。

所出现的反应过度现象已经弱化。

股民认为前景黯淡，从而购买基金、蓝筹股等。

股民关心共同基金、单位信托，对投资基金等的投入增加。

市场信心恢复，新周期重新开始。

6.1.4 群体心理价位与股市操作

心理价位是指投资者根据股价走势所预先设定的股票交易价格。它既是一个获利的目标，也是一个止损的界限，是投资者的判断力和承受力在心理上的尺度。群体心理价位的形成是广大投资者心理价位共同作用的结果。

在广大的投资人群中，既存在相近的心理价位，也存在截然不同的心理价位。由于投资者的个体素质存在差异，就难免产生心理价位的判断差异。例如，对于同一股票的同一价位，你认为已经接近浪峰，他却认为尚在谷底；你认为是熊市的开始，他却认为是牛市的起点，可谓仁者见仁、智者见智。一般来说，有了正确的心理价位，才能从波动的股市中平稳心态、顺势操作，既不盲目跟进，也不随风抛售，而是在山穷水尽时看到柳暗花明，在晴空烈日时察觉山雨欲来，从而领先一步地跨入风光胜地或躲入避风港湾。

股市中没有常胜将军，但是一个合理的心理价位却能使投资者操作有序、进退有方。然而，要确立一个合理的心理价位，绝不是盲人摸象、侥幸所得，而是要取决于投资者对市场信息、企业优劣、供求矛盾、形势政策等系统性风险和非系统性风险的科学分析，它

第6章 股票投资者的群体心理

既是一个由表及里、由浅入深、去伪存真、去粗取精的思维方式，也是一个随股市变化而不断认识、不断调整的综合性过程，它从属于市场规律，也有其自我的特性。以上主要讨论了个体心理价位问题，相对应的就是群体心理价位问题。个人的心理价位只对个体起作用，对股价影响甚微，因此，下面我们讨论群体心理价位的形成。

1. 群体心理价位形成的过程

股价走势的高点和低点是个体投资者最关心的两个问题。一般来说，在股价上涨阶段，人们关心的是本次涨势的高点，而在下跌阶段，人们关心的则是低点何在。股价的高点和低点可从几方面确定，如经典的基本分析强调市盈率、净资产率、股息红利率与增长率，以此测定的是理论期望价格，不属于心理价位。纯粹的技术分析根据股价运行模式，把眼前的价格走势与成交量制成各种图表，以此推测价格变动，这样测定的价位也不属于心理价位。股市群体心理价位只存在于股市大众的感觉与期望中，并通过大众的口耳相传逐步形成。

心理价位是应市场的需要而产生的。不管哪一种投资者，在进行决策时，总希望有所依据，有明确的目标可追，否则就会感到不踏实。而股市是人气聚散之地，当人气过于充沛时，基本分析往往退居幕后，技术分析也会武器钝化，一般投资人就会嘀咕：这个股价到底要涨到哪儿？尤其当股价连创新高，连最起码的横向比较也找不到较合适的参照时更是如此。无方向、无目标是投资人最头痛的事。

这时，一些市场人士往往会因势而作，根据各自的经验、感觉提出各种价位，这正是个人猜测阶段。然而各种价位出笼后，有的迅速被淘汰，有的几经流传、碰撞、筛选，终因较符合大多数人的感觉而被广泛接受，群体心理价位就这样产生了，它像同行之间的"自由议价"，一经产生，又会成为同行间做生意的基准。所以，群体心理价位是市场态势十分明朗、人气十分充沛时的产物，而它的产生，又像茫茫夜海中的灯塔，隐现于波涛之中，顺应了夜航人的心理需求，吸引众多的投资者不顾一切地往这个目标奔去，其效果也往往会"心想事成"。

2. 群体心理价位的特性

股市的风云变幻，直接影响着投资者的心理变化，在确立群体心理价位过程中，投资者的心态往往显得微妙复杂。

1) 阶梯性

我们以1992年3月延中实业股份公司的股价为例，在98.9元上涨至199.9元仅仅用了3个交易日(股票面值为10元)，每天平均涨幅为29.4%，换手率为25.2%，最高最低的申报差价为51.4元；在210元上扬至290.15元时，就需6个交易日，平均涨幅下降为6.4%，换手率为30.4%，最高最低的申报差价已缩小为15.7元；而在302.3元至371元的上涨过程中，增加至9个交易日，平均涨幅下降至2.3%，而最高最低的申报差价仅为6.95元。可见，在股价连续上扬的走势中，人们的心理价位好比上楼登高，起步时体力充沛，可一步三级，随着体力的消耗，越向上速度越慢，渐渐每上一个台阶都需要一番努力。而当3月12日跌势刚起，第二天，卖盘骤增，买盘寥落，尤其是中小散户抛售如潮。可见，人们的心理价位在梯形上升时，往往越是高价位，心理越脆弱，神经越敏感，而操作也越谨慎。

2) 攀比性

攀比性即股票投资的比价心理。它是指两种或两种以上，有类似属性的股票的价位常因投资者的心理攀比作用而趋于接近。比价心理存在的客观基础是股票间存在某些相关可比因素，这些因素通过个体的联想，就产生了股价期望。因此，所谓比价，实质就是联想，联想的要素是股票价位、质量、流通量等。最常见的比价有同类型股心理比价、同概念股心理比价、同地域股心理比价和板块股心理比价。

造成股票投资心理比价的内在动力，是投资者普遍存在比较属性相仿而市盈率和价位偏低的股票的心理，因为唯有此法，风险才小。当然，这种投资方法也确有可取之处。但由心理比价产生的股价，有真实价值回归和市场恶性炒作两类，因此，投资者判断和操作时，应谨慎从事。

(1) 同类型股心理比价。同类型股是指同属一个类型的股票，如工业股、商业股等。1993年4月《上海证券报》公布了一家商业股1992年年度报告，企业税后利润为负数。一般而言，投资者会看淡此股。然而，同日，商业类的中百、华联、小飞、豫园涨幅分别为8.22%、9.93%、17.38%和10.9%，次日复牌的该股票则急起直追，其涨幅在中百和华联之上，高达13.58%，可见，市场完全忽视了其年报为负的事实。

(2) 同概念股心理比价。同概念股是指同类型中同一行业的股票，如工业股中还可细分为纺织股、电力股等。浦东大众和大众出租同为公用事业类中的出租汽车行业。1993年3月29日，浦东大众除权收盘价为14.85元，因其盘子小、质地优良和价位偏低等因素，深受投资者追捧，至4月26日股价上扬至26.16元，涨幅达76%，而同期的大众出租涨幅为53%，两者价位走近。然而，市场也有盲目攀比现象。同年5月25日刊出的福耀上市公告书，被誉为上市公告书的范本，而此时与福耀同为玻璃股的某股票尽管业绩平平，却被市场掀起恶性炒作，短短11个交易日股价由9.80元飙升至最高价16元，涨幅达63%，风光一时，随后股价迅速回落。另外，由于投资者投资股票的心理比较作用，新锦江和沪昌的上市开盘价比照了同为饮食业的新亚和同为钢铁业的异钢。

(3) 同地域股心理比价。同地域股是指同处一地或地域相邻的股票，这既有浦东股和浦西股之分，也有本地股和异地股之别。北京的两只同为商业类中的百货行业的股票，曾在同一日收盘价分别为19.70元和22元，但不出4日因投资者心理比价的作用而价格相当，后又互为消长。又如，某个时期，因兴起浦东热，浦东股就不分良莠地皆表现超凡。这都是同地域股心理比价作用的结果。

(4) 板块股心理比价。板块股是指由市盈率相近的股票所组成的同一个板块。1993年4月8日从申达到广电个股平均涨幅为22.89%，其中有的涨幅竟为27.73%，令人震惊，这是因为投资者填单时，目光过于集中在某些板块的缘故，致使所涉个股呈板块上涨之势，当日A股股指涨幅仅为12.87%，次日A股股指涨幅为0.61%，而从申达到广电个股跌幅达2.69%，其中三爱富、广电分别下跌7.69%和7.5%，位列同日A股个股跌幅前茅。

3) 阶段性

随着股市的不断发展，投资者对于心理价位的确立已从初级阶段逐步走向高级阶段。在股市开放初期，投资者心理价位起步较低，往往以高于债券利息作为获利标准，只求与溢价相平就满足了。随着证交所的成立，分散的柜台交易转向集中竞价的二级市场，投资者的心理价位进入了一个新阶段。当投资人群迅速扩展，供求矛盾逐步突出，在人们金融意识提高的同时，心理价位的投机因素也逐渐增加，从而出现脱离市盈率、狂热追涨现象。之后，又渐趋理性。可见，一定阶段的股市状况正是该阶段投资者的心理价位在市场上的反映。

一个股市的成熟稳定常取决于投资人群中合理的心理价位是否占主导。从上海、深圳两地的股市特点可以看出，当不稳定的心态一旦占主流，必然导致股市的不稳定，偏高的心理价位引发的是股市的暴涨，而偏低的心理价位则引发股市的暴跌，可见心理价位对股市影响之大。随着股市的发展成熟，合理的心理价位必将主导股市的起伏。

3. 群体心理价位的采纳和引导

1) 心理价位的采纳

采纳心理价位是一件既简单而又复杂的事情。说其简单，是因为一个数字，简洁明了，不费我们的脑子；说其复杂，是因为采纳心理价位除了要同人气状况进行对比外，还要掌握以下几个特点。

(1) 适中性。在股价涨势的初期、中期和后期，心理价位往往会一高再高，一般来说，早期的大都会偏于保守，后期的会偏于激进，有时甚至是盲目乐观的产物。

(2) 单纯性。合理的心理价位至少是大多数人公认的，因此比较单纯，众口一价，如果同一时间内数价混行，反而说明股民中分歧极大，这时，明智的投资者往往会择低者而从之，甚至干脆不予理会。

(3) 近似性。低心理价位操作一定要有足够的提前量。因为心理价位是一柄"双刃剑"，当实际价位还低于它时，它会产生吸引力，当实际价未达到它时，它就会引力顿失，使股价跳水。所以，股价越高，提前量应越大。

2) 心理价位的引导

形成一个理性的心理价位，并使之成为投资人群的共识，并非一朝一夕所能办到的，这首先有待于股市机制的不断完善和证券机构的引导。为了防止暴涨暴跌现象的发生，必须经常不断地引导投资者增强风险意识，了解上市公司的经营业绩和发展前景，明确供需矛盾的解决前景，借鉴中外股市的经验教训，提高对股票投资的理性认识。其次还有待于投资者自身素质的提高，切实认识到股票不是储蓄，不仅需要财力，还需要智力和精力。股市既有收益又有风险，高收益与高风险是成正比的，如何趋利避害、顺势而为，是一门科学，我们应该克服追涨时只听利多、杀跌时只听利空的偏执心理，增强对经济环境和股市情况的综合分析和判断能力，这样，一个既符合股市规律又有利于投资者自身的合理的心理价位，就能不断确立。

可以相信，随着我国经济环境的迅速改善，股市机制的不断完善，健康稳定的股市与投资者，必将走上共同成熟与共同发展之路。

6.1.5 群体心理气氛与股市人气

股市人气，即股市中投资者群体心理气氛的总称，是人们无意识从众行为的展示。任何投资者，或多或少都受到股市人气的影响，因为人气与股市有着密不可分的关系，人气聚则股市兴，人气散则股市衰，股市人气无时无刻不影响着投资者的投资信心及其股市表现。可见，股市人气是指投资者群体的心理预期及其投资行为等多方面心理气氛的总和。影响股市人气形成的因素较多，不同的时间、不同的政策背景下，其主导因素也各不相同，具体有以下因素。

1. 人气与政策

股市中必要的政策调控已为广大股民所接受。"一心一意跟党走"似乎已成为发财诀窍之一。这是跟着政策导向走、以图先机的生动写照。每每有重大政策出台，人气总是为之所动。

当然，政策对股市人气的聚散既有决定性的一面，也有依赖性的一面，因为股民的投资热情是活跃股市的动力，也是股份制改革的催产剂。试想，如果股市人气不聚，交易萎缩，资金离场，熊气弥漫，在这种低迷的情况下又如何发展？何谈扩容？因此，我们应凭天时、地利与人气，将股市机制改革推进到一个新的发展阶段，减少股市对政策保护的过分依赖，让"无形的手"更多地发挥作用，使股市尽快走上良性发展的轨道。

2. 人气与主力

俗话说："散户看大户，大户看机构。"可见主力大户对股市人气聚散的巨大影响。

主力大户的一举一动在股市上有着举足轻重的放大乘数效应。当然，在利益驱动下，人气的趋势与主力的动向也时有背离。广大中小散户与主力大户之间既依存又斗争的关系，构成了股市中对立统一的格局。

3. 人气与信息

传媒是散户的主要信息源，而信息的影响力在股市中远比在其他领域显著。例如，报纸杂志、广播电视等传媒中的各类信息是利多或利空，会让人们议论纷纷、猜测不已；而每天各证券经营网点门前、自发的股市沙龙则更是各类未经证实信息飞短流长的场所。随着种种信息的传播，人气也不断消长。总之，没有人气不足以成市，股民的投资热情是股票发行的前提，没有人气则上市公司无法成立；没有人气，股市将无法扩容、无以发展。因此，人气是一种资源，我们应该认识人气、理解人气、引导人气，为投资者服务。

6.1.6 投资者的群体决策

作为一个理性的投资者，在股市人气盛时，不应盲目乐观，而应冷静地分析思考；当股市人气衰时，更应保持清醒的头脑，对股市做出自己的客观判断。但事实上，股市的变幻莫测，常使投资者感到难以把握，因此，许多投资者都喜欢在决策之前同他人交换一下意见，交流一下信息。于是，久而久之，就形成了一个松散型的股市决策群体，构成了股市中群策群力的独特风景线。

1. 群体决策的有利因素

(1) 群体中存在较多的综合性知识和信息，在决策过程中可以集思广益，提高决策的质量。

(2) 群体决策允许大家参与并发挥作用，可从多种角度提出不同的方案，使考虑更周密、方案更全面。

(3) 群体的决策成为大家的决议，会使更多人感到对问题的解决负有更大的责任和信念，为进一步行动提供心理上的支持。

2. 群体决策的不利因素

投资实践证明，大多数群体决策的绩效都不理想，屡屡误判大势。有的投资者个体思路清晰，进退有序，然而加入群体之后反而迟疑不决、举措失当。这说明群体决策并非最好的决策方法，投资者还是应以个人决策为宜。

大量的社会心理学实验表明，当个体发现自己的言行与群体不一致时，他会感到紧张与焦虑,这促使他与群体保持一致,其结果导致群体乐观时群情激昂,对股市前景做出过于乐观的判断与决策;而一旦股市风浪骤起,却又容易呈现过度的悲观与保守。造成上述群体决策失误的原因有以下三方面。

(1) 责任分散。群体决策使决策失误的责任由个体转为群体,这就大大减轻了群体成员的心理压力,使个体投资者在群体讨论过程中易于草率地下结论、做判断。

(2) 信息交流。当投资者尚未进入群体时,他对于股市信息的了解尚不全面透彻,因此,分析判断也更加慎重,更注意从全局的角度去看股市。而进入群体后,由于各种信息的互相交流,使个体投资者感到自己掌握了最新的信息,所以慎重心态也就大为减弱。

(3) 情感互动。这类情况极为普遍。例如,在股市沙龙讨论中,开始时大多数人都认为,目前的盘整行情属于正常现象,盘整后股指仍会创新高,然而有人提出了法人股、国家股上市"扩容"及债权转股上市流通等问题,结果使得讨论基调越来越低,最终错失良机。

可见,在群体决策时,冷静地思考会让位于群体的压力,最终讨论结果总是取决于何人的话更具感染力,更能激发起人们的心理共鸣。

6.1.7 投资者的群体心理阶段分析

证券市场作为社会主义市场经济的一部分,其发展经历了四个不同阶段,而每个阶段的不同特点折射出投资者群体心理的发展轨迹。

中国股市的萌芽阶段是 1984 年 7 月到 1990 年 12 月。1984 年 7 月,北京天桥商场售出第一张股票,同年 12 月,上海飞乐音响发行股票,1985 年 1 月 1 日延中股票发行,但股票不能公开上市令投资者兑现不便,投资人群中谨慎观望心态强烈。小飞乐、延中于 1986 年 9 月 26 日正式挂牌,在上海市静安区一间 16 平方米的小房中上市交易(中国二级股市诞生于这一天)。1990 年 12 月,上海证交所正式成立,深圳证交所同月试营业。从此,中国股市二级市场正式开始了艰难的探索历程。1999 年 7 月 1 日,随着《证券法》的正式实施,中国股市迈入了它的成熟阶段,然而,中国股市真正的成熟期并未到来,股市的起伏跌宕反映了股民群体心理的不稳定。

已有 30 多年历史的中国股市,仍然在一次又一次地刺伤股民的心,也越来越除去他们的狂热与激进,使他们渐渐看到股市真有风险,投资必须谨慎,同时,也让他们看到投资获利的机会!相信屡经风雨的广大投资者一定可以调整自己,以积极理性的心态面对投资。

6.2 投资中的从众行为

6.2.1 从众行为概述

1. 从众的基本含义

从众是指个体在社会群体压力下，放弃自己的意见，转变原有的态度，采取与大多数人一致的行动的行为。所谓"随波逐流""人云亦云"就是从众的最好例证，它是人类生活中非常普遍的现象。社会心理学家认为，从众行为是在群体一致性的压力下，个体试图寻求解除自身与群体之间冲突、增强安全感的一种手段。实际存在的或头脑中想象到的压力，会促使个体产生符合社会或团体要求的行为与态度。个体不仅在行动上表现出来，而且在信念上也改变了原来的观点，放弃了原有意见，从而产生从众行为。个体在解决某个问题时，一方面可能按自己的意图、愿望而采取行动，另一方面也可能根据群体规范、领导意见或群体中大多数人的意愿制定行动策略，由于随大流、人云亦云总是安全的，不担风险，所以在现实生活中不少人喜欢采取从众行为，以求得心理上的平衡，减少内心的冲突。

从众行为在怎样的心理状态下容易出现呢？C.A.基斯勒(C.A.Kiesler)从个体的角度出发，提出了以下引发从众行为的四种需求或愿望。

(1) 与大家保持一致以实现团体目标。
(2) 为取得团体中其他成员的好感。
(3) 维持良好人际关系的现状。
(4) 不愿意感受到与众不同的压力。

2. 从众与顺从

与从众行为相类似的概念是顺从行为。顺从行为虽然也是个体受到群体压力而表现出符合外界要求的行为，但其内心仍然坚持自己的观点，保留自己的意见，仅做表面上的顺从。从众行为与顺从行为的区别在于是否出自内心的意愿。自愿放弃自己原有的意见附和他人的意志，遵守群体规范，这是从众行为；虽然行为上与他人一致，但内心态度并未改变，保留着个体自己的观点而去附和客观要求，做出权宜的行为改变，这是顺从行为，其特点是"口服心不服"。两者的共同点都是迫于外界压力而产生的相符行为。外界压力主要是指社会舆论、群体心理气氛等，而不是社会和群体的明文规定。

3. 反从众与独立

个体行为既有从众现象，也有反从众的独立行为。具有这种行为倾向的个体，之所以能够克服群体的压力，不发生从众行为，是因为认识到群体行为可能会是错误的。他们蔑视群体规范，保持自己的态度与信念。从个性上看，这类人独立性强，不易受人暗示，所作所为不愿意被他人的行为支配，有时也可能是某种逆反心理的表现。

6.2.2 投资中的从众行为

股民心理对于股市具有重大影响，其中从众就是一个重要的股民群体心理现象。

1. 股市从众概述

从众是股市中最常见的投资心理与行为之一。当多数人买进股票，其他人便改变原有态度跟着买进，这就是股市从众。股市从众一般发生在信息不灵、缺乏可比较标准的情况下，所以投资者应把自己的投资行为建立在深入分析行情的基础之上，采取人买我卖、人卖我买的投资策略。这一策略强调，不要盲目从众，不能一跟到底，要变单纯地从众为把握人气的涨落，及时做出应有的反应。

2. 股市从众的形成原因

导致股民从众的原因一般有以下四个方面。

1) 心理因素

当个体在解决某个问题时，一方面会按照自己的意愿采取行动，另一方面也会根据群体规范和群体中多数人的意愿行动。由于随大流、人云亦云总是安全而不担风险的，所以，在现实生活中人们喜欢采取从众行为，以求得心理上的平衡，减少内心冲突。

股市的变幻莫测会对投资者产生无形的压力，使投资者乐于与多数人接近，以免产生孤独感。因而，投资者很难不受投资群体心理与行为的感染与影响，真正做到"特立独行"。比如，有的股民事先想好去抛股票，但一到人气沸腾的股市中就变得迟疑不决，似乎在这种情形下抛售股票很不光彩。如果看到股票抛售者较多，他就会变得坦然一点，因为他有众可从了。

2) 人气因素

股价指数时刻变化，股民追涨杀跌、买进抛出，形成了股市人气。如果多数人认为股价将上涨，则会形成多方逼空的态势，股指将创新高。在此情形下，大多数股民，特别是散户，往往盲目从众跟风，为股价的上涨推波助澜；反之，股民盲目从众跟风抛售，亦会加速股指下滑，甚至引起股价"跳水"。可见，股市从众是股市动荡加剧的重要因素之一。

3) 风险因素

股市永远是效益与风险同在。由于大多数股民有过被套的切身体验，因而投资入市时谨小慎微，往往不敢相信自己的判断，只好追随大多数人的操作，力求稳妥，避免被套。

4) 行情因素

纵观股市的波动，有三个行情阶段最易引起投资者的从众行为。一是上涨期。此时股市人气旺盛，一片利好景象，身处其中的股民被市场强烈的买气感染，于是群起跟风，盲目跟进。二是下跌期。股民人心惶惶，此时的盲目从众会导致群体溃逃，割肉清仓。三是盘整期。此时行情难测，股民们迷茫不安，也易产生从众行为。

3. 如何克服股市从众行为

股市从众行为原因复杂，股民们必须不断总结自己的投资经验，加强自己的独立分析、判断能力。其具体措施如下。

(1) 不为股市人气所惑。人气乐观时，股价上涨，多数人急于买进，但自己是否也买进，则需深思熟虑；当人气悲观时，股价下跌，这时应能正确预测下跌幅度，把握行情，以求出奇制胜。

(2) 提高对风险的心理承受能力。盲目从众往往与个体心理承受能力不强有关。股市如战场，提高自己对风险的心理承受能力，也是克服盲目从众行为的必要前提。

6.3 投资中的流言现象

6.3.1 流言概述

1. 流言的定义

流言是提不出任何信得过的确切的依据，而在人群中相互传播的一种特定消息。流言作为一种极为普遍的社会心理现象，所引发的连锁反应极为迅速。股市则是流言的温床，因为大量公众的存在及其对于股市话题的共同关注为流言的产生提供了主客观条件。

"流言"一词，最早见于《尚书·金縢》：武王既丧，管叔及其群弟乃流言于国，曰："公将不利于孺子。"后南宋蔡沈对其作了注解："流言，无根之言，如水之流自彼而至此也。"可见，流言是一种无根据的消息。

2. 流言内容的传播

生活中经常可以遇到这种情况，某件事一传十、十传百，越传越走样，最后面目全非。在传播过程中，流言传播的速度往往是开始缓慢，然后不断地加快，当达到了高潮，接近饱和状态即人人皆知的时候,又变得缓慢起来,整个传播过程呈 S 形。

6.3.2 流言产生与传播的主客观因素

流言的产生与传播总有其特殊背景,与社会个体、群体的某些特点相关。

1. 流言产生的社会情境

流言总是发生在与人们有重大关系的问题上,G. W. 奥尔波特提出流言的发生与流传有以下三个条件。

(1) 在缺乏可靠信息的情况下,最容易产生与传播流言。人们越不了解事实真相,流言就越容易传播。

(2) 在焦虑不安的情况下,会促使流言的产生和传播。例如,某一龙头股股价急跌之后,人们就会变得焦虑不安,担心将对大盘产生联动效应,于是关于大盘要跌的各种流言就有可能开始产生和传播了。

(3) 处在一定社会情境中的个人,若被置于显要地位时,也容易产生关于他的流言,因为关于个人的流言,往往是针对处于比较重要的社会地位上的人。例如,证券主管部门负责人的一句话,就有可能引发股市流言,造成市场波动。

2. 流言形成的心理原因

流言的形成,主要是个体在认识上的偏差所致。个体平时观察事物、记忆事物时,往往不够细致,总会有所遗漏、颠倒,甚至混淆;在与他人交往的过程中,也可能对于对方的某些含糊言辞,凭自己的经验来理解,自圆其说,致使外界信息失真、失实或遗漏;此外,个体还受自己希望、恐惧、忧虑、怨愤等各种情绪的影响,所以当他把自己耳闻目睹的事件转告他人时,就有可能在不知不觉中对信息进行某种加工,于是流言就会随之而起。

3. 流言传播的动机分析

传播的流言往往是言过其实、耸人听闻,以致以讹传讹、误人不浅。有的流言则是个体根据自身的愿望、恐惧、怨恨而加以附会的结果。由于人们的愿望未被满足,人们的恐惧未能消除,人们的怨恨未能发泄,所以人们在传播流言时往往会加以附会,意图达到心理上的平衡。有的流言是个体根据事实的因果关系进行主观猜测的结果。人们总是认为凡事有因必有果,有果必有因,从而简单地把并非属于因果关系的事物强加联系,并进行合理化,以致偏离了事实的真相。

6.3.3 流言传播的影响

流言作为一种社会情境对个体发生直接的刺激作用。流言一旦形成并广为传播之后,就会成为一种社会心理环境,而个体处于这种社会心理环境之中,也就自然而然地受到影响。每当人们听到流言,尤其是被众人广泛传播的流言,往往会信以为真。《战国策》中曾记载了这样一则故事:有一个与曾参同名者杀了人,有人却告诉曾参的母亲说曾参杀了人,曾母不信;过了一会儿,又有人去讲曾参杀了人,曾母还是不信;等到第三次来人讲曾参杀了人,曾母就相信了。这则故事说明,由于周围屡次发出相同的消息,处在这一情境中的个体往往就会听信流言。

流言对社会群体的影响不容忽视。群体中个体之间相互接触,使流言不断变化,进一步增强了它的力量。关于股市政策变化的流言被传播时,往往会引起股民的恐慌心理,产生强烈的情绪反应,造成股市的剧烈波动。

其实,流言是完全可以制止的,因为它缺乏事实的依据。国家有关部门通过传媒发布公告,向人们澄清事实的真相,就可以彻底制止流言的传播。此外,人们只要保持冷静的头脑、理智的态度,就可以正确辨别出流言,并主动劝说他人不要参与流言的传播。

6.3.4 股市流言的现象分析

1. 股市流言与谣言

股市流言,是股民心理的折射,代表了传播者的愿望与利益。流言与谣言有所不同,谣言是恶意攻击,是谣言制造者故意捏造、散布的假消息。两者的区别在于动机不同,但其共同点在于,它们都缺乏明确的事实依据,并广为流传。

股市谣言,乃是为了个人目的故意捏造和散布的某种消息,它往往被说得有根有据,对投资者造成巨大的伤害。比如庄家为达到拉高出货的目的,散布某机构已开始护盘的消息,使得许多不明内情的散户跟风进入被套。

流言虽然也是不实消息,但并非纯粹地凭空捏造,如有的流言是因为投资者听到某种消息,就根据自己的经验进行加工,再传给他人听,以致越传越走样;有的流言是投资者对传闻想当然地加以猜测,这种猜测经过多人流传就变成了"消息"。总之,流言虽然也是不实之词,但并非故意捏造的产物,它代表了传播者的愿望和利益。

2. 股市流言的形成原因

社会心理学的研究表明,流言的产生常与社会动荡、突发事件及某种社会危机状态相联系。社会公众的存在及其对有关问题的共同关注是流言产生的必要条件。证券市场就充分提供了流言产生的各种主客观条件，切身利益决定广大股民对于股价涨跌的密切关注，而证券投资的高风险性又使股民常处于高度紧张之中。为了消除这种紧张和不安，使自己的资本实现最大可能的增值，股民们迫切需要各种股市信息，因此，他们常常聚成马路股市沙龙，互通消息，共同探讨投资策略。

由于股民们在观察、理解、记忆等方面的个体差异，对于信息的误传、歪曲、讹传就在所难免。心理紧张及对各种信息的敏感与关注，更是降低了他们对流言的鉴别力，助长了流言的传播。而证券公司的集中交易方式、股民人群的相互感染与暗示，也为流言的产生和传播创造了理想的环境条件，特别是在股市敏感期，如波动期、整理期及某种经济政策、证券法规即将出台的前夕，股民人群处于观望状态，而正式途径的消息无法满足股民的迫切需要，于是各种小道消息、传闻流言便成为股民们预测未来、消除恐慌心理的主要依据，大量流言一经产生便迅速遍及整个股市。

总之，股市必有流言，因为股民心理特点决定了股市是流言产生的最佳温床。

3. 股市流言的种类和传播过程

1) 股市流言的种类

股市流言多种多样。凡是能引起股价变化的因素，都可以成为流言的对象。一般我们可把股市流言分为以下三类。

(1) 有关股市政策的流言。它是关于股市宏观政策、证券法规以及对股市有重大影响的政治、经济事件等方面的流言。现实决定了政策性因素对于中国股市具有重大影响，也决定了股民对于这类信息的深切关注。

(2) 有关上市公司的流言。上市公司的经营状况、分红派息，尤其是增资配股、新股上市等消息能对股市产生直接影响。

(3) 有关主力大户的流言。机构、大户投资者的资金雄厚，他们的举动会对股市产生相当大的影响，因此其投资行为一直受到中小散户的密切关注。

以上三类流言构成了股市流言的主要内容。此外，还有其他大量的关于股市状况的流言，如炒股如何赚钱、暴跌使多少人被套等，有关这方面的流言同样在股市内外广为传播。

2) 股市流言的传播过程

随着我国证券市场的发展，股民总数增加，为股市流言的产生创造了充分的空间。为了获取最大收益的回报，股民群体内部经常利用自身的关系网互通信息。流言传播常以下列方式出现："喂，老李，据一位证券公司的朋友说……""据一位管理层人士透露……"这些消息有可能是真实的，也有可能仅是说者自己的分析、猜测。各种传媒的含糊报道，是导致大量猜测产生并在群体内部流传的重要因素。股市流言一经产生便会作用于它的接受者，使他们产生相应的操作，同时，又会向其他投资者传播。

总体而言，流言的传播渠道是一种链式信息网络系统，但在各种传播途径上又有所不同，具体可分为以下四种类型。

(1) 单串型：由 A 传至 B，B 传至 C，C 传至 D……信息依次传递至接受者。

(2) 发散型：由 A 将信息传给所有的人。

(3) 随机型：由 A 以随机的方式，将消息传递给某一部分人，这些人又随机地将消息再传递给另一些人，依此类推。

(4) 集聚型：由 A 将消息传递给某些特定的人，这些人再将消息传递给另一部分特定的人。

随着股市流言的传播，信息日益公开化，流传的速度不断加快，不久便达到了"鼎沸期"，此时，传播网络纵横交错，接受者与传播者人数剧增，而主力大户则利用流言有意拉抬或打压股价，这就引起股价的更大波动。流言所引起的股指波动作为一种反馈信息，既"证实"了流言，同时也造成了一种人为事实，迫使一些将信将疑者不得不顺势跟风。上述交互作用将有力地推动股市流言的进一步传播。

流言与股指的交互作用是股市流言区别于其他种类流言的重要特征，它导致了股市流言以加速度的方式达到传播的"鼎沸期"。"鼎沸期"过后，流言便开始走向衰退。衰退的方式主要有两种：一是被新闻媒体公布的事实真相证实属伪而很快消失；二是长期得不到证实而自行消失。但无论是哪种形式，股市流言独有的交互效应，常使它的衰退过程较其他流言更长。尤其是它对于股市的影响，即使在流言消失之后，往往还要持续一段时间才能彻底消除。

4. 股市流言的特点

在传播过程中，股市流言的内容发生变化的特点如下。

(1) 一般化。股市流言的传播者并非听到什么就传播什么，他往往会删除许多具体细节，使消息越传越失真，流失了许多有效信息，越到后来越使人感到内容很一般。

(2) 强调化。股市流言的接受者，常会忽略他不感兴趣的内容，保留并强调给他留下深刻印象的内容，当他再次传播时，就会突出强调其印象深刻的部分，结果会抹杀消息的本意或夸大消息的意义。

(3) 个性化。股市流言的接受者以自己已有的知识、经验、需要、态度等主观因素来理解流言的内容，凡是他认为合乎逻辑的部分就接受下来，同时凭自己的想象对它进行进一步加工之后再广为传播。

5. 股市流言与自我保护

股市流言对于股市的稳定与发展的影响是消极的，那么，作为一个投资者，面对流言纷纷扬扬的股市，如何才能看透漫天飞舞流言的迷雾，使自己立于不败之地呢？以下两点十分重要。

(1) 提高鉴别股市流言的意识与能力。当流言传播时，每个人都有可能被它迷惑，如果这仅仅归因于股民们的鉴别能力不够，不足以说明其实质，缺乏鉴别意识才是根本原因。某些投资者太容易相信他人了，他们几乎毫无怀疑地接受所获得的每一条信息，情绪紧张以及对信息的过分敏感则进一步降低了其本来就不强的鉴别意识，于是各种流言就趁虚而入。

要提高对流言的鉴别，避免为股市流言所惑，投资者必须首先提高自己的鉴别意识，并在对流言的鉴别中，不断提高自己的鉴别能力，消除紧张心理，稳定情绪，对股市进行全面分析，把握股市整体走势，认清当时的股市形势，预测可能产生的流言及其性质等，这是保持头脑冷静、提高鉴别能力的关键。

(2) 分析与预测股市流言对投资的影响。投资者鉴别出流言后，就应对股市流言的性质、传播状况及其对股价的可能影响进行全面的分析和预测。通过运用股市流言与股指股价的交互作用规律，结合当时的具体情况进行系统分析，以确保预测准确、投资成功。

6.4 投资者的人群分类

随着我国证券市场的迅猛发展，证券投资正日益成为当代中国人经济生活的重要组成部分。广大股民的投资行为与证券市场的经济效能密切相关，因此，了解目前股民的行为特征及其群体分类，已成为推动我国证券市场健康发展的一个非常重要的现实课题。

国内有关投资行为特征的唯一一例实证研究是俞文钊教授等于1994年针对上海股民的投资行为与个性特征所做出的，该研究所获成功投资者的八个行为特征维度分别是股票知识、分析能力、决策果断性、性格倾向、信息敏感性、冒险性、自信心、心理承受力与社会经济环境，但对于投资人群目前的行为特征状况尚没有人进行过系统研究。

有关投资人群的分类，人们看法不一，诸如按照投资者的操作方式可将投资者分为中长期投资者与短期投资者；按照资金量的大小可将投资者分为主力大户与中小散户；按照购买动机可将投资者分为投资型、投机型、赌博型；格雷厄姆则按照投资风格将其分为防御型与进攻型两类。可见，投资人群的分类方法很多，然而，上述分类方法都有其共同的缺陷，即缺乏对投资者行为特征的实证研究，可操作性程度低。基于此，本书正是从投资者行为特征着手，运用定量分析方法对投资人群进行分类。

2004年陆剑清博士对投资者的人群分类进行了系统研究。

该研究的调查对象为上海股民(入市时间均为一年及以上)，调查样本从申银万国、海通、南方、国泰等证券公司股民中随机抽取，共发放调查问卷110份，回收有效问卷84份，回收率为76%。

该研究根据无结构访谈、有结构访谈、个案跟踪以及预测问卷所获结果，编制了有关股民投资行为特征的调查问卷。问卷内容分以下两部分。

(1) 股民个人情况调查，诸如性别、年龄、学历、收入、入市时间与单位性质等。

(2) 股民行为特征调查表的项目采用四点量表测定。

研究结果表明，投资者的行为特征因素，如表 6-1 所示。

表 6-1 投资者的行为特征因素

F1.果断冒险	果断、冒险敢为、判断决策力、占有欲、思维分析力、接受新事物力、对信息的敏感性、独立性、专注、认真、大胆
F2.轻松乐观	轻松、乐观、心理承受力、自信、豁达、情绪稳定、进取
F3.理智冷静	理智、冷静、精明、聪慧、细心、洞察力、有与投资有关的知识、现实
F4.犹豫依赖	犹豫不决、依赖、浮躁、紧张、冲动
F5.耐心谨慎	耐心、谨慎、诚实

由表 6-1 可见，第一类投资者：果断冒险居中、轻松乐观最低、理智冷静最高、犹豫依赖最高、耐心谨慎最低。第二类投资者：果断冒险最高、轻松乐观居中、理智冷静最低、犹豫依赖居中、耐心谨慎居中。第三类投资者：果断冒险最低、轻松乐观最高、理智冷静居中、犹豫依赖最低、耐心谨慎最高。

由此我们可将投资者群体分为三类：乐观保守型、冒险型与冷静保守型。三类投资者在人群总体中的分布情况如图 6-1 所示。从图 6-1 中可见，冷静保守型投资者占据总投资者的 47%，几乎接近一半，乐观保守型与冒险型的则各占 25% 左右。

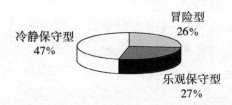

图 6-1 三类投资者在人群总体中的分布

上述五个因素中既包含了对投资有益的因素(果断冒险、轻松乐观、理智冷静、耐心谨慎)，也包括了对投资有害的因素(犹豫依赖)，这说明投资者要取得成功，必须注重培养有益于投资的行为特征因素，并积极消除有害于投资的行为特征因素。

本 章 小 结

投资者的群体心理对股价的影响，主要是通过投资者的心理变化引起证券供求关系发生变化，从而影响行情，主要有投资群体的心理乘数效应和投资群体的心理偏好效应。

心理价位是指投资者根据股价走势所预先设定的股票交易价格。它既是一个获利的目标，也是一个止损的界限，是投资者的判断力和承受力在心理上的尺度。群体心理价位的形成是广大投资者心理价位共同作用的结果。

　　从众是股市中最常见的投资心理与行为之一，当多数人买进股票，其他人便改变原有态度跟着买进，这就是股市从众。它往往受到心理因素、人气因素、风险因素及行情因素的影响，股民们必须不断总结自己的投资经验，加强自己的独立分析与独立判断能力。

　　股民心理特点决定了股市是流言产生的最佳温床，股市流言是股民心理的折射，代表了传播者的愿望与利益。股市流言对于股市的稳定与发展的影响是消极的，作为一个投资者，要提高鉴别股市流言的意识与能力，分析与预测股市流言对投资的影响。

经 典 案 例

市场不一定是对的.

思 考 题

1. 试述市场周期五个阶段中群体的心理特征。
2. 试分析群体心理气氛与股市人气的相关性。
3. 投资者群体分为哪三种类型？

第 7 章 债券投资的心理与行为

【学习目标】

- 认识债券市场的分类。
- 理解债券型基金的特点。
- 理解债券投资的心理与行为。

【核心概念】

债券市场 债券型基金 政策性金融债

【章前导读】

随着我国经济的持续发展，人们的可支配收入也快速增长，逐渐富裕的人们手中的闲散资金也越来越多，为了使财富保值和增值，于是人们开始寻找投资标的。银行存款的安全性最高，然而收益最低。股票虽然是高收益的投资标的，但风险也高，当一个家庭存在教育、住房等需求时，如果将所有的资金投入股市是不理智的。债券的收益和风险介于银行存款和股票之间，是比较稳妥的投资标的。本章将着重探讨债券投资的心理与行为。

7.1 储蓄、债券和股票

7.1.1 储蓄、债券和股票的性质比较

储蓄、债券和股票是投资者主要的投资方式，受其自身经济、心理等因素的影响，投资者既可以选择把钱存入银行，又可选择购买债券和股票，或做其他投资。投资者选择的基础首先来源于对储蓄、债券和股票三者的比较。

1. 储蓄与债券的区别

储蓄与债券的区别主要表现为未到期变现的方式不同。定期储蓄如需提前支取，本金可全额收回，在扣除利息税后可获得一定的利息收入，而债券变现要通过市场出售，利息收益取决于市场行情。

2. 债券与股票的区别

从性质上看，股票表示的是对公司的所有权，而债券所表示的只是一种债权。购买股票的投资者有参加经营的权利(当持有该股票足够多时)，而购买债券的投资者则没有参加经营的权利。

从获得报酬的先后看，债券又优于股票。因为在公司派发股息之前，必须首先偿还债券利息。当公司破产清算时，首先必须偿还债券。优先求偿权顺序为债券、优先股(我们国家开始试行优先股)、普通股。

从投资风险大小看，股票大于债券。债券有到期日，到期公司应把本息付清；债券有固定利息，无论公司当年经营盈亏，债券的利息都是要如期照付的，债券利息记入税前的开支。而股票则没有到期日，股东把资本交给公司后，资本即归公司支配，不到停业清理或解散，资本是不能退还股东的。

7.1.2 储蓄、债券和股票的收益比较

储蓄收益主要来源于储蓄利息。任何时候投资者都可知道其准确的偿还价值，本金能够充分收回。储蓄安全、方便，无须太多金融知识就可进行。虽然储蓄存款的收益比债券和股票的收益少，但风险小。因此，一般投资者都乐于将日常结余货币用于储蓄。尤其是经济收入较低、心理承受能力较弱、金融投资知识欠缺的投资者，会将其大部或全部余款用于储蓄。

债券是固定收益证券，其利息率是固定的，债券可通过市场交易的市场价格与票面金额之间的差额获得超额收益。债券投资兼顾了收入、风险和流动性等几个方面，其收益优于储蓄，风险小于股票。对于投资者来说，债券既提供了货币的安全性，又提供了较高的收益。债券的种类不同，收益也不同。一般来说，国家债券、金融债券流动性强且收益稳定，因此，其收益要比企业债券低一些。企业债券的利息收入要缴纳个人所得税。因此，经济收入高且有一定风险承受能力的人乐于投资债券。

股票的收益有股息、红利和股票升值三个来源。股息是对投资者的报酬，企业盈余作了其他扣除后，余留部分可用于发放股息。红利是企业发放股息之后剩余部分的分配。股票升值是股票市场价格高于发行价格所带来的收益。一般来说，证券的收益与风险成正比，股票投资风险较大，因此，股票投资的收益高于债券。进行股票投资一般要求投资者不仅有较好的经济条件，而且需要一定的金融知识和较高的心理承受能力。

7.1.3 储蓄、债券和股票的风险比较

证券交易结果与人们的预期未必一致，存在不确定因素，这些因素可以统称为证券交易中的风险。风险与收益联系比较密切，而且较大的收益通常会伴有较大的风险。从这个意义上讲，收益较低又较稳定的银行储蓄存款风险最小；债券收益一般要高于同期储蓄存款，但预期收益受到较多因素影响，风险较储蓄存款高；股票收益高于前二者，但其风险同样高于前二者。它们的投资效用比较如表7-1所示。

表7-1 储蓄、债券和股票的投资效用比较

类型	收益性	流动性	安全性	风险性
储蓄	低	高	高	低
债券	中	中	中	中
股票	高	低	低	高

7.2 债券市场的分类

在债券市场中投资者取得投资收益的方式有两种：一种是持有至到期获得利息收入；另一种是像"炒股"一样，在二级市场买卖债券。我国债券市场分为交易所市场、银行间市场和银行柜台市场。交易所市场通过交易指令集中竞价进行交易，银行间市场通过一对一询价进行交易，银行柜台市场则通过挂牌价格一对多进行交易。交易所市场属于场内市场，机构和个人投资者都可以广泛参与。而银行间市场和柜台市场都属于债券的场外市场。银行间市场的交易者都是机构投资者，银行柜台市场的交易者则主要是中小投资者，其中多数是个人投资者。

1. 交易所市场

目前在交易所债市流通的有国债、企业债、可转债和公司债等。在交易所市场里，个人投资者只要在证券公司的营业部开设债券账户，就可以像买股票一样来购买债券，包括"打新债"，并且还可以实现债券的差价交易，交易最低限额是 1000 元。

2. 银行间市场

目前，银行间市场的债券存量占了我国债券存量的绝大部分，除了国债和金融债外，次级债、企业短期融资券、商业银行普通金融债和外币债券等都只在银行间市场交易。这些品种普遍具有较高的收益，流动性强，但个人投资者尚不能直接投资，只能通过间接投资的方式参与银行间债券市场。投资者可以买入银行、券商、基金等机构的相关理财产品，间接参与银行间市场。

3. 银行柜台市场

投资者通过银行柜台债券市场可以投资的债券品种有凭证式国债和记账式国债，其中凭证式国债不能流通转让，适合中老年个人投资者，记账式国债则可自由买卖，流通转让。

个人可在相关银行开立记账式国债账户并进行记账式国债柜台交易。银行根据债券市场变化情况自主制定并调整债券买卖价格。投资人即使在发行期间没有买到国债，也可以在发行结束后，通过商业银行柜台随时买卖国债。由于承办柜台交易的商业银行均为银行间债券市场成员，商业银行可以根据需求情况及时通过银行间债券市场买进国债，再通过柜台卖给投资者。此外，个人投资者还可以通过柜台购买凭证式国债，凭证式国债的流动性差，仅面向个人投资者发售，更多地发挥储蓄功能，投资者只能持有到期，获取票面利息收入。

7.3 "曲线"投资债券市场——债基投资

银行间债券市场是债券交易的主体,债券存量和交易量约占全市场 90%以上,属大宗交易市场,参与者只能是机构投资者,个人是无法参与的;交易所市场虽然个人可以参与,但因参与者不多,市场不活跃;柜台购买国债一般要持有到期才能得到票面利息,损失了流动性,一旦持有期利率变化,投资者可能要付出一定的机会成本。同时普通投资者在银行的柜台是买不到企业债和金融债的。得益于金融的创新,债券基金为个人投资者提供了可以进入多个债券交易市场的途径。

7.3.1 债券型基金

债券型基金(亦称债基)是以国债、金融债等固定收益类金融工具为主要投资对象的基金。因为其投资的产品收益比较稳定,又被称为"固定收益基金"。根据投资股票的比例不同,债券型基金又可分为纯债券型基金与偏债券型基金。两者的区别在于,纯债券型基金不投资股票,而偏债券型基金可以投资少量的股票。偏债券型基金的优点在于可以根据股票市场走势灵活地进行资产配置,在控制风险的条件下分享股票市场带来的机会。

7.3.2 债券型基金的特点

1. 风险较低

通过集中投资者的资金对不同的债券进行组合投资,有效降低单一投资者直接投资于某种债券可能面临的风险。但是由于债券是固定收益产品,因此相对于股票基金,债券基金风险低,回报率也不高。

2. 专家理财

投资债券的收益主要取决于对利率变化预期的判断和对债券信用状况的辨别。需要对宏观经济运行状况、市场资金供求状况、发债主体的资质等方面进行专业研究,而个人投资者往往不具备这些专业能力。

3. 流动性好

投资者如果直接购买债券,需要持有到期才能获得票面利率,而债券基金可随时赎回,在不影响收益的前提下保持很好的流动性。

4. 收益稳定，注重当期收益

债券基金主要追求当期较为固定的收入，相对于股票基金而言缺乏增值的潜力，较适合于不愿过多冒险、谋求当期稳定收益的投资者。

5. 起点低

市面上的债券基金最低认购额很小，大部分债券型基金只需要 1000 元便可认购。

7.4 债券投资的心理分析

7.4.1 债券投资的个体心理分析

1. 人的生存欲望

从人的自然性而言，人的生存欲望和其他生物是一样的，都是延续生命。自然而然的状态是人生活的最佳状态，但是，在现实生活中，作为一个个体，你必须去追求，必须去创造。人从出生那一时刻起，就受到各种权利和义务的制约，由于现实生活的各种枷锁，如果想过自己喜欢的生活，手中必须有可支配的财富，世俗地说就是"钱不是万能的，但没有钱是万万不能的"。赚钱可以分为三种：第一种，用体力赚钱；第二种，用脑力赚钱；第三种，用钱赚钱。用钱赚钱是生钱最快也是风险较高的职业。

除了银行存款、股市投资等，债券投资也是其中比较有代表性的一种。赚钱越快，意味着前期付出越多，投入的精力也越多，比别人承受的压力也越大。如果选择了债券投资这个行业，就必须明确进入这个行业的目标，任何投资都要求有回报，那么也必须承担相应的风险，包括损失的可能。

2. 人的权力欲望

人的权力欲望导致了人们对成功的渴望，对一切的控制欲望。反映到债券投资上，许多投资者就妄想战胜资本市场，总是执着于抄底摸顶的漩涡之中，最后惨淡收场。殊不知，"战胜市场"的最佳方法就是和市场做朋友，和趋势做朋友，只有把自己战胜市场的欲望化为融入市场的力量后，才可以在债券投资市场大展拳脚，实现预期目标。

3. 人的存在价值欲望

自我实现是人需求层次的最高境界。人们总是由低层次的生活需要满足后，向高一级的需求靠拢，一步步提升自己的需求。在债券投资操作当中，也是如此。如果投资者的投资技术和投资心理境界达到一定程度，也会由赚钱需要上升为自我实现需要，在投资生涯当中找寻自己的快乐。

7.4.2 债券投资者的心理态势

1. 债券投资的收益心理

债券投资是一种比较保守的证券投资，此类投资的投资者主要有两种类型：①大部分投资者，他们购买债券一般持有到期，很少买进卖出，他们购买债券的目的不在于获得债券利息之外价格攀升带来的利润，而在于保息避险；②另一些投资者，不满足于债券利息收入，还进行债券市场投资或投机，以期从债券价格变动中获益。

2. 债券投资中的保值心理

一般来讲，债券的收益率比通货膨胀率要高，一些投资者在安全保值心理的支配下，将生活结余购买债券。具有保值心理的投资者对市场物价变动十分敏感，当通货膨胀预期心理增强，即大多数人认为物价将要大幅上涨时，他们会将债券抛出兑现，转为购物保值；当预期市场价格平稳或下降时，他们则积极购买债券，以求获得高于储蓄利息的收益。

3. 债券投资中的信誉心理

债券发行是一种筹资活动。从发行者看，它是国家、金融机构或企业以信用方式吸收闲散资金的一种形式。投资者在债券种类的选择上，除了考虑收益外，信誉好坏也是一个十分重要的因素。投资者对信誉较好的国库券、金融债券及由金融机构担保的企业债券的选购较为踊跃。

7.5 银行间债券市场机构投资者的行为分析

近年来，银行间债券市场稳步发展，机构投资者数量涨幅较快，各种类型的机构投资者债券持有量不断增长。商业银行、保险公司、证券公司和基金等不同类型机构投资者的风险偏好均呈下降趋势。

7.5.1 机构规模稳步增长

2023年，银行间债券市场机构投资者数量有所增长。截至2023年11月末，银行间债券市场的法人机构成员共4023家，全部为金融机构。较2022年11月末新增78家，同比增加约2%。截至2023年12月末，共有1124家境外机构主体(包括境外中央银行或货币当局、国际金融机构、主权财富基金、人民币业务清算行、跨境贸易人民币结算境外参加行、境外保险机构、RQFII 和 QFII 等)进入银行间债券市场，整体较 2022 年年末增加 53 家。

7.5.2 债券交易市场交投活跃

1. 交易总量的结构情况

近年来，债券交易市场交投活跃。每年银行间债券市场累计交易金额都达 200 万亿元以上，其中，2023 年为 304.46 万亿元。城市商业银行继续保持交易量排名第一，交易量第二位和第三位的是证券公司和股份制商业银行。从换手率来说，证券公司和外资银行是市场上最为活跃的机构。而非金融机构、政策性银行和保险机构稍微逊于证券公司和外资银行，继续秉承买入持有风格。

2. 交易券种的结构情况

从全市场交易券种来看，银行间债券市场更青睐政策性金融债、国债和中期票据，交易标的券种向政府信用债和短期债聚拢。

银行类机构交易集中于低风险、短期限品种。大型商业银行交易主要集中于政策性金融债且其比例不断提高，超短期融资券成为仅次于政策性金融债的品种；政策性银行也主要偏好政策性金融债和超短期融资券；股份制商业银行主要配置于政策性金融债和中期票据；城市商业银行倾向政策性金融债、国债和中期票据；农村商业银行和农村合作银行交易政策性金融债最多；村镇银行增加对中期票据、短期融资券和超短期融资券的交易，企业债大幅下降；外资银行的交易比较集中，主要为政策性金融债和国债。

非银行金融机构和非法人机构交易总体偏好信用类债券。证券公司和保险公司交易偏好的前三位是企业债、政策性金融债和中期票据，其他非银行金融机构偏好短期融资券、企业债和中期票据。

3. 交易方向的情况

基金等非法人机构、境外投资者、外资银行、大型商业银行和政策性银行、保险机构等表现为现券净买入，其中基金等非法人机构是最主要的净买入方。外资银行、境外机构投资者和非法人机构大量配置准政府信用类债券。

7.5.3 机构投资者行为变化特点的分析

1. 债券配置意愿增强

2023 年，我国宏观经济增速较 2022 年有所增加，通胀趋势走低，国民生产总值同比增长 5.2%，居民消费价格同比上涨 0.2%。中国经济正逐步进入"新旧动能转化"阶段。市场机构对适度宽松政策预期进一步强化。因此，市场机构继续加大配置债券产品的意愿仍然强烈。受此影响，2023 年，机构债券持有量总体增长，债券市场价格指数走高，收益率水平下移。

2. 交易行为平稳适度

总体上看，2023 年我国金融体系流动性合理充裕，当年年末广义货币余额 292.27 万亿元，同比增长 9.7%。为推进、引导疫情后经济恢复发展，2023 年人民银行综合运用稳健的货币政策工具，通过定向降准、再贷款再贴现、中期借贷便利(MLF)和公开市场操作等多种方式精准有力投放流动性，从而引导市场机构形成平稳预期。因此，债券市场资金面波幅整体收窄，有利于市场机构减少过度交易行为，增强债券认购投资需求。此外，随着市场中非法人机构和境外机构数量的增加，投资者结构呈现多元化特征，市场交易行为也渐趋多元化，这也是市场交易平稳运行的重要原因。

3. 风险偏好有所下降

从市场影响来看，信用风险事件在短期内对市场风险偏好形成了冲击。出于风险规避考虑，机构投资者倾向于持有高信用等级债券，并缩短久期。因此市场投资交易的活跃品种出现向政策性金融债等政府信用类债券和短期、超短期融资券等短期品种集中的趋势。但长期来看，对银行间债券市场整体发行交易情况冲击不大。出现信用风险事件更有利于市场参与各方正视风险事实，抑制非理性行为，提高履责意识及合作理念，各司其职，各负其责，重视并加快构建债券市场违约处置机制，从而有利于债券市场的长远健康发展。

4. 对监管政策反应正向

银行间债券市场机构交易行为的一个明显特征，是商业银行不断加大债券特别是高等级债券的配置和交易力度。这应该视作市场主体对于监管政策的正向反应。2014 年 5 月 16 日，人民银行、银监会、证监会、保监会及外汇局五部委联合下发《关于规范金融机构同业业务的通知》，厘定同业业务类别，要求金融机构开展的以投融资为核心的同业业务，应当按照各项交易的业务实质归入基本类型，并针对不同类型同业业务实施分类管理。同业业务监管政策的落地、同业业务的治理即非标收缩，有利于商业银行类机构投资者增加对标准化债权工具——债券的配置。另外，人民银行积极运用创新型货币政策工具——常备借贷便利和中期借贷便利，为符合宏观审慎要求的商业银行提供资金支持。这两项工具一般以抵押方式释放流动性资金，需要商业银行提供国债、央行票据、政策性金融债等高信用等级债券或高评级信贷资产作为担保物。由此，高信用等级债券成为中央银行和商业银行流动性管理工具的重要抵押物。同时，这类债券因其流动性强、价值波动相对较小，成为市场的主要担保品，在回购、证券借贷中可以作为履约保证，也可以作为向中央对手方提供的清算备付金和保证金。因此，各类型机构投资者在债券的配置和交易行为中，更进一步表现出对高信用等级债券的青睐。

7.6 债市投资的"三要"与"三不要"

相较于股票市场投资，债券投资的风险小得多，但是宏观经济、利率变化以及其他市场的走势都会影响债券的价格和收益率，因此，债市投资也需谨慎对待，在规避风险的同时提高投资的收益。

1. "三要"

一要：关心宏观经济发展趋势，尤其是国家货币政策和财政政策的变化。

从最近的几个季度来看，经济体增速下行比较明显，货币政策不断调整，降准降息措施不断，利率下行非常显著。但是也应该要对债券市场存在担忧。例如，在未来的3个月、6个月或者接近一年的时间，会不会看到因为短期政策的托底而出现一些经济回暖的迹象，从而出现对债券市场不利的现象等。

二要：关心周边金融市场形势，尤其是股票市场、基金市场和票据市场的变动情况。

例如，可转换公司债券是横跨股债两市的衍生性金融商品。除了付息、到期还本外，投资者还可以选择在一定期限内按照约定价格将债券转换为公司股票。由于这种特殊的可转换选择权，当股价下跌时，转债投资者可以持有债券获取稳定回报；当股票价格上涨时，转债价格也必然会水涨船高，投资者可以赚取差价；当转债价格和股票的价格上涨不同步时，投资者也可以行使转换权，然后再卖出股票进行套利操作。

三要：了解游戏规则，以平和的心态参与债券投资，自己拿主意以及耐心持有。

如果准备购买债券，那首先要清楚自己购买债券的理由。如果是为了分散股市大幅震荡风险，选择债券也许比较合适。假如认为债券就是不会亏损的股票，这就未免一厢情愿了。因为债券也有风险，当利率上升时，债券的价格会下跌，就连债券基金也有可能出现负的回报。其次，对于债券中长期投资者来说，投资者还需要了解久期的概念。久期可以衡量债券价格的变化，从而分析债券收益的变化。久期越长，债券收益对利率的变化越敏感。除此之外，投资者还要了解债券的信用，债券信用等级越高，其相对可靠性就越强。

2. "三不要"

一不要：不要把思路局限在某个单一品种上。

债券市场上的券种很多，不同的券种风险也不同，投资者应该充分衡量自身偏好及券种风险与收益以作抉择。

二不要：不要盲目买卖，见风使舵，当然也不能一成不变地不作策略调整。

一个好的投资策略应该充分考虑投资期限、风险承受度和未来的流动性需求等。投资者要对达到什么样的投资目标做到心中有数，并愿意和能够承担因此而发生的投资风险。如果想从债券市场上获取更多收益，懂得坚持自己的观点有时还不够，尊重市场、顺应市场，并根据市场的变化积极调整是又一大考验。

三不要：不要将债券当作股票来炒作，经常做超短线投资。

债券市场相对股票市场而言，更关注大势，即国家政策和经济形势。债市的频繁交易有可能会吞噬大部分的投资回报。实践证明，债券市场的中长期持有策略要远优于积极交易快进快出超短线的策略。

本 章 小 结

我国债券市场分为交易所市场、银行间市场和银行柜台市场。交易所市场通过交易指令集中竞价进行交易，银行间市场通过一对一询价进行交易，银行柜台市场则通过挂牌价格一对多进行交易。交易所市场属场内市场，机构和个人投资者都可以广泛参与。而银行间市场和银行柜台市场都属债券的场外市场。银行间市场的交易者都是机构投资者，银行柜台市场的交易者则主要是中小投资者，其中大多数为个人投资者。

债券型基金是以国债、金融债等固定收益类金融工具为主要投资对象的基金，呈现出风险较低、专家理财、流动性好、收益稳定、注重当期收益、起点低的特点。

债券投资的心理主要有收益心理、保值心理及信誉心理，其中收益心理主要有两种：一种是购买债券一般持有到期，保息避险；一种是进行债券市场投资或投机，获取差价收益。

银行间债券市场机构规模稳步增长、债券交易市场交投活跃，在此背景下，机构投资者行为变化呈现出债券配置意愿增强、交易行为平稳适度、风险偏好有所下降、对监管政策反应正向的特点。

经 典 案 例

把握债券基金的幸福时光

思 考 题

1. 试述债券市场的分类。
2. 试述债券型基金的内涵和特点。
3. 分析债券投资的心理态势。

第8章 期货投资的心理与行为

【学习目标】

- 掌握期货投资的基本内涵及其心理期望。
- 了解期货投资的基本内涵、种类、基本做法。
- 学会期货投资交易的基本技巧。

【核心概念】

期货投资　期货价格的心理预期

【章前导读】

在现代发达的市场经济社会中,金融衍生品是投资领域的一个重要组成部分,金融衍生品市场也是完整市场体系中不可缺少的一部分,并越来越起着举足轻重的作用。在本章中,我们将简要分析金融衍生品中期货投资的基本概念与交易策略,并进一步论述期货交易的心理与技术。

8.1 什么是期货投资

8.1.1 期货与期货交易

期货(futures)是现货的对称,是一种可以买卖的远期合约,买卖这种远期合约的行为即为期货交易(futures trading)。

具体来说,期货交易是一种按照规定的程序,买卖双方在交易所内进行公开竞价,对远期合约欲买进或卖出的各种商品、有价证券、外汇、金银等达成协议,于将来某一日交货付款的经济行为。

在期货合约签订之后,买卖双方随时都可以根据价格动态进行反向交易,即对冲或平仓(原先卖出期货的,现买回相同的期货合约进行对冲平仓;原先买进期货的现卖出相同的期货合约进行对冲平仓),以了结期货交易,结算差价。当今世界期货交易中绝大多数都是以对冲、结算差额来履行合约的,真正在合同规定的交割日进行实物交割的不足3%。

期货交易有广义与狭义之分。狭义的期货交易仅指商品期货交易本身,目前世界各期货交易所达成的交易,绝大多数都属于商品(包括大宗物资、金属、能源、股票、利率等商品)期货交易。广义的期货交易除上述商品期货交易外,还包括期权交易。期权交易是指投资者与专门交易商达成一种契约,交易双方卖的都是一种权利。期权卖方有权利在约定时间,按照约定的敲定价格买卖既定量的商品或既定量的期货合约。期权的买方须付给期权的卖方期权费若干,期权卖方负履约的责任。期权是现代期货市场上一个新的交易品种。

当今的期货市场和期货交易准则是历经数百年之后逐步发展和完善起来的,其产生缘于商品社会中规避价格变动风险的客观需要。在商品经济社会中,商品价格包括股票、债券等有价证券的价格总是随着经济、科技发展、供需关系和经济政策等因素的不断变化而涨跌起伏。这样,商品市场上的买卖双方均面临因商品价格不利变动而带来损失的风险。

经过长期探索,人们终于找到一种避免风险的方法,即商品期货交易。1848年,美国的一家中心交易场所——芝加哥期货交易所诞生。1972年以来,各种金融商品亦先后登上期货市场,短短的20余年的时间,金融工具期货和期权交易以后来居上之势,在许多方面超过了农产品、金属等商品期货交易。期货期权交易的蓬勃发展，对世界的影响与日俱增，交易商品走向多元化，期货市场也不断走向国际化，在国际市场体系中扮演着越来越重要的角色。

期货交易的一个重要特点是用少量的资金做较大的买卖。因为在做期货交易时，为保证交易合同的履行，交易者须交一定数额的保证金。但保证金的比重不大，一般为交易合同金额的 5%～18%，假设比重为 5%，则 5 万保证金可以做 100 万元的交易。如果这笔交易的盈利为 1%的话，那么，相对于保证金来说，它的盈利率就不是 1%，而是 20%。由此可见，做期货交易可撬动杠杆，"以小博大"。

8.1.2 期货交易的程序

期货交易是在期货交易所里进行的。其交易程序与股票投资交易程序类似，分为开户、交纳保证金、落单、交割、结算等手续，其流程如图 8-1 所示。

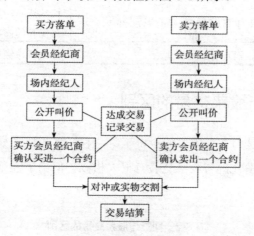

图 8-1 期货交易程序

8.1.3 期货交易与现货、远期交易的区别

现货交易指买卖双方通过交易磋商，在达成协议后，即履行由一方交货另一方付款的交易行为。

远期交易指买卖双方通过交易磋商，在达成协议后，双方同意于将来某一时日按约定价格由一方交货另一方付款的经济行为。

期货交易与现货、远期交易的区别如表 8-1 所示。

表 8-1 期货交易与现货、远期交易之间的主要区别

项　目	现货交易	远期交易	期货交易	期权交易
交易方式	双方协商		公开喊价	
交易地点	不规定		在交易所	
合同内容形式	双方协定		商品品种、规格、质量、数量、交货地点标准化	
交易主要目的	取得商品或货币	锁定价格	规避保值或投机牟利	有利图利，无利保值
交割形式	即刻交货付款	过一段时间交货付款	过一段时间对冲或交货付款	在约定时间内或以前行使或放弃买卖权利
交易费用	不要	一般不要	预付保证金	支付期权费或保证金
交易商品	所有商品均可以交易	所有商品均可以交易	比较狭隘；规格划一、标准化、易储存的商品、金融工具和货币等	
交易参与者	生产者、消费者、经营者		保值者、经纪人、投机者	

8.1.4　期货交易与股票交易的区别

期货与股票虽然都是为大众提供的投资工具，有许多相似之处，特别是期货交易所需要进行的基本分析和技术分析与股票交易有很大相似。但由于经营内容不同，它们之间存在许多区别，如表 8-2 所示。

表 8-2　期货与股票交易的区别

交易方式 项　目	股票交易	期货交易
交易目的	实现产权转移	虽有实物交割导致产权转移，但主要是风险的转移
盈利的机会	价格涨则盈，跌则亏	买卖无先后，涨跌都有可能赚
保证金	全部金额交款	5%～10%的交易保证金
对价格变动限制	一般不实行最低最高价限制	有一定限制，设有涨跌停板
存放时间长短	可以长期持有	几个月内就非脱手不可
市场规模	大	小

8.2　期货投资行为的基本做法

期货投资行为主要指套期保值行为，期货市场的基本经济功能之一就是其价格风险的管理机制，而欲达此目的，最常用的手段当属套期保值投资了，当然，也毫不例外地存在投机行为。简言之，套期保值的定义就是买进(卖出)与现货数量相当但交易方向相反的商品期货合约，以期在未来某一时间通过卖出(买进)期货合约补偿现货市场价格变动所带来的实际价格风险。

中国培育、发展期货市场的根本目的在于消除或减少经济运行中的风险，保证经济稳定发展。从预期目标上讲，参加套期保值投资的企业越多、范围越大，越有利于宏观调控与市场调节的有机结合，越有利于推动经济的发展。因此，套期保值投资的运用，构成中国期货市场发展的重要内容。

下面，将通过两个实例来说明期货投资的基本做法，从中可以体会交易的基本过程。

期货市场中的套期保值交易可分为以下两个步骤：

第一步，交易者根据自己在现货市场上的交易情况通过买进或卖出期货合约建立第一个期货部位；

第二步，在期货合约到期之前通过建立另一个与先前所持空盘部位相反的部位来对冲在手的空盘部位，两个部位的商品种类、合约张数以及月份必须是相一致的。

套期保值有两种类型：卖方套期保值和买方套期保值。

8.2.1　卖方套期保值

下面将用实例来说明卖方套期保值的基本做法。

某农场主决定在 7 月将其玉米价格锁定在每蒲式耳 1.85 美元。因为他担心从 7 月起到收割的这段时间内玉米价格会下跌，于是他以每蒲式耳玉米 2.10 美元的价格卖出一份期货合约以锁定价格。

到收割时，玉米价格果然下跌到每蒲式耳 1.60 美元，农场主决定将现货玉米卖给本地仓储经营商。然而在此同时，期货价格也同样下跌，农场主就以较低价格买回期货合约，来对冲初始空头期货交易部位。他这样做的结果，每蒲式耳赚了 0.25 美元正好用来抵补现货交易中的少收部分，具体如表 8-3 所示。

表 8-3 价格下跌时的卖方套期保值

买卖时间	现货市场	期货市场
7月1日	欲将玉米价格锁定在每蒲式耳 1.85 美元	以每蒲式耳 2.10 美元的价格卖出玉米合约
收割时	以每蒲式耳 1.60 美元的价格卖出玉米	以每蒲式耳 1.85 美元的价格买进玉米合约对冲初始空头期货头寸
		盈　每蒲式耳 0.25 美元
结果	现货售价　　　每蒲式耳 1.6 美元 加　期货盈利　＋ 每蒲式耳 0.25 美元 净售价　　　　每蒲式耳 1.85 美元	

如果到了收割的时候玉米价格不是下跌，而是上扬到每蒲式耳 2.35 美元，又会发生怎样的情形，如表 8-4 所示。

表 8-4 价格上扬时的卖方套期保值

买卖时间	现货市场	期货市场
7月1日	欲将玉米价格锁定在每蒲式耳 1.85 美元	以每蒲式耳 2.10 美元的价格卖出玉米合约
收割时	以每蒲式耳 2.10 美元的价格卖出玉米	以每蒲式耳 2.35 美元的价格买进玉米合约对冲初始空头期货头寸
		亏　每蒲式耳 0.25 美元
结果	现货售价　　　每蒲式耳 2.1 美元 减　期货亏损　− 每蒲式耳 0.25 美元 净售价　　　　每蒲式耳 1.85 美元	

由上述例子可知，套期保值是决定了每蒲式耳 1.85 美元的玉米售价，即售价在价格下跌时获得了保护，但同时，也放弃了价格上涨时得利的机会。

8.2.2　买方套期保值

我们现在讨论买方套期保值的例子。

假设某大豆加工商(或出口商)在 5 月时就在制订计划，预计 8 月购买大豆。而 5 月的大豆现货市场价格为每蒲式耳 5.00 美元。该商人担心，到 8 月大豆价格可能上涨。为避免价格上涨的风险，他做多头套期保值，以每蒲式耳 5.30 美元的价格买进 8 月大豆期货合约。

到了 8 月，如果大豆现货和期货价格均上涨，其保值结果如表 8-5 所示。上述期货市场的盈利部分正好抵补了现货市场上大豆成本的增加部分，从而使加工商将大豆价格锁定在每蒲式耳 5.00 美元的水平，达到了他在 5 月所希望的目标价格。

表 8-5 价格上涨时的买方套期保值

买卖时间	现货市场		期货市场
5月1日	欲锁定大豆价格每蒲式耳 5.00 美元		以每蒲式耳 5.30 美元的价格买进 8 月大豆合约
8月1日	以每蒲式耳 6.00 美元的价格买进大豆		以每蒲式耳 6.30 美元的价格卖出 8 月大豆合约，对冲初始的多头期货头寸
结果			盈　每蒲式耳 1.00 美元
	现货买入价	每蒲式耳 6.00 美元	
	减　期货盈利	- 每蒲式耳 1.00 美元	
	净买入价	每蒲式耳 5.00 美元	

如果到了 8 月，大豆价格不是上涨而是下跌，将会出现什么情况，如表 8-6 所示。

表 8-6 价格下跌时的买方套期保值

买卖时间	现货市场		期货市场
5月1日	欲锁定大豆价格每蒲式耳 5.00 美元		以每蒲式耳 5.30 美元的价格买进 8 月大豆合约
8月1日	以每蒲式耳 4.50 美元的价格买进大豆		以每蒲式耳 4.80 美元的价格卖出大豆合约，对冲初始的空头期货头寸
结果			亏　每蒲式耳 0.50 美元
	现货买入价	每蒲式耳 4.50 美元	
	加　期货亏损	+ 每蒲式耳 0.50 美元	
	净买入价	每蒲式耳 5.00 美元	

上例中，虽然加工商不能得到市价下跌的好处，但是他确实锁定了他所预期的大豆价格。

8.3　期货投资的交易技巧

前面，通过具体实例分析了期货投资、投机的策略，可以看出期货买卖的技巧可谓纷繁复杂，同时，也是对期货投资者各方面素质的一种考验。

期货交易并非是任何人都可以从事并获取最大利润的行业。在所有的期货投资者当中，做得成功的仅仅只有 25%左右。一个人若要参与期货交易，最先决的条件就是要有足够的资金以应付可能遭遇到的损失。其次，他还必须控制自己的贪婪心理。最后，他要勤奋耐劳、敬业乐业。

8.3.1 如何制定投资交易战略

当涉足期货市场进行投资交易时，不要忘记事先制订一个指导交易活动的、切实可行的交易战略计划，尽管这种战略必须因人而异，但系统地了解入门步骤还是有百利而无一害的。

1. 充分了解期货合约

为了正确判断交易合约的价格走势，首先要对正在交易的合约有足够的认识，限定下一步准备买卖的合约数量。在买卖合约时切忌贪多，即便是经验丰富的交易者也很难同时进行三种以上不同类别的在手期货合约交易，应通过基本性分析和技术性分析，或将两种交易技巧综合运用，始终将市场主动权掌握在自己手中。

2. 确定获利目标和最大亏损限度

在价格预测上，必须将现实和潜在的可获利交易战略相结合，获利的潜在可能性应大于风险性，在决定是否买空或卖空期货合约时，交易者应事先确定获利目标及所期望承受的最大亏损限度。一般来讲，个人倾向是决定可接受最低获利水平和最大亏损限度的主要因素。

3. 确定投入的风险资本

为获取最大收益，有经验的投资者经常告诫其他投资者，要限制用于一笔交易的风险资金；同时，在手的空盘量应限定在自己可以完全操纵的数量之内；另外，还应为可能出现的新的交易机会留出一定数额的资金。那些成功的投资者也经常忠告人们，只有当最初的交易部位被证明是正确的(即证明是可获利的)之后，才可进行追加投资，且追加投资额应低于最初的投资额。在交易部位的对冲上应该按照当初制订的交易计划进行，严防贪多。

当然，由于市场变化无常，投资者还应具有一定的应变能力和灵活性，做到既按计划行事，又不墨守成规。对一笔交易的获利欲望主要取决于投资商的经验和个人偏好。成功的价格预测和交易最终还是受个人情绪、客观现实、分析方法和所制订的交易计划的影响。除了制订系统的交易进度计划，许多成功的投资者还遵循下列一些行之有效的交易准则。

(1) 在进行交易之前，仔细地分析市场概况，切忌听信谣传，贸然行动。

(2) 切忌无计划地盲目投资，或在对价格趋势看不准的情况下进行交易。

(3) 投资者很难以最低市场价格买进期货，或以最高价格抛出在手合约，一般来讲，指令应在尽可能好的价格水平上执行。

(4) 投资者应把价格下跌时做空头交易放在与价格看涨时做多头交易同等重要的地位。

(5) 只有在当前获利可能性大于风险性时才进行投资。

(6) 成功的投资交易应该是自觉限定亏损程度并谋求最大的利益。

(7) 交易者应做好承担许多小额亏损的心理准备，因为有限的几笔高获利交易足以抵消这些亏损。

(8) 除了要对期货合约进行仔细分析、研究外，还需要制订严谨的交易计划，其中包括用于某一笔交易的风险资金数额，同时还应留出一定的储备资金。

8.3.2 投资交易技巧

与股市一样，在期货市场上，投资者获利的多少与其预测价格走势的准确程度是成正比的。为此，就有很多市场分析家总结出了一套套预测期货行情的基本分析法与技术分析法，其原理与操作技巧与股市极为相似。毫无疑问，精湛的技术分析和周密的基本分析是期货投资成功的保证。限于篇幅，这里只简单讨论有关投资交易的基本技巧。

归纳起来，期货买卖的技巧有两种：一种是形势有利时的交易技巧；另一种是形势不利时的交易技巧。

1. 形势有利时的交易技巧

1) 利上加利法

假定你认为行情看涨先在 A 处买进一笔，而行情确如你所料上升至 B 处，如果此时就获利出场，未免太可惜、太缺乏远见了，为取得更大的胜利，不妨在 B 处再买进一笔继续看涨。如果行情一再涨至 C 处，应有魄力地再投入资金做多头，那么你获取的利润就相当大了。因此，为了不失时机地运用"利上加利法"，在分配资金时一定要留下两三笔后备资金以便随时调用，如图 8-2 所示。

2) 积少成多法

在行情进入牛市盘档期时，价格没有出现明显的大起大落，此时运用该方法最合适。当价格涨至 A 处就卖，跌至 B 处就买，即卖高买低，如此不断重复。虽然每一次买卖赚的利润不算大，但把它们加起来，就是一笔不少的利润，故称为积少成多法，如图 8-3 所示。

2. 形势不利时的交易技巧

1) 积极求和法

如果你预测行情上涨时在 A 处买进一笔，但不幸的是行情恰好相反，这种情况是常会发生的，此时你不必惊慌，应当沉着应战，将计就计在行情跌至 B 处、C 处、D 处时，接连不断地坚持买下去，因为行情从来就没有只涨不跌或只跌不涨的道理，等到否极泰来、行情反转之时，就可以一个一个逐步摆脱险境。这种方法不图获利，只希望自己不至于受到太大的损失，如图8-4所示。

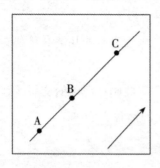

图 8-2　利上加利法

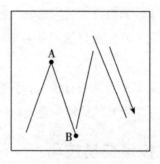

图 8-3　积少成多法

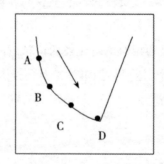

图 8-4　积极求和法

2) 双管齐下法

如果你认为行情会跌并在 A 处卖出一笔，但出乎意料的是行情偏偏上涨，这种情形也并不少见，因为不可能每个人对每一次行情都看得很准。这时便可在 B 处买进一笔，如行情又有下跌时，那么 A 处的卖单便可在 C 处获利平仓，B 处的买单可在 D 处套利了结。其结果有三种：一是减少损失或打个和局；二是为求得一方的大利而损失另一方的小利，即两利相比取其重；三是买卖两边都同时得利，这当然是最佳的结果。这种方法可以说是较高明的战术了，如图8-5所示。

3) 舍小求大法

如果你认定行情将上涨在 A 处买进一笔，却不料行情反而下跌，而且有一跌再跌、短时期内反弹无望的倾向。一看情况不妙，便应趁损失还不算大的时候在 B 处将其认赔卖掉，与此同时再做一笔新空单，当行情再跌下去你就可以挽回损失了，如图8-6所示。

4) 以逸待劳法

若你认为行情看涨先买入一笔，行情反而下跌，并且在临交割时仍未反转，那么此时你也可以将所买的货物真的购回存入仓库，在行情又上涨的那一天到来后再将其抛出，因为，天下行情绝没有永远下跌的道理。但运用此法，手头必须有足够的资金，以便可以补足货款将其购回。

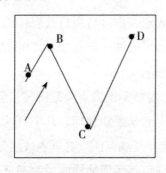

图 8-5　双管齐下法

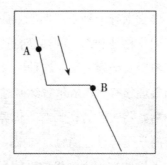

图 8-6　舍小求大法

8.4　期货投资中的心理期望

8.4.1　期货参与者与交易心理价位

期货交易总是与未来联系在一起的，在交易过程中，体现了期货市场参与者对未来市场商品价格走势的一种预期。期货市场参与者主要是套期保值者和投机者。前者在参与期货买卖时，已经拥有或买得了现货，在期货市场买卖同等数量的期货合同，用期货交易的盈利来冲抵现货买卖的亏损，以此在价格上求得保障。那些在将来要进行投资的人，考虑到万一利率下降要受损失(所持有的货币贬值)，也可以在期货市场用套期交易求得保障。他们利用期货交易，可以避免价格走势不利的影响，但仍然面临基差风险，因此其目标的实现程度在很大程度上取决于对期货价格的准确预测。至于投机者，则是利用期货市场价格的自然波动，从低价买进、高价卖出的交易中获利。

期货市场的另一特点是，投机者可通过买空或卖空一种期货合约而进入市场，他们根据各自对市场的预测而做出买空或卖空的决定。可以说，获利的潜在可能性是与投机商预测价格动向的准确程度成正比的。与套期保值交易者不同，投机者对于拥有的期货合约项下的实际现货商品或金融工具丝毫不感兴趣，他们总是在合约到期前通过做一个相反的交易，对冲其手中的合约，以免去交割实际商品的责任。

所以，在期货市场上，价格是由于投资者与投机者对未来价格走势的不同期望(有人看涨，有人看跌)，以及由此产生的不同的投资方式与交易策略，从而形成的大众公认的一种交易心理价位。

8.4.2 期货价格的心理期望效应

在心理学上有一种心理期望效应，又称罗森塔尔效应或皮格马利翁效应。希腊神话中有个国王叫皮格马利翁，因热恋自己雕的少女像，感动了爱神，就给少女以生命，使之梦想成真，与少女结为夫妻。这种现象后人称其为期望效应。

美国心理学家罗森塔尔曾经做过一项有名的实验，对教师说该实验是研究儿童发展的。实验完毕后，将实验者认为有"优异发展可能"的学生名单通知教师。几个月后，对所有参加实验的学生再进行测验。结果，那些被认为有"优异发展可能"的学生成绩普遍提高。最后才知道这些被称为"优异"的学生和普通学生一样，是随便抽样的，并不是什么具有"优异发展可能"的学生。而他们学习成绩普遍提高的主要原因是：教师受"优异"这样的暗示，无形中对这些所谓"优异"学生有一种特殊的关怀和期望。学生得到教师的期望和关怀后，以极大的努力去刻苦学习，报答教师的关怀和期望，这样，学生的学习成绩当然就得到提高。这种通过教师对学生心理的潜移默化的影响，从而使学生取得教师原来所期望的进步的现象，被称为罗森塔尔效应，这是一种心理期望效应。

同样地，期货既然与未来联系在一起，而且又是"以小博大"，即买空卖空，投资者也好，投机者也罢，都需要能准确预测期货价格走势，当期望的价位与预测的价位相符时，可大获其利；反之，则其可能倾家荡产。因此，期货投资者要比股票投资者承受更大的心理压力，付出更多的精力，也需要更多各方面知识、技巧的良好组合，对资金供应量的要求也比股票投资要大。因此，期货投资者比股票投资者少得多，在美国有4000万股票投资者，而只有18万期货投资者。

在期货市场上，交易价位因投资大众的期望而产生，反过来又成为大众的期望，而且在市场"人气"充沛时，这种心理价位往往很准，这就是期货交易中心的心理期望效应。

心理期望效应在经济学上的体现是：理性预期理论。

8.4.3 心理预期与理性预期

宏观经济学上有一种理论叫理性预期(rational expectation)理论。

理性预期理论的核心思想非常简单：具有理性的人们，会对任何经济变动做出符合实际的预期，这种理性预期将使政府的政策规则变为无效，甚至有害。因此，它反对国家干预经济，主张市场自由调节。

任何经济主体进行决策之前，都会对未来的发展做出自己的主观估计，这种预期行为早已成为经济分析中的重要因素。例如马歇尔的"期待"，缪尔达尔的"事前变量"，凯恩斯的"三大心理规律"，弗里德曼的各种预期报酬等。但是，理性预期是一种符合未来客观事实的预期,是追求自己利益最大化的经济主体,事先根据各种统计资料、经济变量关系等有关信息,主动做出的合乎理性的预期。这一点,在期货市场上得到了充分的体现,期货交易体现了人们对未来经济形势、价格走势的预期,然后他们会在这一预期的基础上进行相应操作。

理性预期理论是在凯恩斯主义和货币主义对滞胀局面拿不出有效药方的情况下,从20世纪60年代开始发展起来的,影响日益广泛,有人称其为"新古典宏观经济学"或"80年代的宏观经济学"。通常认为,理性预期理论是货币主义的最新发展,是凯恩斯主义的最大威胁。但是,这个理论至今还未形成一个完整的体系和系统的政策。特别是理性预期理论常用数学模型表示,令人费解。

8.5 心理交易在期货中的应用

要想在期货交易中获得成功,固然需要尽可能多地了解市场和交易工具,但是同样重要的是,交易者也需要对自身进行了解,这就是时不时会被人忽略的心理交易学。当我们最初踏入这个充满无限诱惑的交易市场时,心理交易技术一直让我们半信半疑,最关心的莫过于尽可能多地了解市场及技术分析手段,至于对交易心理,并没有深刻的认识。但是,随着我们越来越深入地了解市场和期货实战交易,我们也越来越深刻地意识到,人类本性和心理学在期货市场及期货交易中都扮演着重要的角色。

8.5.1 资金博弈

资本市场被证明是人类社会经济资源配置最为有效的一种制度安排,也是市场经济的高级形式。然而,在资本市场逐步走向人类商品社会发展中心舞台的三百年过程中,受到的怀疑、争论和诟病从未间断。资本市场一直是最为人性的市场。在资本市场上围绕资本发生的博弈,往往源于人性中贪婪和自私的一面,也往往表现出各种非理性和狂热。但是,资本市场正是将这些人性中本来存在的东西有效地组织了起来,并转化成为推动人类社会前进的动力。

在期货市场中,散户和主力的资金博弈从未停止过,这也保证了市场的流动性和有效性。主力可能以各种资金的变化来引诱散户资金的进出,进而让散户呈现出很难克服的弱性,通过资金的不断博弈来绞杀普通投资者。这种情况一般发生在行情的震荡阶段,在市场震荡阶段,主力借助资金优势、政策效应、小道消息、广告宣传等手段来迷惑中小投资者,使得广大中小投资者执着于在震荡阶段追涨杀跌,资金双向遭到清洗。当投资者买涨时,市场走弱;当投资者看跌时,市场重新走强,资金的博弈就从未停止过。如果没有很好的心理锤炼能力和宏观把握能力，散户只会被主力的各种手段绞杀。

8.5.2 持仓分析

在期货交易中，持仓量是投资人比较关心的要素之一。在基本面比较确定的情况下，对价格短期走势的判断，除技术分析外，持仓量及持仓结构的变化更能简洁明了地反映市场参与各方的基本观点。持仓量的变化与期价的变化常常具有一定的规律性，它能为投资者提供较为准确的出、入市时机。在一定的市场阶段，价格与持仓量的关系能比较稳定地维持一段时间。据此操作，交易成功的概率较高，同时，持仓量的变化在交易中一目了然，也符合期货交易"力求简明"的原则。

传统的供求法则认为，市场价格受供求关系影响，价格围绕价值上下波动。当供过于求时价格下跌，供不应求时价格上涨。目前尽管信息技术与网络的发展已经把全球经济连成一体，加快了信息流通的速度，但要及时、准确、全面地获得信息仍需复杂的信息收集处理过程，并且一般投资者在此过程中还存在一些对信息理解和利用上的偏差，因此对一般投资者而言，做好这项工作十分复杂且具有很大的难度。在国内的股票投资中，每季度公布的投资基金、社保基金、保险基金和QFII的持股状况，以及上市公司股东总人数的变化常成为一般投资者分析参与市场的重要依据，理由是，他们的研发能力比自己强，基本面的分析更到位。事实证明，只要掌握一定的节奏，能跟上机构投资者的步伐，则投资成功的概率是很大的。国内期货市场也一样，目前市场参与者习惯对CBOT基金持仓、CFTC持仓加以分析，作为对后市走向的判断依据之一，从长期来看，效果还是明显的。这是基于市场本身的规律性产生的分析方法，也即通过分析市场买方与卖方力量的对比变化来预测市场运行方向，而买卖力量就是通过持仓状况来分析的。持仓分析对实际交易具有重要的指导价值。

在期货市场存在两种力量，即买方与卖方。买方看多，认为将来市场价格会上涨；卖方看空，认为将来市场价格会下跌。对此，一般的理解是，买方与卖方谁的力量大，谁的资金实力强，市场就会向谁的方向发展。一般而言，主力机构的持仓方向往往预示着价格的发展方向，这在国内市场尤其明显。由于基本面不会一日一变，在基本面基本确定的情况下，可以说，主力机构特别是大套保商比一般投资者对基本面的分析更具优势，他们对基本面的理解更透彻、更全面，因而他们的动向对交易的指导意义更强。

8.5.3 平衡心态

无论我们对资金博弈和持仓有怎样的分析，或者得出看似多么准确的投资判断，我们仍然要对价格抱着绝对至上的态度，因为心理交易技术分析的最终结果是实践，当资金博弈和持仓分析全部反映到期货交易盘面上时，符合我们走势的分析我们坚定不移地执行，而如果与行情实际走势相反的，我们必须加以抛弃，原先的分析一钱不值，我们不能有丝毫留恋，如果还固执地抱有个人主观情绪，那么市场会让你付出惨痛代价。

优秀的投资者并不见得技术分析多么出众，但是毋庸置疑的是他们都拥有比较平和的心态。我们经常听到一些投资者讨论技术头头是道，但是自己的资金却有降无升，归根结底，当行情来临时，他们的心态已经被市场迷惑了，失去了良好的心态基础，投资就失去了获利的保障，因此，锤炼出平衡的个人心态和正确理解市场的心态是非常必要的。

8.6 成功期货投资者应具有的心理素质

与股票投资一样，期货投资更需要知识、技巧、智力、经验的配合，因此，良好的心理素质也是期货投资成功的关键。

8.6.1 具有充分认识自己、估量自我的良好心理素质

作为一个成功的期货投资者，须具有冷静客观的头脑，充分驾驭情绪的能力，并且在持有一笔买卖合约时不会因为患得患失而失眠。虽然这种良好的心理素质可以通过后天的训练而培养出来，但对于那些成功的投资者来说，他们认为自己天生就具有这种泰然处之的大将风范，因此，他们建议那些自控能力较差的人，最好另谋赚钱的途径。因为，在期货市场上，每时每刻都会有许多令人激奋或沮丧的事件发生，这就需要你必须具备当机立断的能力去应对瞬息万变的市场行情，否则你可能会在短短数分钟内，几度改变自己的决定和方向，因而失去了良机或是遭受重大损失。

8.6.2 进行交易判断不能依赖于希望

虽然在日常生活中的其他领域"希望"是一种美德，是取得成功的动力，但在期货买卖中，它有时就会成为成功的真正障碍。因此，在进行期货交易操作过程中，不要太过于希望有所进展，否则会被希望牵着鼻子走，根据希望去进行买卖，这样往往会导致惨重的损失。一个具有良好心理素质的成功者能够在买卖中不受情绪影响，比较客观充分地分析行情。而对于一个不成熟的新手来讲，当他希望市场变得对他有利时，就犯了一个原则性的错误。

8.6.3 充分相信自我，不要太过盲从

期货市场是一个充分展示个性的交易市场，作为成功者来说，希望有一个自由呼吸的

空间,当大家都争相买入时,他们却找理由卖出。这种反其道而行之的做法,也许很让人不解,但仔细分析一下,却不能不说他们技高一筹。一个成功的投资者往往有这样的体验:当他发现所持合约跟大家,特别是跟那些小买小卖家相同时,会感到很不舒服。在此时,成功者往往要有超常的判断力和充分的自信,不盲从于大众的意见,而是做出相反的判断。目前,有些经济顾问公司对市场行情做出的判断往往是参考了其他许多顾问公司的意见之后决定的,如果分析中有85%看涨,这就暗示买入已经太多了;如果少于25%的分析看涨,这就暗示卖出太多。作为一个成功的投资者,往往能敏锐地捕捉到这一点。

8.6.4 永远保持谦逊的态度

在期货交易市场上,从来没有常胜将军。那些从事股票、期货、房地产的投资者大都有这样的体会,即连续几项买卖顺利得手、洋洋得意之时,是最容易出错的时候。因为当你春风得意之时,警觉性自然下降,入市前的分析过程必然有欠谨慎严密的地方,发生错误在所难免。因此,在你频频得手,自认为是一个成功老练的投资者时,不妨将手头持有的合约及早平仓,暂时放假休息一下,待头脑平静后再入市。

8.6.5 不受他人意见的影响

在买卖中,一旦你对市场动向有了基本看法,就不要让别人的意见轻易左右自己的思想,不然你就会一直不断地改变自己的判断。交易中会有一些人能给你一些看似很合理的意见,让你撤换合约方向。如果你听多了这些外在的意见,改变自己原有的意图,到头来,你会发现,能使你获利更多的竟是你自己原来的看法,因为,有时直觉的判断很准确。

8.6.6 不要患得患失任意改变原先的决定

一个具有良好心理素质的交易者,一旦决定了其买卖的基本方向,就不会整天让行情的跌涨来扰乱自己的交易计划。根据买卖当天的价格变动和市场情况来做决定,往往会因为具有一定的片面性而导致不应有的损失。一些成功的投资者说,他们宁愿在每天开市以前先确定对市场走势的基本看法,在不受市场行情干扰的情况下做出决定,然后再适时下单。这时最重要的已不是技术了,而是对自己坚定的信念。如果一个交易者在买卖当天完全改变他对大势的基本看法,他会把自己也搞糊涂,这是做单过程中的一大忌。

8.6.7 学会接受损失

这是一条与多数投资者所希望结果截然相反的规则。在你成为一位投资好手之前,请务必清除对损失的恐惧感。你必须要有一定的心理承受能力去面对许许多多的挫折和损失,学着平静地对待损失，这是一位期货经纪人成功的必备素质。一位成功者说："学会去接受既成事实的损失，因为那是在期货市场上得与失的一部分。如果你能心平气和地接受损失而不伤及元气，那么你就已经走在通往成功的路上了。"

8.6.8 不要过分斤斤计较

如果要买进，请勿存有讨价还价的心理。那些存心要从市场榨出额外钱的人，往往眼睁睁地看着市场走势接近他的目标，然后又滑开。结果，为了多赚5分钱，却往往要赔掉1毛钱。只要当你觉得操作时机已到，就迈出大步去做它，不要斤斤计较，显得小里小气，这会阻碍你采取果断行动。

8.6.9 行动迅速

期货市场对那些行事拖拉成性的人并不仁慈，所以那些成功的投资者所用的法宝之一，便是行动迅速。但这并不等于说你必须采取行动，而是你的判断告诉你该是平仓的时候了，就应立刻行动，不要拖延。

本 章 小 结

期货是现货的对称，是一种可以买卖的远期合约，买卖这种远期合约的行为即为期货交易。

期货投资行为主要指套期保值行为，期货市场的基本经济功能之一就是其价格风险的管理机制，而欲达此目的，最常用的手段当属套期保值投资，套期保值有两种类型，即卖方套期保值和买方套期保值。

期货交易总是与未来联系在一起的，在交易过程中，体现了期货市场参与者对未来市场商品价格走势的一种预期。期货市场参与者主要是套期保值者和投机者。所以，在期货市场上，价格是由于投资者与投机者对未来价格走势的不同期望(有人看涨，有人看跌)，以及由此产生的不同的投资方式与交易策略，从而形成的大众公认的一种交易心理价位。

期货买卖的技巧有两种：一种是形势有利时的交易技巧，包括利上加利法、积少成多法；一种是形势不利时的交易技巧，包括积极求和法、双管齐下法、舍小求大法、以逸待劳法。

经典案例

国债 327 事件

思 考 题

1. 阐述期货交易的内涵、程序。
2. 分析期货投资中的心理期望。
3. 举例说明期货市场中投资交易的技巧。
4. 说明成功期货投资者应具有的心理素质。

第 9 章 外汇投资的心理与行为

【学习目标】

- 认识外汇投资和外汇交易市场。
- 区别外汇投资和其他投资方式。
- 掌握外汇投资的策略和原则。
- 树立正确的外汇投资心理。

【核心概念】

外汇投资　外汇交易市场　外汇投资策略

【章前导读】

随着国民经济的发展，金融投资成为大家重要的理财方式，而外汇市场也逐渐走入了国内投资者的视野。与我们平时所熟悉的证券及基金等投资方式不同，外汇市场有着其独有的特点与交易方式，初入市场者如果不熟悉的话，很可能会遭遇投资失败。甚至很多有经验的投资者都会因为错误的交易方式而在一段时间的获利之后损失惨重。因此，了解外汇市场的基本特点、交易的法则和技巧，以及投资的心理，对投资者至关重要。

9.1 外汇投资概述

9.1.1 外汇与外汇投资

1. 外汇

我国于1997年修正颁布的《外汇管理条例》规定："外汇，是指下列以外币表示的可以用作国际清偿的支付手段和资产：国外货币，包括铸币、钞票等；外币支付凭证，包括票据、银行存款凭证、邮政储蓄凭证等；外币有价证券，包括政府公债、国库券、公司债券、股票、息票等；特别提款权、欧洲货币单位；其他外汇资产。"

外汇的概念具有双重含义，即动态和静态之分。外汇的静态概念，又分为狭义的外汇概念和广义的外汇概念。

狭义的外汇指的是以外国货币表示的，为各国普遍接受的，可用于国际债权债务结算的各种支付手段。它必须具备三个特点，即可支付性(必须以外国货币表示的资产)、可获得性(必须是在国外能够得到补偿的债权)和可兑换性(必须是可以自由兑换为其他支付手段的外币资产)。

广义的外汇指的是一国拥有的一切以外币表示的资产。国际货币基金组织对此的定义是："外汇是货币行政当局(中央银行、货币管理机构、外汇平准基金及财政部)以银行存款、财政部库券、长短期政府证券等形式保有的在国际收支逆差时可以使用的债权。"

外汇的动态概念，是指货币在各国间的流动，以及把一个国家的货币兑换成另一个国家的货币，借以清偿国际债权、债务关系的一种专门性的经营活动。它是国际汇兑(foreign exchange)的简称。

2. 外汇投资

外汇投资，是指投资者为了获取投资收益或规避外汇风险而进行的不同货币之间的兑换行为。外汇交易主要包括以下方式。

(1) 即期外汇交易(spot exchange transactions)，又称为现期交易，是指外汇买卖成交后，交易双方于当天或两个交易日内办理交割手续的一种交易行为。即期外汇交易是外汇市场上最常用的一种交易方式，即期外汇交易占外汇交易总额的大部分。主要是因为即期外汇买卖不但可以满足买方临时性的付款需要，也可以帮助买卖双方调整外汇头寸的货币比例，以避免外汇汇率风险。企业通过进行与现有敞口头寸(外汇资产与负债的差额而暴露于外汇风险之中的那一部分资产或负债)数量相等，方向相反的即期外汇交易，可以消除两日内汇率波动给企业带来的损失。由于即期外汇交易只是将第三天交割的汇率提前固定下来，因此它的避险作用十分有限。

(2) 远期外汇交易(forward exchange transactions)，又称期汇交易，是指交易双方在成交后并不立即办理交割，而是事先约定币种、金额、汇率、交割时间等交易条件，到期才进行实际交割的外汇交易。远期外汇交易与即期外汇交易的根本区别在于交割日不同，凡是交割日在成交两个营业日以后的外汇交易均属于远期外汇交易。外汇市场上的远期外汇交易最长可以做到一年，1~3个月的远期交易是最为常见的。

(3) 外汇套利交易(exchange arbitrage trading)，是指利用两个国家之间的利率差异，将资金从低利率国家转向高利率国家，从而牟利的行为。可分为抛补套利和无抛补套利。抛补套利(covered interest arbitrage)，是指将套利和掉期交易结合起来进行的外汇交易，套利者在把资金从甲国调往乙国以获取较高利息的同时，还在外汇市场上卖出远期的乙国货币以防止风险。无抛补套利(uncovered interest arbitrage)，又称有风险套利，即在即期外汇市场转换货币进行套利时，有意承担汇率变动的风险，而未在远期外汇市场进行抛补的套利行为。

(4) 外汇期货交易(forex futures trading)，是指买卖双方成交后，按规定在合同约定的到期日内按约定的汇率进行交割的外汇交割方式。买卖双方在期货交易所以公开喊价方式成交后，承诺在未来某一特定日期，以当前所约定的价格交付某种特定标准数量的外币，即买卖双方以约定的数量、价格和交割日签订的一种合约。

(5) 外汇期权交易(foreign exchange option trading)，是指交易双方在规定的期间按商定的条件和一定的汇率，就将来是否购买或出售某种外汇的选择权进行买卖的交易。

根据外汇交易和期权交易的特点，可以把外汇期权交易分为现汇期权交易和外汇期货期权交易。

现汇期权交易(options on spot exchange)，是指期权买方有权在期权到期日或以前以协定汇率购入一定数量的某种外汇现货，称为买进选择权(call option)，或售出一定数量的某种外汇现货，称为卖出选择权(put option)。

外汇期货期权交易(options on foreign currency futures)，是指期权买方有权在到期日或之前，以协定的汇价购入或售出一定数量的某种外汇期货，即买入延买期权可使期权买方按协定价取得外汇期货的多头地位；买入延卖期权可使期权卖方按协定价建立外汇期货的空头地位。买方行使期货期权后的交割同于外汇期货交割,而与现汇期权不同的是,外汇期货期权的行使有效期均为美国式,即可以在到期日前任何时候行使。

9.1.2 外汇交易市场

外汇交易市场,是一个24小时不间断的金融市场,它区别于其他交易市场最明显的一点就是时间上的连续性和空间上的无约束性。交易的双方通过电话和电子交易系统进行,而非在特定的交易所交易。

外汇市场的主要特点如下。

(1) 24小时不间断的交易。外汇交易是一个真正的24小时全天交易市场。每天,新西兰市场率先开市,然后是悉尼,继而再转到东京、伦敦和纽约市场。由于投资者可于星期一凌晨开始至星期六凌晨随时参与买卖,所以,当市场因为经济、政治和社会事件而波动时,闭市与开市之间的价格差距可能造成的投资风险相对减轻。国际上主要的外汇市场开盘与收盘时间表如表9-1所示。

表9-1 国际各主要外汇市场开盘收盘时间(北京时间)

外汇市场	开盘与收盘时间
新西兰惠灵顿外汇市场	04:00—12:00
澳大利亚外汇市场	06:00—14:00
日本东京外汇市场	08:00—14:30
新加坡外汇市场	09:00—16:00
英国伦敦外汇市场	15:30—00:30
德国法兰克福外汇市场	15:30—00:30
美国纽约外汇市场	20:30—03:00(夏令时);21:30—04:00(冬令时)

(2) 市场透明度高。外汇交易的投资者分布在全球,市场难以被操控。另外,影响外汇市场的因素广泛,包括当地国家中央银行设定的利率、股票市场、经济环境及数据、政策决定、各种政治因素以至重大事件等,这些因素并非单一投资者或集团能操控。

(3) 资金流动性高。外汇市场是世界经济上最大的金融市场之一,市场参与者包括各国银行、商业机构、中央银行、投资银行、对冲基金、政府、货币发行机构、发钞银行、跨国组织以及散户,因此外汇市场资金流动性极高,投资者不用承受因缺乏成交机会而导致的投资风险。

9.2 外汇交易的特点

各种投资方式都具有明显的自身特点和属性，在所有投资领域当中也大都按照少数人获利多数人亏损的"二八定律"在运行。但外汇交易对于大多数普通投资者来说，还是相对具备优势的。外汇交易与股票投资方式的区别如下。

1. 所属领域不同

股票交易属于证券行业，由受监管的上市公司发行，投资者购买后以增值、配股的方式获利，有固定的交易场所，如国内的上海证券交易所、深圳证券交易所。而外汇交易属于银行业的范畴，投资者买卖的不是证券凭证，而是各个国家的货币，以货币汇率的涨跌来决定投资收益。国内投资者买卖外汇，在银行柜台或者由银行开设的外汇交易平台进行，而股票则是通过券商的电子平台在证券交易所中结算。在美国等外汇交易开放的国家，投资者则是通过做市商的交易平台进行买卖。

2. 交易方式不同

股票交易需要全额资金，如中国工商银行的股价为 5 元，投资者买入 100 标准手，需要人民币 50 000 元。而国际通行的外汇交易采用保证金方式，投资者买入一标准手欧元，合约价值为 100 000 美元，如果保证金比例为 200∶1，投资者只需要支付 500 美元即可进行交易。目前国内各商业银行如中行、建行、工行、交行等，均开设了"外汇宝"等外汇交易平台，但同样需要全额资金，业内称为"实盘交易"，即投资者如买入 10 000 美元，则需按当日美元兑人民币汇率支付相应的人民币。

3. 获利方式不同

股票交易，目前还处在只能买涨不能卖空的状态，即投资者买入股票，股票价格上涨获利，下跌即亏损。在没有 T+0 制度的情况下，当日买入股票后最快只能在次日卖出。而外汇交易则既可买多又可以卖空，同时可以随时平仓获利或止损。例如，某投资者以 1.2900 美元的价位买入一标准手欧元，当欧元兑美元价格涨至 1.3000 时，其收益为 100 美元；而他在 1.3000 美元的价位卖出一标准手欧元，当欧元汇率跌至 1.2900 美元时，其收益为 100 美元。尽管目前国内开放了股指期货，但对于中小投资者来说，最低 50 万元的开户资金还是有一定的门槛限制。

4. 交易时间不同

以 A 股为例，在交易日上午 9:30 开盘，11:30—13:00 休市，13:00—15:00 交易，15:00 即闭市，遇有法定节假日休市。而外汇交场则是从每周一到周五，24 小时交易，连续不停。投资者可能在上午 8:00 日本东京的开盘时间买入，在 20:30 美国开始的交易时间卖出。交易时间的持续性，避免了过多的闭市期间出现各种消息引发的开市价格意外跳空或跳涨。而从下午欧洲开市到晚上美国开市这段时间，是汇市的相对活跃期，恰是中国广大投资者方便入场参与的良好时间段。

5. 市场容量不同

由于全球投资者共同参与一个市场，交易量巨大，没有任何一个国家或商业机构能够控制本国货币的汇率，汇价完全由市场决定。因此，在外汇市场中没有内幕消息，尤其是现在互联网信息的发达程度，决定了全球投资者了解到的信息基本是实时的。

综上所述，外汇交易市场是一个相对公平的市场。如表 9-2 所示总结了外汇交易与股票、期货、房地产等投资方式的区别。

表 9-2 外汇交易与其他投资方式的区别

	外 汇	期 货	股 票	房 地 产	储蓄存款
投资资本	可多可少，以小博大，0.5%～1%保证金	可多可少，以小博大，0.5%～10%保证金	100% 投资成本	资金庞大，需贷款	可多可少，100%资金
单/双向	双向市场	双向市场	单向市场	单向市场	
投资期限	周一至周五 24 小时，T+0 即时成交	周一至周五 24 小时，T+0 即时成交	周一至周五 4 小时，T+0 即时成交	期限长，需要时间找买家	1 年以上
交易手续	最迅速，即时成交，不会出现不成交的价位	迅速简单，一般在几分钟内完成	迅速简单，增配股或分红时，需办理另外手续	十分复杂	简单
交易费用	很少	很少	较高	很高	很少
影响因素	不受大户控制	受大户控制	常受到庄家控制	国家政策可以严重影响	

续表

	外汇	期货	股票	房地产	储蓄存款
技术分析	技术分析图不受人为影响	技术分析图受人为影响,真实性差	技术分析图受人为影响,真实性差		
参与者	随时有买卖者,金融机构,政府央行,国际集团,散户	符合交易所规定的国内投资者	符合交易所规定的国内投资者	大资金拥有者	
投资回报	以小博大,较高回报	以小博大,较高回报	普通回报,只能在上升时获利	较高回报,需要很长时间	利息低于通货膨胀
风险程度	风险控制措施最为完善,有止损单保障,随时可以取款	风险高,市场不够成熟,风险控制不够完善	风险高,如果被套牢,资金占用时间长	风险高,资金占用时间长,政策风险不易防范	低风险,唯一风险是通货膨胀

9.3 影响外汇走势的主要因素

外汇作为一个国家的货币,与一国和他国的经济、政治、金融等因素息息相关。而外汇汇率形成的基本理论也有购买力平价理论、利率平价理论、国际收支平衡理论等多种理论模型。影响外汇走势的主要因素有以下几个方面。

1. 国民经济水平,交易时关注 GDP 增长率数据

一国的国民经济是其货币的最终基础,强大的国民经济是货币的坚实后盾,为货币提供了稳健的货币政策预期以及稳定的汇兑、支付环境。一国经济增长率高,意味着收入增加,国内需求水平提高,将增加该国的进口,从而导致经常项目的逆差,这样,会使本国货币汇率下跌。如果该国经济是以出口为导向的,经济增长则会导致经常项目的顺差,减缓本国货币汇率下跌的压力。同时,一国经济增长率高,意味着劳动生产率的提高和成本的降低,也意味着本国产品竞争力得到改善,因而有利于增加出口、抑制进口。

2. 通货膨胀

一般来说,通货膨胀和国内物价上涨,会引起出口商品的减少和进口商品的增加,从而对外汇市场上的供求关系发生影响,引起该国汇率波动。同时,一国货币对内价值的下降必定影响其对外价值,削弱该国货币在国际市场上的信用地位,人们会因通货膨胀而预期该国货币的汇率将趋于疲软,把手中持有该国货币转化为其他货币,从而导致汇价下跌。但在短期内由于各国政府普遍会因为通货膨胀而采取加息等货币紧缩政策加以调控,因此市场对于该国货币的加息预期会因通胀走高而加强,反而在中短期内推高该国货币。

3. 外贸平衡

外贸平衡数字直接影响一国汇率的变动。如果一国国际收支出现顺差,外国对该国的货币需求就会增加,流入该国的外汇就会增加,从而导致该国货币汇率上升;相反,如果一国国际收支出现逆差,外国对该国货币的需求就会减少,流入该国的外汇就会减少,从而导致该国货币汇率下降,货币贬值。

4. 利率

根据利率平价理论,在外汇市场均衡时,持有任何两种货币所带来的收益应该相等。如果持有两种货币所带来的收益不等,则会产生套汇,促使两种货币的收益率相等。因此利率水平是决定外汇走势的重要因素。而利率作为政府调控宏观经济的重要手段,也受其他经济因素的影响。

除主要基本因素之外,外汇市场还受到各国货币、财政政策的影响以及各国之间政策协调的影响。一些国家央行,如日本央行,更是经常采用公开市场操作直接干预汇市。另外,重大政治事件对外汇市场往往有着剧烈的影响。从资本安全角度出发,由于美国是当今世界最大的军事强国,其经济也仍处于领先地位,所以,一般政治动荡产生后,美元就会起到"避风港"的作用而走强。欧洲债务危机产生的影响就是如此。穆迪、标普、惠誉三大评级机构数次对希腊、爱尔兰、西班牙、葡萄牙和意大利等国进行降级警告甚至降级,引发市场避险情绪,推高美元。而欧洲方面对希腊债务危机提出了几轮援助方案的共同声明之后,欧元兑美元又开始走强。

外汇市场瞬息万变,除了上述因素,投资者心理因素以及市场投机因素也对外汇市场有着较大影响。较高的资产收益常常引发投机因素,使得热钱涌入,炒高货币汇率以及资产价格后获利抽出,往往使得经济实体大受打击。另外,投机资金还会在重要数据影响窗口期间反向推动市场之后再利用异常波动获利。外汇市场的"零和博弈"使得初入市场者往往会由于损失而止步。但外汇市场巨大的交易额和众多的参与者使得较大的获利机会在外汇市场永远存在。投资者应当不断磨炼自身交易技巧和交易心态,用成熟的交易体系和稳健的心理状态来获取持续的利润。

9.4　外汇投资的策略与原则

外汇市场作为全球最大的金融市场，每天产生的交易额超过万亿美元。没有哪个机构能够像操纵一只股票一样操纵外汇市场。主要外汇品种为我们所熟知的几种货币，投资者可以以保证金交易的方式参与其中，并且能够选择多、空两种操作。连续24小时瞬息万变的行情和保证金交易的杠杆放大效果使得投资者面对的风险因素与其他投资种类所不同。需要注意的投资策略与原则如下。

(1) 顺势而为，切忌逆势操作。

外汇市场与其他金融交易市场一样遵循趋势的基本原则。俗话说"顺势者生，逆势者亡"，大趋势的方向决定了投资者获利概率的大小。而逆势操作一旦错误，损失将在滚滚而来的行情中一发不可收拾。

(2) 严格设立止损，追求损失最小化。

所谓留得青山在，不怕没柴烧。由于外汇市场风险较高，为了避免一次投资失误时带来巨大的损失，每一次入市买卖时，都应该严格订下止损盘，下跌超过止损位时，立即平仓。这样操作能够把损失控制在可接受的范围之内，同时避免个人的情感因素干扰交易执行。

(3) 合理控制仓位。

由于保证金交易独有的交易方式和杠杆倍率放大，投资者在交易时应当将持仓量控制在合理的范围，避免重仓甚至全仓。否则容易因为市场的无序波动而导致在实现获利之前却因为损失保证金不足而被强制平仓，本来应该有的获利却变成了损失。

(4) 忌频繁交易。

外汇市场上的交易机会并不是随时存在的，甚至一天或者几天都没有合适的机会。频繁交易容易导致无意义的损失，并因为每笔交易的点差及佣金而付出大量交易成本。因此，投资者应当耐心等待，寻找合适的市场机会。

除此之外，投资者还应注意自身的学习与总结，不断完善交易系统，合理规避风险。

9.5　外汇投资的心理与行为分析

外汇市场是这样一个市场：一大群智力相当的人，面对大致相同的市场资料，使用大致相同的分析预测手法，遵循众所公认的交易规则，进行一场零和游戏。其结果是既有少数高手从几千、几万元起家，累积了数千万乃至数亿元的财富，也有很多人始终小赚大赔，直至血本殆尽，还犹然不知自己究竟失败在哪里。

对于大多数小额投资者来说，他们的处境更为不利：经验有限，要为每一个自己未遇过的陷阱交一次可观的学费；资本有限，常常刚入外汇市场之门，已弹尽粮绝；资料的占有方面也处于劣势。因此，一般大众在这场充满魅力的零和游戏中，往往成了牺牲品。

从某种意义上来说，外汇市场的失败者，往往并不是不能战胜这个市场，而是不能够战胜他们自身。在实际操作中，有很多的心理误区，需要去跨越。

1. 心理误区之一：人多的地方抢着去

盲从是大众的一个致命的心理弱点。一个经济数据一发表，一则新闻突然闪出，5分钟价位图一"突破"，便争先恐后地跳入市场。不怕大家一起亏钱，只怕大家都赚钱只有自己没赚。

1991年海湾战争时，战前形势稍一紧张，美元就大涨，外币就大跌，1月17日开战当天，几乎百分之百的投资者都跳入市场卖外币，结果外币一路大涨，单子被套住后，都不约而同、信心十足地等待市场回头，结果自然是损失惨重。战争、动乱有利于美元走强，这是一个基本原理，为何会突然失效呢？大众常常在市场犯相同的错误，有时不同的金融公司的单子被套住的价格也都几乎相同，以致大家都怀疑市场有一双眼睛盯着自己。

其实，市场是公正的，外汇市场日均几万亿美元的交易额，任何个人都难以操纵。对外汇市场上的投资者而言，"人多的地方不要去"乃是值得铭记在心的箴言。

2. 心理误区之二：亏生侥幸心，盈生贪婪心

价位波动基本可分为上升趋势、下降趋势和盘档趋势。不可逆势做单，如果逆势单被套牢，切不可追加做单以图拉低平均价位。大势虽终有尽时，但不可臆测市价的顶或底而死守某一价位，市价的顶部、底部，要由市场自己形成，而一旦转势形成，是最大盈利机会，要果断跟进……这些做单的道理，许多投资者都知道，可是在实际操作中，他们却屡屡逆势做单，一张单被套几百点乃至一两千点，亦不鲜见，原因何在呢？

一个重要的原因是资本有限，进单后不论亏、盈，都在金钱上患得患失失去了遵循技术分析和交易规则的判断能力。有的投资者在做错单时常喜欢锁单，即用一张新的买单或卖单把原来的亏损单锁住。

实际上，投资者在锁单后，重新考虑做单时，往往本能地将有利润的单子平仓，留下亏损的单子，而不是考虑市场大势。在大多数情况下，价格会继续朝投资者亏损的方向走下去，于是再锁上，再打开，不知不觉间，锁单的价位便一点点地扩大了。解锁单，无意中便成了一次次地做逆势单。偶尔抓准了一两百点的反弹，也常因亏损单的价位太远而不肯砍单，损失越来越大。

大概每个投资者都知道迅速砍亏损单的重要性，而大多数投资者亏钱都是亏在漂单上，

漂单是所有错误中最致命的错误,可是,投资者还是一而再、再而三地重复这一错误,原因何在呢?原因在于普通投资者常常凭感觉下单,而高手则常常按计划做单。

盲目下单导致亏损,垂头丧气、紧张万分之余,明知大势已去,还是存侥幸心理,不断地放宽止损盘价位,或根本没有止损盘的概念和计划,总期待市价在下一个阻力点彻底反转过来,结果亏一次便大伤元气。和这种"亏损生侥幸心"相对应的心理误区,是"盈利生贪婪心"。下买单之后,价位还在涨,何必出单?价位开始反转了,单子转盈为亏,更不甘心出单,到被迫出场时,已损失惨重。

许多人往往有这种经验:亏钱的单子一拖再拖,已亏损几百点,侥幸回到只亏二三十点时,指望打平佣金再出场,侥幸能打平佣金时,又指望赚几十点再出场……贪的结果往往是,市价仿佛有眼睛似的,总是在与你想平仓的价位只差一点时掉头而去,而且一去不回。亏过几次后,便会对市场生畏惧心,偶尔抓准了大势,价位进得也不错,但套了十点八点便紧张起来,好容易打平佣金赚十点二十点后,便仓皇平仓。

亏钱的时候不肯向市场屈服,硬着头皮顶,赚钱的时候不敢放胆去赢,如此下去,本钱亏光自然不足为奇。

3. 心理误区之三:迷信外物而非市场本身

进场交易时,一些人心理误区是迷信市场的某些消息、流言,而不是服从市场本身的走势。

1991年2月7日前几天,日本银行曾干预市场,买日元抛美元,使日元走强至124附近。2月7日前后,日本银行又开始干预市场,日本政府官员也多次发表谈话,表示美国和日本都同意日元继续走强,于是投资者蜂拥而入购买日元,然而,日元却开始下跌。在这种情况下,投资者往往不去寻找和相信推动日元下跌的理由,而是因为有买日元的单子被套住,就天天盼望日本银行来救自己。

结果,几乎每天都有日本官员谈日元应该走强,有时日本银行也一天干预三四次买日元,但是价位却一路下跌,跌幅几乎达一千点,许多投资者只做了一两张买日元的单子,就损失了六七千美元,砍完单后大骂日本言而无信,却不反省一下自己为何会损失惨重。让投资者亏钱的并不是日本银行,而是投资者自己。因为在当时,日本由于发生了一些丑闻而导致政局不稳,市场选择了这一因素,而投资者却不敢相信市场本身。

9.6 外汇投资者投资的必经阶段

1. 新手盲动期

对投资市场的幻想,怀着一夜暴富的心态,或凭道听途说,或被劝诱,在没有充足充分的准备下踏足外汇市场。这一阶段的人大致可以分为：对汇市的风险一无所知或知之甚少，完全不懂得资金管理，或者是分析水平特别是技术分析水平有限，持单往往凭道听途说或所谓的专家指导；实际操作经验不足，遇突发事件易惊慌失措；心态不正，想赢怕输，对亏损没有心理准备，遇到亏损时，不会合理地调整心态，不肯服输，死顶硬抗。这一阶段的投资者的表现往往是频繁进出且进出单量大，大输大赢。特别是在初有斩获时，这种现象就越明显。处于这个阶段的投资者，最后往往是以惨败结局。

2. 谨慎期

谨慎期又称动摇期。处于这一阶段，许多投资新手已经经历过了汇市的风雨不定，也在市场中受过打击。在失败的教训下，经验和技术日趋成熟并逐渐老成，对各种做单技巧的掌握亦趋于熟练，对预想范围内的失误与损失也有了相当的承受能力。但这一阶段的最大特点是对新手阶段的失败仍不忘怀，过于相信技术分析等，热衷于对某些技术信号与技术细节的过细分析，缺乏对大势判断的自信。在这一阶段的投资者眼中，到处都是阻力，遍地都是支撑，想下单，又怕在下个阻力位被挡住，始终感到难以下手。即使进单，也是遇阻即跑，难以获得大的利润。处于这一阶段的投资者往往没有大输大赢，很多盈利往往葬送在自己的失误中。越是这样，越是变得谨小慎微。

3. 成熟期

这一阶段的最大特点是心态的平和。对外汇市场中的风浪已习以为常，不再会因市场的波动及一两次的胜负而亦喜亦忧，对汇市有着较强的判断力。

能比较详细完整地掌握大动向大趋势，可以忽视对自己目标的阻力。处于这一阶段的投资者，首先对技术分析已了然于心，但又绝不迷信技术分析。他们能够细心地掌握市场的风吹草动。在他们看来，任何的评论与消息，都不过是为我所用的参考，听而不信。其次是操作手段的熟练。处于这一阶段的投资者，清楚地知道市场的风险。因此，他们清楚地知道怎样来保护自己。他们自信却不自大，懂得运用合理的操作手段来规避风险，因此他们才能成为外汇市场中真正的赢家。

9.7 成功的外汇投资者需具备的素质

在实际操作中，由于外汇投资的特殊性、复杂性，不少投资者因缺乏前期的准备和投资常识，盲目入市，不仅未取得好的投资效果，有些投资者甚至产生了巨大的投资亏损。对于外汇市场这样专业性的市场仅仅依靠博傻是难以投资成功的，必须熟悉外汇市场的运作规律，坚持投资的基本原则，进行专业化的准备。

1. 要充分准备，不要盲目入市

在金本位和固定汇率制下，外汇汇率基本上是平稳的，因而就不会形成外汇保值和投机的需要及可能。而在浮动汇率情况下，外汇市场的功能得到了进一步的发展，外汇市场的存在既为套期保值者提供了规避外汇风险的场所，又为投机者提供了承担风险、获取利润的机会。

传统外汇市场上主要投资者是银行、财团及财务经理人等专业人士。随着外汇市场的发展，市场投资主体不断增加，全球的外汇交易人不仅包括商业银行、中央银行、经纪商及公司组织，也有个人投资者。外汇市场为个人投资者带来了新的获利的机会。然而，不经过一番理论与实践的准备，是不能盲目入市的。国外的优秀交易员至少要培训 7 年，相当于培养一个飞行员。

由于市场的专业性与复杂性，专业机构投资者面对市场的波动也常常表现出茫然与无奈。因此，有志进入外汇市场的投资者一定要有充分准备，在决定投身于外汇交易市场之前，要仔细考虑并明确投资目标，充分了解自身的经验水平及对风险的承受能力，最好先做一段时间的模拟，通过银行等交易平台，熟悉交易规则，若无较强的抗风险能力，则不宜盲目介入，不要在自己可以承受的风险范围以外进行投资。

2. 要掌握外汇投资规律，不要随意投资

外汇的基本面是导致汇率波动的原始动力，外汇的基本面的变化是外汇市场波动和市场价格动荡的原因。外汇市场的基本面分析涉及政治、经济、金融等方面的发展与变化，从而判断外汇供给和需求要素。基本面分析研究市场运动的原因，包括对宏观经济指标、资本市场及政治因素的研究。

宏观经济指标包括国内生产总值、利息率、通货膨胀率、失业率、货币供应量、外汇储备以及生产率等指标；资本市场包括股票、债券及房地产；政治因素会影响对一国政府的信任度、社会稳定气候和信心度。政府对货币市场的干预通常会对外汇市场产生显著却又暂时的影响。政府可能仅仅通过发出干预暗示或威胁来达到影响币值变化的目的。中央银行还可以采取以另一国货币单方面购入/卖出本国货币，或者联合其他中央银行进行共同市场干预，以期取得更为显著的效果。价格变化的背后因素是非常复杂的，因此只有掌握了外汇基本面，才有可能掌握外汇市场的基本运动规律和变化趋势，这是任何投资者必须深刻理解的内容，也是投资成败的关键。

3. 要灵活掌握技术分析，不要生搬硬套

技术分析是通过研究以往市场行为来预测价格变动及未来市场走势的方法，它依靠价

格、交易量等数据对市场进行判断。技术分析是外汇市场重要的观察价格和交易量数据的方法，通过技术分析判断这些数据在未来的走势，研究市场运动的效果。经典的技术分析有道氏理论、趋势线、蜡烛图等分析。

技术分析包括上百种技术指标和交易工具，投资者很难运用所有的交易工具进行交易，只能依据实际情况灵活掌握，没有一种方法能够百发百中，而且对于同一种方法，不同的投资者可以有不同的解释。因此投资者不能对某一技术指标生搬硬套，关键是培养出自己对市场看法的模式。对于外汇投资刚起步的投资者，可以从趋势分析开始，顺势而为是比较理性的投资方式。

4. 要学会风险控制，不要无风险管理计划

外汇市场是一个风险很大的市场，外汇交易是世界上最大和最变幻莫测的金融市场。外汇风险主要在于决定外汇价格的变量太多。外汇市场风险，分为一般性外汇市场风险和突发性外汇市场风险。

一般性外汇市场风险，是指在开放经济条件下，由于汇率的日常波动而引起的收益损失。突发性外汇市场风险，是指一国货币在国际货币市场上出现大幅度贬值，外国投资者和投机者争相抛售该国货币的可能性。这种可能性一旦变为现实，就成为人们经常所说的金融危机或货币危机。因此，投资者入市时，就需要做好风险管理计划，如控制好每次交易的开仓比例、每次交易都要设置止损价，并且严格执行。风险控制也包括设置止盈。把入场价、止损价、目标价、仓位作为一个整体来衡量风险，止损价位一旦确认就不要向扩大潜在亏损的方向进行调整，亏损的时候一定要严格止损。

5. 要练好心理素质，不要恐惧市场

要成为外汇投资赢家，不仅要有专业知识还要练好过硬的心理素质，外汇投资的杠杆交易是相互博弈的零和游戏，一部分人盈利必然是以另一部分人亏损为代价的。当你做好一切投资准备时，就应该对自己有信心。外汇交易需要承受较高精神压力，要在不利消息面前保持镇定，仔细分析消息的可靠性。心理素质不过关是无法在汇市中长期生存的。科学投资一定要克服贪婪和恐惧，克服投资中的浮躁情绪，在没有什么机会的时候要学会等待和忍耐。

本 章 小 结

外汇投资，是指投资者为了获取投资收益或规避外汇风险而进行的不同货币之间的兑换行为。外汇作为一个国家的货币，与一国和他国的经济、政治、金融等因素息息相关。

外汇走势主要受到国民经济水平、通货膨胀、外贸平衡及利率的影响。

随着国民经济的发展，金融投资成为大家重要的理财方式，而外汇市场也逐渐走入了国内投资者的视野。然而一般大众在这场充满魅力的零和游戏中，往往成了垫底的牺牲品。从某种意义上来说，外汇市场的失败者，往往并不是不能战胜这个市场，而是不能够战胜他们自身。外汇投资应讲究策略和原则：要顺势而为，切忌逆势操作；要严格设立止损，追求损失最小化；要合理控制仓位；忌频繁交易。成功外汇投资者需具备的素质：第一，要充分准备，不要盲目入市；第二，要掌握外汇投资规律，不要随意投资；第三，要灵活掌握技术分析，不要生搬硬套；第四，要学会风险控制，不要无风险管理计划；第五，要练好心理素质，不要恐惧市场。

经典案例

外汇投资中的金融大鳄——乔治·索罗斯

思 考 题

1. 比较外汇投资和其他投资方式的不同。
2. 试述影响外汇走势的主要因素。
3. 试述成功的外汇投资者应具备的素质。

第 10 章　房地产投资的心理与行为

【学习目标】

- 掌握房地产投资的内涵与特点。
- 理解房地产市场需求及其特点。
- 分析房地产投资者的购房心理与行为。

【核心概念】

房地产投资　房地产投机　房地产投资者的购买心理

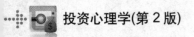

【章前导读】

　　任何一项投资，都希望取得一定的预期收益。就房地产投资动机而言，追求投资的报酬是最主要的原因。在房地产投资中，投资者不仅可以通过房地产投资获得各种满足，也可以利用市场行情波动进行短线投资以取得差价收益。相对来讲，房地产投资具有较安全的保值功能，而且颇具升值潜力，还是免遭通货膨胀损失的重要手段之一。房地产投资者的购买动机主要有居住动机、投资动机、商住动机、休闲娱乐动机和赠与动机。本章将深入分析房地产投资者的心理与行为，阐述成功的房地产投资者应具备的心理素质。

10.1　房地产投资概述

10.1.1　什么是房地产投资

　　房地产投资，是指国家、集体、个人等投资主体，直接或间接地把一定数量的资金投入房产、地产的生产和再生产领域的过程或行为。这是动态意义上的理解。人们通常把房地产投资看成投入的资金数量，则是一种静态的意义。投资建设数量是投资行为的结果，要准确地理解和把握房地产投资的概念，首先必须考虑房地产投资行为及其投资主体的特征。随着社会主义市场经济的建立，与之相适应，房地产投资领域也发生了很大变化，投资主体多元化、投资渠道多元化、投资行为复杂化、筹资方式多样化等已经成为房地产投资的重要特征和标志。

　　就房地产投资动机而言，追求投资的报酬是最主要的原因，因为任何一项投资，都希望取得一定的预期收益。投资总是有风险的，相对来讲，房地产投资具有较安全的保值功能，而且颇具升值潜力，还是免遭通货膨胀损失的手段之一。

10.1.2　房地产投资的特点

1. 房地产的区域性使其价格差别大

　　南方和北方、沿海和内地、城市和乡村、大城市和中小城市，因为地域不同，房地产价格在市场上表现为同质而不同价。即使同一城市内，房地产价差效益仍然存在，所处的地点和社会经济条件、商业活动、交通等外部环境条件不同，效益也很悬殊，因此，房地产投资中地段的选择是极为重要的。

2. 房地产投资大、周期长、效益高

　　房地产在形成过程中，从土地征用、平整房屋建筑、内外装修等，要投入大量的活劳动和物化劳动。一般来说，房地产投资少则几百万元，多则几千万上亿元，从投资到房屋建成，少则数月，多则数年。此外，房地产盈利大，是国民财富的重要来源。根据联合国有关机构对45个国家和地区的调查，住宅的投入产出比是1∶1.64，产出远远高于投入。

3. 房产、地产交易的不可分性

通常情况下，地随房走、房因地存，房与地两者浑然一体，考察初始市场行为，一般是进行单一的土地交易，一旦完成此过程，在土地上建造起房屋，土地便失去独立性。从所有制形式看，由于我国城市土地归国有，而房屋的所有权则归属多种所有制，所以，在市场流通中，土地使用权可以进行单向或多向的交易，土地所有权只能是由集体所有向全民所有的单向运动，而房屋则是多向运动。此外，房地产还可向金融机构抵押，作为取得贷款的手段。

4. 房地产是一种需求弹性很大的商品

这方面尤以住宅最为突出。人们对住宅的需求，从要求提供能遮风避雨的一张床位的场所起，直至把它当作享受资产和发展资产看待，这种高低不同的要求，不论在住房数量上或是质量上，均相差悬殊。我国的住房经济也将随着整体经济的发展，从侧重于扩大住房的数量、面积，满足居民近期的居住需要，转移到不断提高住房质量，满足人们不断提高的舒适性需求上来。

5. 房地产是一种安全性强的保值商品

人们对城市土地一次次投资下去，是会收到积累效益而长期受用的。例如对土地进行平整、加固地基、修建道路等这样一次次的投资，使土地的价值和使用价值不断提高，从只能建低层房屋提高到建高层房屋，甚至超高层房屋。土地是不会因天灾人祸而丧失其价值的。房产，只要注意维修，一般来说，它的价值也是不会消失的。因此，人们常把房地产作为一种留给后代的储蓄方式。

6. 房地产的发展要受城市建设综合因素的制约

现阶段，城市房地产要走综合开发的路子。综合开发是城市建设方针的重要内容，它要求对土地实行"统一规划、统一施工、统一配套、统一管理"。其实质是配套(首先是基础建设，其次是公用建设)建设，成片开发。因此，不论是旧城改造，还是新区开发，都是在城市规划、道路设施等因素的影响下，实行综合开发。

7. 满足人们的需要

私宅是产权所有者增添生活愉快的极其重要的手段，使人对社会产生稳定感和永存感。

人们在城市里有了自己的私有住宅，就会更关心自己和自己的城市，激发他们对"人民城市人民建，人民城市人民管"的热情，鼓励他们去做一个好市民。

10.1.3 房地产投机

房地产的发展在国外已有相当长的历史。在发达国家，房地产业是商品经济的重要组成部分，是经济发展的先导性产业，在国民经济中处于"支柱产业"地位，是经济发展的"寒暑表"。在我国，随着市场经济的进一步发展，人民生活水平的进一步提高，房地产业在国民经济中的地位已显得越来越重要，甚至成为举足轻重的因素。

由于房地产商品具有稀缺性和垄断性，物业需求价格弹性小，所以比较适合"炒家"活动，即房地产投机。它主要是通过人为地制造房地产虚假供求状况，加剧房地产需求与供给的不平衡性，从而导致房地产的增值。

当前，我国的房地产投机行为主要发生在土地转租、公房转租、私房买卖和租赁过程中。房地产市场投机行为的内容及其表现形式是随着国家政治、经济形势的变化发展而变化和发展的。结合我国目前房地产市场的实际情况，房地产投机行为具体表现为以下几个方面。

(1) 在房地产市场中，非法出让、转让国家土地所有权，从中牟取暴利的行为。

(2) 在房地产市场中，非法经营国家不允许自由买卖、租赁、抵押、典当的房屋，从中牟利的行为。

(3) 在房地产市场中，违反国家房地产价格的规定，哄抬地价、扰乱市场、牟取暴利的行为。

(4) 在房地产市场中，以次充好、以少充多、以假乱真的行为。

(5) 在房地产市场中，倒卖国有土地使用权证书和房屋所有权证书等行为。

(6) 在房地产市场中，倒卖房地产合同，利用合同或者其他手段骗买骗卖的行为。

(7) 在房地产市场中，为投机活动提供土地、房屋、支票、现金、银行账户，以及其他方便条件，从中牟利的行为。

(8) 在房地产市场中，其他扰乱房地产市场经济秩序的投机违法行为。

(9) 在房地产市场中，将无偿划拨的土地在不向国家补交土地批租价金的前提下，以有偿方式或变相有偿方式让渡的行为。例如，以地换房，以地换劳动就业指标，以地合作经营、联营，以地换技术、设备，收取高额租金等。

随着我国房地产体制改革的不断深入，以及客观情况的变化，房地产市场投机行为的具体表现形式也会发生某些变化。房地产因投机而发生的增值具有虚假性、非法性和突发性，会扰乱房地产市场，给经济发展带来干扰，政府应予以有效调控，使房地产增值的速度和幅度与国民经济的发展保持协调配合关系，实现房地产增值利益的公正合理的社会分配，并采取卓有成效的经济手段、法律手段和行政手段，加强和完善对房地产市场的管理。

10.1.4 房地产市场与证券市场的风险比较

房地产经济运行的空间就是房地产市场。房地产市场的定义有广义和狭义两种。广义的是指以房地产交易为轴心，对房地产的价格、管理、经营等经济活动进行引导和调控的全部机制；而狭义的仅是指房地产交易的场所。房地产市场是整个市场体系中的重要组成部分，它一方面为社会提供商品房、建筑地产，以满足社会的需要，一方面完成房地产经营对象的价值实现。

下面，分析房地产市场与股票证券市场的区别。

1. 风险

投资房地产所得的租金收入如同购买股票所得的股息，但是房地产投资的风险小于股票投资。

(1) 股票价值受到公司经营水平的影响。

公司经营管理水平高，它的股票价值就会上升，所以股票受人为因素影响较大。而房地产是一项固定的、相对永久的财产，其价值并不十分依赖于对它的管理水平，人为因素较小。由于房租通常是预付的，所以一旦承租者丧失支付能力，投资者可及时收回房屋。而在股票市场上，某家公司的破产就意味着买这家公司股票的投资者丧失一切。但是，该公司破产时，通常首先赔偿其所租房产给有关房产投资者所带来的损失，所以有关房产投资者的损失小于这家公司的股票持有者。一家公司破产后停止支付股息给股票持有人，意味着股票持有人永远得不到股息；而该公司停止支付房租给房产投资者后，房产投资者可将房产再转租给另一家公司，即他所损失的只是几个月的应收房租和新租户到来之前房屋的空置成本。实际上，公司在经营状况不佳时，就会停止支付股息给股票持有人，而不会到破产时才这样做。停止支付股息总是在停止支付房租之前。一家公司破产对其股票投资者来说是毁灭性的，但对房产投资者来说，只是变化了房租交纳人。

许多房产是租给政府机关或公共团体的，它的房屋租期一般比较长，并且不会被拖欠，这些因素也减少了房地产投资的风险。对公共事业用房的投资风险是较小的，如果该类物业长期空置，多半是投资者要价太高，而不是找不到租户。

(2) 房产本身是固定的，而使用者是可以流动的。

商场、写字楼、厂房可以被各类公司租用。某个公司，甚至某个行业的不景气不会对房地产业形成长期影响，因为其他新发展的公司、行业会代替它们租用这些物业。投资者不愿购买特种用途的建筑物，因为它们适用性低、替代性差，一旦适用该特殊用途建筑物的行业不景气，房地产投资者就难以将其转租给其他行业，就要承受损失。因此，投资于特种用途的物业风险比较高。

(3) 房地产业对某个地区的整个经济趋势十分敏感。

由于房地产的固定性，当某一地区的整个经济不景气的时候，一项房产租赁合同被承租人终止后，房地产投资者很难找到它的替代者，因而，这个地区的房地产业将大受打击。相比之下，某些高技术产业可以较容易地将其资产从经济不景气地区转移到经济发达地区，从而避免损失。因此，一个地区经济势头良好时，会吸引众多的投资者，而众多投资者的到来又会大大促进这个地区经济的发展，形成良性循环。在经济发达地区进行房地产投资风险较小，这是经济发达地区房地产业发达的原因之一。

房地产业对某个地区的宏观经济趋势十分敏感，但对该地区经济形势的短期波动却不敏感。这是由于租金定期修订制下的租金相对稳定，房地产市场不充分性等原因，经济高涨时，租金上涨幅度低于整个经济增长幅度，经济低落时，租金减少幅度又低于整个经济的下降水平。

2. 流动性

房地产市场的流动性明显低于股票市场，一笔股票交易甚至可以在几秒内完成，而一笔房地产交易通常需要一个月甚至更长的时间才能成交。这一过程包括起草文件、刊登广告、现场勘察、法律咨询、价值估计、资金筹措、签署合同等各个环节。

虽然许多投资者偏好流动性高的投资对象，以便在千变万化的市场中运筹帷幄、捕捉时机，赚取高额利润，但也有一些投资者对投资的流动性要求不高，如退休基金是房地产市场的重要投资，其投资目的是保值，故要求投资对象风险小。由于退休基金的性质与用途，它不适合于增值幅度大但风险也大的投资。

3. 交易成本

房地产交易的复杂性、多样性使得买方与卖方都需要向专家咨询，买方的交易成本主要包括法律咨询、房产估值和印花税；卖方的交易成本主要为法律咨询和日常办公费用。虽然房地产交易成本大大高于股票交易，但是房地产交易合同期限都较长，如果将房地产交易成本分摊到整个合同期，则每期的交易成本也并不高。

4. 管理费用

与发行股票的企业公司相比，房地产投资者为保证房产的正常使用所支付的经常性费用，如维修费、保险费等要高于投资者对股票管理所支付的费用，在计算房地产投资收入时，要从房租中减去这笔管理费用，才得到投资者的收入——租金纯收入。

与股票持有者相比，房地产投资者的日常开支与精力支出是很低的，只要在租金修订日与租户谈判新的租金额,或在租户走后向新租户出租房间。这些事并不是经常发生的,一旦发生,与租户签约后也可很久不用再操心,稳拿租金。这与股票持有者每时每刻要听广播、看电视、读报纸,买进这些股票、卖出那些股票的紧张活动形成鲜明对照。股票持有者的这种日常花费,不论从经济上还是从精神上来讲,都相当高昂,如表 10-1 所示。

表 10-1 房地产市场与股票市场比较

比较项目		市场类型 房地产市场	股票市场
风险	经营的人为因素	小	大
	破产、投资者损失	小	大
	经济短期波动对投资品价值影响	小	大
	结论:风险	小	大
流动性		低	高
交易成本		高	低
管理费用	管理者	高	低
	投资者	低	高

10.2 房地产市场需求及其特点

房地产市场需求是指房地产市场上供求双方的市场状况,量化指标为需求量。房地产市场中存在有效需求、潜在需求、名义需求等概念。

10.2.1 有效需求

有效需求是指在一定时期、一定的商品价格水平和投资者收入水平下,投资者愿意并且具有支付能力的需求,也称现实需求。有效需求具有两个特点,即投资者既具有购买愿望又具有支付能力,这两个特点缺一不可,否则就不能称为有效需求。

商品的价格和投资者的收入经常处于变动之中,因此,有效需求又具有很大的伸缩性和变动性,当商品价格过高时,就会引起有效需求不足。以中国房地产市场为例,目前房地产市场上商品房空置率居高不下,这与市场上的房地产价格过高有关(房价与投资者家庭收入之比高达 20∶1 或 30∶1,而发达国家只有 5∶1),投资者的支付能力无法负担,因而导致了房地产市场的有效需求不足。有效需求是真实的市场需求,如何引动有效需求是房地产业进行经营决策的出发点。

10.2.2 潜在需求

潜在需求是指具有购买欲望，但尚不具备充分支付能力的投资者愿意购买的投资需求。这种不充分的支付能力只要外部条件发生变化便可以发生转变，即在一定条件下，潜在需求可以转变为有效需求。例如，若房地产企业将付款条件变得更为优惠，如贷款年限延长、分期付款期限延长等，就可以使一部分潜在的购房需求变成现实的有效需求。另外，从潜在购买能力的角度来看，有些投资者可能具备了充分的支付能力，但出于某种原因暂时没有购买的欲望。例如，当房地产价格降低时，投资收益率上升，就会激发一部分投资者投资房地产进行保值增值的愿望，也可以将这部分需求视为潜在需求。

潜在需求向有效需求的转化在很大程度上取决于外部条件的可变程度。房地产开发人员应将潜在需求作为开发重点，研究外部条件变化对潜在需求的影响，以便在开发中促使潜在需求转变为有效需求。

10.2.3 名义需求

名义需求是投资者愿意投资购买的投资需求，它是一种并不要求具备支付能力的投资愿望。这种愿望无法和很难转化成有效需求，除非影响投资者需求的某些因素发生质的变化。例如，上海市在 2000 年达到人均住房面积 10 平方米以上，而 1999 年人均住房面积只有 8 平方米，差额为 2 平方米，以上海市常住人口 1300 万计算，则可推算出 2000 年住房需求量为 2600 万平方米，这即为名义需求。名义需求对于房地产投资而言并不具有直接意义，只是一个房地产市场的预测数据，可以作为房地产企业进行投资决策和制定经营战略的参考。

10.2.4 房地产市场需求的特点

1. 多样性

由于不同投资者的收入水平、文化程度、职业、年龄和生活习惯等存在差异，自然就会形成各种各样的兴趣和偏好，也就形成各自不同的对于房地产区位、房型、户型和功能的需求差异，这种差异造成了房地产需求的多样性。

2. 层次性

心理学家马斯洛的需求层次论认为，人类的需求是有层次的，呈逐级上升的趋势，只有当较低层次的需求得到满足以后，才会产生较高层次的需求。房地产投资者受其收入水平的制约，对于房地产的需求同样也具有层次性，高级别墅、高档公寓属于高层次的需求，普通商品房属于中等层次的需求,而安居工程解决的安居房、解困房则属于低层次的需求。当一个人居住困难时,在其收入有限的情况下,考虑最多的是解困房和安居房。随着收入水平的提高,需求水平亦会逐渐提高,这时需求开始向居住的舒适、豪华转变,对房型的要求也由简单的"大卧室"向"大厅小卧明厨明卫"发展,对环境区位的要求也会由繁华热闹向健康便捷转变。

3. 双重性

由于房地产兼有消费品和投资品的特性,因而房地产需求便具有消费需求和投资需求双重性。购买房地产既可以供居住,也可以作为投资,以达到升值的目的。

4. 综合性

房地产需求是一种综合需求,不仅对房屋本身的建筑质量有要求,还对居住质量有一定的要求,具体体现在交通便利与否,环境优美与否,地段繁华与否,是否有学校、医院、公园等其他公共配套设施等方面。

5. 可替代性

房地产需求的可替代性体现在同一供需圈内的可替代性上。在实际生活中,两套完全相同的房屋是不存在的,即使在外观、层次、朝向上相近,也不会完全相同,然而,投资者对其满足感则基本相同。此外,从投资需求的角度来考虑,房地产作为一种投资工具,当投资收益下降时,投资者就会转向其他投资工具如股票、古玩等。

6. 关联性

房地产需求具有一定的关联性,即房地产市场的需求变化会影响到其他商品的市场需求,房地产业的升势可以拉动冶金、建材、化工等行业的市场需求上升,进而引起劳动力市场需求的上升。

10.3 房地产投资者的心理与行为分析

10.3.1 房地产投资者的购买动机

房地产投资,可以满足人们生理的、安全的、社交的、尊重的以及自我实现的需要。例如,购买住房的投资者通过居住可以满足其个人基本的生理和安全需要;通过在家中宴请宾朋可以满足其社交和尊重需要,或实现从没有住房到有住房的自我实现需要;通过在房地产市场上投资赚取利润,则可以实现如同在证券市场一样的其他需要。而作为办公及商用住房的购买者，同样也可以实现上述五种需要，并可以实现所属单位资产增值及营造社会效应的目的。

随着社会经济的不断发展，投资的形式更趋多样化，内容更具丰富性。相应地，投资在各类经济活动中的地位也日益重要。在房地产投资中，投资者不仅可以通过房地产投资获得各种满足，也可以利用市场行情波动进行短线投资以取得差价收益。由于投资形式的多样化、功能的多元化，也促使投资动机越来越多样化。概括起来，房地产投资者的投资动机主要包括感情动机、理智动机和信任动机。感情动机包括情绪动机和情感动机，因喜欢、爱慕、快乐等情绪所引发的购买动机称为情绪动机；而由道德感、友谊感、群体感等情感所引发的购买动机称为情感动机。理智动机则指投资者在对产品效用和价格认知的基础上，经过分析、比较后产生的购买动机，其具有客观性、周密性和可控性的特点。信任动机是指投资者对某产品品牌及其生产企业形成偏好后所产生的购买动机。

具体而言，房地产投资者的购买动机主要有以下五种。

1. 居住动机

购房是为了居住，特别是对于自己认同的地段，而在经济富裕的条件下，此种购买动机就显得很强烈，并且购买的可能性很大。由于经济条件的限制，即使遇到自己不认同地段的房屋，只要价格合理也会积极购买。

2. 投资动机

购房是为了投资升值，因为房地产投资与股票投资、艺术品收藏等都是普通人投资的主要手段。因此，投资房地产不是为了自己居住，而是为了将来出租给他人或者转手卖给他人，这种购房者的行为特点是对于房屋的价格分析特别认真，对于地段、交通条件、物业管理及周边地区的商业服务设施要求较高，又十分愿意在房屋刚开始销售并且售价较低时购买。

3. 商住动机

购买办公楼的企业一般是具有经济实力的单位，对物业的档次十分注重，对物业的知名度、开发商的知名度也十分看重。良好的地理位置，诸如是否位于城市市区主要大街和交通是否便利等，都是购房者考虑的重要因素。

4. 休闲娱乐动机

此种购房行为及需求比单纯居住要高，如在城市郊区选择一个风景优美的地方购买房子，为的是假日期间休闲娱乐；或者在远郊购买一个与自己市区内住宅在功能和造型上差别很大的别墅，以满足自己对各种类型房产的需求。此种购买行为的目的性较明确，对所购买的物业也有一定的地段要求。

5. 赠与动机

赠与购买比自己购买居住要简单些，主要是取决于被赠与人的爱好和倾向，而购买者有一定的决定权。赠与购买中对于房产的价格比较关注，购买金额一般不会太大，但购买的目的性则非常明确。

投资者购买房地产除了要满足生理需要外，社会需要、经济需要、心理需要等因素也起着一定的作用。此外，还存在不同的购买动机，即以使用为目的的购买动机和以获得心理满足为目的的购买动机。前者是为了利用房地产产品的使用价值或性能，如购买房屋用于居住或办公。房地产企业关于建筑质量、房型、价格等方面的决策，主要就是针对这种动机做出的。后者是为了通过占有和使用房地产以获得某种心理满足，房地产企业关于其产品的定位、品牌的设计，主要是为了诱导这一动机。

由于投资者所处的社会环境、经济条件的不同及心理因素的差异，投资者所购买的房产千差万别，有的是为了结婚，有的是为了赠与，有的是为了显示身价，也有的是为了休闲享受，因而，开展对投资者购房目的的研究，将有助于房地产企业在进行开发时了解市场需求，适时推出合适的房地产产品。

10.3.2　影响房地产投资者购房行为的因素

动机引起需要，需要产生行为。房地产投资行为同样也受到投资者自身动机的支配，这些动机整合后便构成心理因素，从而影响投资者的购房行为，这些因素包括需要、认识、态度及社会文化等。

1. 需要

人类的一切活动包括投资者的购买行为在内都是为了解决人类自身需要的行为，有需要才能产生动机，有动机才会有行为的发生。从心理学角度来讲，一种尚未满足的需要会引发出内心的紧张和不安，当这种不安达到迫切程度时，就会形成动机，从而付诸行动以满足需要。当低层次的需要得到满足后，则会产生高层次的需要，不同层次的需要会导致不同的购买行为。例如，购买房地产供自己居住使用的投资者会重视房屋的适用性，希望获取投资回报的投机者着眼于房屋的获利性，而用以显示身价的投资者则追求房产的气派舒适。因此，需要是影响购房的重要因素。

2. 认识

投资者有了需要并产生动机以后，就会形成购买行为，而购买行为的采取则取决于其认识的程度。投资者的认识过程是其对商品本身及与商品有关的内外因素综合反应的过程，投资者认识分为感性认识和理性认识，感性认识影响投资行为的采取；而理性认识则是通过感性认识决定投资行为的决策。

3. 态度

态度是投资者对于某种事物所形成的观念。具体而言，投资者在购买和使用商品过程中形成了对某一商品的态度，这一态度反过来又对其投资行为产生影响。例如，投资者认为某一区域是高档住宅区，这一态度一经形成，便会在很大程度上对投资者的购买决策行为产生积极影响，若大多数投资者对某一物业公司的管理服务持肯定态度，则该公司的物业市场肯定看好，否则就会遇到麻烦。

4. 社会文化

投资者的购买行为除了受到投资者心理因素和个人因素的影响外，还受到社会文化因素的影响。社会文化因素具体包括文化、参照群体和社会阶层。

1) 文化

文化是人类社会发展过程中所创造和形成的价值观、信仰、态度、道德、习俗以及其他精神财富的总和，具体包括人类的各种行为模式。在每一种文化中，在一定范畴内又存在许多具有统一性的亚文化，诸如宗教文化、民族文化、地域文化等。文化是人类欲望行为最基本的决定因素。对于投资者而言，文化因素的影响力极其广泛深刻，因为不同的文化决定了不同的价值观和态度，形成了不同的道德规范和行为模式，而受到这些文化影响的行为模式、道德规范、社会习俗实实在在地影响着投资者的购买行为。随着社会的进步和文化的发展，又会形成新的行为模式，产生新的价值观和态度，作为房地产开发人员应把握住文化的变迁，在房地产市场演化过程中把握住每一个机会。

2) 参照群体

群体是具有共同追求目标和兴趣的两个或两个以上的人形成的组织。参照群体则指对投资者的行为和态度产生影响的群体。投资者与参照群体具有相似的投资态度和购买行为，群体的结合越密切、交往越频繁，参照群体的作用就越大，影响力也就越强。房地产开发商应巧妙地利用这一群体素质来展开有效的经营。在参照群体中最有影响的莫过于家庭、同事、朋友。

3) 社会阶层

在人类社会的一切形态中都存在社会阶层，社会阶层是由具有相似的社会经济地位、利益倾向、价值观和兴趣的人所组成的群体和集团。社会阶层是依据职业、受教育程度、收入、居住区域、住房类型等因素对人们在一定社会经济结构中所形成的地位进行划分的，它具有同质性和持久性的特点,即同一社会阶层成员的兴趣、爱好、行为方式相似且稳定。在房地产投资领域,各社会阶层显示出明显不同的投资偏好和购买需求,如表 10-2 所示。

表 10-2 各社会阶层房地产投资差异

社会阶层	住房偏好	社会阶层	住房偏好
上上层 1%	豪华别墅	中下层 30%	普通标准住宅
上下层 2%	昂贵的、具有个性的豪宅	下上层 35%	经济适用住宅
中上层 12%	优良住宅	下下层 20%	低标准安居住宅

据调查,在我国城镇的社会阶层中,低收入与较低收入者各占 10%,高收入与较高收入者各占 10%,其余 60%则为中等收入阶层。不同社会阶层的投资内容、投资水平、投资习惯等有着明显差别,房地产企业应依据各阶层的不同收入状况进行有目的的市场开发。

10.3.3 房地产投资者的购房心理

由于商品房的销售过程复杂、销售金额大,因而投资者在购房时常出现不同的购房心理。

1. 长期决策心理

购房对每个人来讲都是一件大事,成交金额大,房价与人们工资收入差距悬殊,所以人们在购房时的心理状态较为复杂。上述原因导致了购房决策时间长,购房时一蹴而就的情况比较少。

2. 价格优惠心理

买房时许多投资者在成交前对房价总要认真计较、讨价还价。当投资者对房型地段都十分满意时,对价格的争论只是一个过程而已,这时投资者总希望获得价格上的优惠,否则投资者心理上总是不满意,导致不能下定决心购买。因此,如果在最后阶段能有意识、象征性地给投资者一点优惠,那么投资者的心理需求就会得到极大的满足,这对于促成其投资购买是十分有利的。

3. 紧缺心理

购房时投资者能够选择到对价格、地段、户型、环境、楼层、朝向都较为满意的房子是不太容易的,同时销售洽谈及决策过程的时间有限,一旦投资者决定投资购买,却又发现自己相中的户型所剩不多和已没有选择余地时,便会十分着急。特别是当投资者发现其所喜爱的房屋被别人踊跃抢购时,其购房速度也会加快,投资购房决心也会增大。

4. 买涨不买跌心理

投资者的购房心理与购买股票一样"买涨不买跌",因而并不像消费者购买一般日用商品那样,对于降价处理品及价格优惠十分热衷。根据这种心理特点,开发商对房屋和销售价格也会有从低价格走向高价格的过渡,给投资者树立购买信心。即使房屋销售不畅,价格也不会随意降低,或只是采取明升暗降的方法进行促销。

5. 容易后悔心理

投资者购房后经过与亲朋好友交谈,总能找到一些房产的不足之处,因为影响房屋价值的因素非常多,从交通环境、市政道路、社区教育、卫生设施,到房屋的内装修、户型、面积、采光、通风、价格等不一而足。而投资者买房后,若在周边相近的地段又推出了新的房源,经过比较,与投资者所买的房屋稍有差异,投资者就容易出现后悔心理,这是一种较为普遍的现象。开发商在销售过程中都会尽量缩短投资者的投资决策过程,从交纳预订金到交纳房款、签署正式合同的时间不宜过长,以免投资决策出现反复。

10.4 影响房地产投资者购房心理的因素

10.4.1 社会因素

1. 地段

无论购买什么房产,其地理位置至关重要。购房者都愿意选择地段优越的房产加以购买。房地产界的名言是:第一是地段,第二是地段,第三还是地段。不同投资者对于地段会有不同的看法,长期居住在某一地区的投资者对此的认同感很强,即使他居住的地理位置不一定被公认为是最好的地段,也不易改变。

购买写字楼的投资者对未知地段的要求一般是:城市主要大街,交通方便,城市中心区域或靠近中心区域,能体现出公司实力,同时距大多数公司员工的居住地较近。

对住宅购买者来讲,对于位置的理解是多种多样的,有的认同商业繁华地区,有的倾向于靠近好的学校,有的对配套设施的完备特别看重。然而,所有的购房者都对交通条件十分关注。

2. 价格

房价的高低是购房者最为关注的问题,因为在一定程度上价格的高低能体现出所购房产的档次,所以,高档的房产必然会有较高的价格。就房产的地理位置与价格而言,相同或相近的地段，购房者会选择价格低的。购房者对房产价格和地段的选择模式基本是：首先选择位置好价格低的；其次是选择价格低但位置稍微差一点的；再次是位置不好价格低的；最后才会选择位置不好价格偏高的。同一种房产，在不同时期价格差别会很大，期房价格低于现房价格，楼层和朝向好的价格高。购房者通常会有两种选择：一种是购买期房，以便保值或投资后转让他人；另一种是购买现房，现房可以直观地看到建筑质量、装修标准和环境设施，购买风险小，购买后马上自用或出租都十分方便。

3. 设计装修

购房者在选择所需房产时，在地理位置和价格可以接受的前提下，必然考虑房产本身的条件，如设计风格、户型的合理性、实用性以及装修档次等。一个房产项目的设计风格、装修档次，体现了开发商的实力。正因为如此，开发商在开发时都很重视设计的新颖独特和装修的典雅豪华。这一点在高档公寓和别墅项目的销售中能够充分体现出来。当购房者走进样板房后，如果样板房的一切都使他满意，那么选择购买的概率将会提高。

4. 投资收益

房地产投资者在选择购房时，最为关心的是投资回报率。某房产投资回报率的高低并不仅仅取决于某一方面的优势，而是取决于各方面的综合因素。地理位置优越、价格高的房产，其投资回报率不一定高于地段稍差价格偏低的房产。因而，房地产投资者在进行房地产投资时，一般应考虑各方面的综合因素，慎重选择，避免留下遗憾。

10.4.2 主观因素

影响投资者购买行为的个人因素主要包括年龄和家庭生命周期，性别、受教育程度和职业，经济状况和生活方式，个性和自我形象等。

1. 年龄和家庭生命周期

年龄对购买行为的影响很明显，不同年龄投资者的欲望、兴趣和偏好各不相同，其购买行为也有不同的特征。年龄和家庭生命周期一般表现为：

(1) 单身阶段，年轻且独立生活的单身人士；

(2) 新婚阶段，没有孩子的年轻夫妇；

(3) 满巢一期，最小的孩子在 6 岁以下的夫妇；

(4) 满巢二期，有 6 岁和 6 岁以上孩子的夫妇；

(5) 满巢三期，有长大而尚未独立子女的夫妇；

(6) 空巢阶段，夫妇进入老年，子女不在身边；

(7) 鳏寡阶段，老人独居。

从家庭生命周期可见：新婚夫妇会要求市区的二室一厅；到了满巢阶段，就会要求三室一厅；而到了空巢阶段则会选择空气环境好的近郊一室一厅。据此分析，开发商可以根据投资者所处的家庭生命周期的不同阶段，制定相应的开发策略。

2. 性别、受教育程度和职业

由于生理和心理上的差异，不同性别投资者的投资与往年有所不同，他们的购买行为习惯也有所区别，多数男性投资者购买商品较为果断和迅速，而女性投资者则往往精挑细选。由于性别的差异，在选择媒体时也会有所不同。受教育程度较高的投资者对报刊的需求量大，投资购买商品房的理性程度较大，审美能力较强，选择品位较高，购买决策的过程较长。同时，不同职业投资者在购房过程中也会有很大的区别。

3. 经济状况和生活方式

经济状况对投资型购买行为的影响甚微。经济状况取决于投资者的可支配收入、储蓄资产、负债等因素。在经济状况一定的条件下，购买能力则取决于个人对投资与储蓄的态度。个人的购买能力在很大程度上制约着个人的购买行为，中国投资者一般会在可支配收入范围内考虑以最合理的方式安排投资，以便最有效地满足自己的需要。收入较低的投资者往往比收入高的投资者更关心价格的高低。投资者对投资与储蓄的态度，不仅受其收入水平和投资习惯的制约，而且还很大程度上受银行利率高低、物价稳定程度及商品供求状况等因素的影响。房地产企业应密切注意投资者的收入变化和利率的升降，以便及时调整经营策略，保持本企业商品对目标客户的吸引力。

生活方式是人们根据其人生目标和价值观来支配时间、财富以及经历的特定习惯和倾向性方式。房地产企业可以从投资者所参与的活动、保持的习惯、兴趣以及对各种事件的看法等角度进行分析推测。生活方式是影响个人行为的心理、社会、文化、经济等多种因素的综合反映，也反映出了一个人的投资行为模式。

4. 个性和自我形象

每个投资者都有其独立的个性，并影响其购买行为。这些个性通过其性格外向或内向、急躁或冷静、冲动或理性、主动或被动等反应在每个人的日常生活中，个性使得投资者产生持续的反应，从而直接或间接地影响了投资者的投资购买行为。

自我形象指个人的实际自我认识。此外，自我形象还是个人的理想自我认识，即一个人怎样看待自己，以及个人的社会形象，即一个人认为他人会如何看待自己。投资者一般会将其房地产购买行为视作自我形象的重要表现形式。

10.5 房地产投资者的类型

从房地产商品本身出发，要将房地产出售给什么样的投资者，就需要解决投资者层次的定位问题。高档住宅楼的投资者对象主要是在这一地区设立办事处和分公司的外省市大中型企业，因为这样的楼盘既可商住也可办公，并且有效解决了员工的住宿问题。因此，高档房产的市场定位决定了其必须面向具有一定实力的大中型企业；而高标准公寓则主要面向高收入的社会阶层，诸如外企员工、成功的个体工商户等。同时，由于房地产商品所具有的高价值特点，在投资购买过程中还存在许多参与者，如购买的决策者可能不是最终的使用者，因此在研究主要投资者时，还要对谁参与了投资决策过程进行研究和分析。比如对于谁进行投资购买决策、谁出资购买房地产、谁重视房地产使用等进行研究，是确定主要投资者对决策者及购买决策产生影响进行描述的第一步，也是最重要的一步，它为房地产开发提供了依据。

由于投资者的受教育程度、文化修养、处事方式存在差异性，即使确定了主要投资者对象，也难以对其进行较为明确的区分。为了房地产开发的便利性和具有针对性，对投资者可按以下标准进行划分。

10.5.1 按购房者的性格特征划分

1. 成熟稳健型

成熟稳健型投资者具有丰富的房地产知识和投资经验，对房地产商品及房产市场信息有一定的了解，与营销人员洽谈时深思熟虑、较为冷静，遇有疑问会刨根问底，不易被营销人员说服。在对待此类投资者时，营销人员一般会实事求是，以争取获得信任理解为主。

2. 谨慎小心型

谨慎小心型投资者的特点是仔细地研究售楼书等文件，对营销人员的介绍反应冷淡。针对这类投资者，营销人员一般会态度诚恳、亲切，先消除疑虑，争取投资者信任和依赖感，然后再向其介绍楼盘情况，可达到事半功倍的效果。

3. 犹豫不决型

犹豫不决型投资者往往优柔寡断、反反复复，对待这类投资者，营销人员态度一般会很坚决，以专家的自信帮助投资者早下决心。

4. 欠缺经验型

欠缺经验型投资者是初次购房，经验不足，信心也不足，难以做出决定，对于这类投资者，营销人员大都会细致耐心地向投资者进行介绍，提供有力的说服证据，态度诚恳，避免使投资者产生压迫感和恐惧感。

10.5.2 按购房者的知识水平划分

1. 知识型

知识型投资者对房地产的知识有较深入的了解。当销售人员介绍自己的楼盘情况时，投资者往往会针锋相对地说出此楼盘与其他相近楼盘的优缺点，有时会向销售人员提出一些关键性问题，如物业价格、物业管理费用多少、周边物业的价格性能比与此物业的联系，或提出一些技术上的专业问题，投资者总有自信的感觉。销售人员遇到这种情况不必做过多解释和评价，可以虚心求教，寻找客户在表达问题中的弱点，沉稳应答。

2. 略知型

略知型投资者掌握部分房地产知识，对某些楼盘的情况一知半解。如果客户不太自信，性格又不固执，销售人员便可在咨询中补充他们的基础知识，并通过介绍楼盘情况刺激投资者的购买行为。如果客户天性固执又自负，销售人员便会采取协商的态度，与他们交谈并不断在交谈中使其接受新知识、新观念。

3. 不知型

不知型投资者对房地产知识了解不多，没有分析地段和楼盘的经验，对于买房手续和房产开发过程认识不清。销售人员会详细解释，不怕麻烦地讲解。如果销售人员能够通过对房地产知识的详尽介绍使其对房屋产生兴趣，则销售工作就会有突破性进展。

4. 确定型

确定型投资者有着比较明确的投资购房目的。由于需要住房，又掌握一定的房地产市场信息和房地产知识，其购买目的明确，具有一定的承受能力，特别是对购房地段有一定要求。如果投资者对房屋价格和地段有了一定的承受能力和明确范围，洽谈购买过程就会比较顺利和有目的性。因此，无论成交与否，对销售人员来说都比较容易把握。此类投资者看到售楼广告，得知基本的楼盘情况后，就会有目的、有意识地针对房屋户型、面积、功能、装修、物业管理等方面提出问题，在进一步接洽或考虑一段时间后，继而对某个户型进行认真的分析研究，而从下一次或下两次的接触中就可以看出客户购买房屋的决心。

当客户对特定的房屋进行讨价还价时,说明客户的投资购买意图已经比较明确。

5. 半确定型

半确定型投资者,主要是对自己将要投资购买的房地产在地段和价格上还不明确,此类投资者进入洽谈室,仍能认真地对每个与房地产有关的问题进行提问并听取介绍,不断提出意见,但伴随着洽谈内容的深入,其不能具体地对所需户型进行认真研究,在对房屋价格的商讨过程中也会流露出随意的态度,显示出客户自己没有最终的决定购买权,而要和投资者家人或投资者朋友商量。通常,在房地产购买过程中此类客户比较多。房地产的价格和地段是左右购房者的重要因素,这两个因素的不确定性导致了客户的注意力不能集中在所选范围内的特定楼盘上,销售人员对此类投资者会热情介绍并视为准客户,通过耐心的解释说服工作,以激发其投资购买的行为。

6. 盲目型

盲目型投资者的购买目标尚不明确或不明确,其对所需房产的各项需求意识朦胧、表达不清,对房地产价位和地段也没有明确的概念。无疑,这类投资者是刚刚开始购买商品房,买房的决策过程很长,从开始考察楼盘到考虑成熟需要一年或更长的时间,特别是在资金不足的情况下,注意力不是集中在某一个楼盘上,而是对各种物业的基本情况都要加以了解,收集信息。销售人员面对此类投资者不应回避,而是有目的地对待,适时介绍、简单交流。

10.6　成功房地产投资者的心理素质

创新的事业需要创新的人才。一种投资工具能造就一大批在这一领域孜孜以求的投资者。是市场造就投资者,而不是投资者造就市场。一个房地产投资者应该具备以下的心理素质和投资技巧。

1. 广博的知识

房地产投资涉及的相关行业很多,如建材业、五金业、电器业、装潢业、交通运输业、广告业、印刷业、建筑业、计算机业、水泥业、土木业等。要想对房地产业有深刻的认识,就应对上述各行业有所了解。最重要的是,这些行业与房地产业的关系往往是"一荣俱荣,一损俱损",任何一个行业的兴衰,都会影响到房地产业。另外,影响房地产市场的因素很多,如果没有广博的知识,也就无法在全局中把握房地产这一局部。

2. 娴熟的投资技巧

房地产投资牵涉收益和风险，所以，没有高超的投资技巧，再有本事也是白搭。这些技巧包括市场分析技巧、房地产操作技巧、买卖谈判技巧等。

要取得房地产投资的成功，掌握投资时机是第一要诀。这里所说的时机有两个方面的含义。一方面，是指由经济景气等宏观经济形势决定的时机。在任何国家的经济运行中，都存在从经济萧条、经济富足、经济高涨、经济衰退再到经济萧条的经济周期，因此，房地产投资者必须密切关注经济运行的宏观变化，把握宏观经济为房地产投资创造的时机，这样才能做出正确的决策。一个著名的房地产投资商曾经说过，房地产投资要买落不买涨，即在经济萧条时投资，在经济富足时收获。

另一方面，是要选择好在房地产开发的哪一阶段进行投资。房地产的开发过程是由八个阶段组成的周期，即买地、安排贷款、中间贷款、出租、收入、成熟、老化、拆除。在这个开发周期的不同阶段投资会有不同的效益，当然也就有不同的风险。收益越大，风险也越大，就看投资者的实力和胆识能不能把握住不同的时机。在买地阶段进行投资，收益最大，风险也最大，随着开发公司开发的进展，从获得贷款到建成出租(售)，一切因素逐渐确定，风险随之减少，利润也随之减少。不能说在哪个阶段投资是最佳时机，只能根据每个投资者的实力来确定。

3. 洞悉市场气氛的能力

房地产市场除受各种外部因素影响外，市场本身的因素也必须考虑，因为既然是市场，就有其本身的规律，同时，投资者的投资目的各种各样，投资的手段五花八门，对市场的认识也不尽相同，因此，造成房地产市场总是处在一种躁动不安的状态之中，投资者必须学会在这一市场氛围中确定自身的位置。

1) 买气还是卖气

当市场求大于供，价格急升时，称为买气浓厚；当市场求小于供，价格下跌时，称为卖气浓厚。最要紧的，并不是在市场买气和卖气呈现时你才意识到，这时已经晚了。因此，判断买气还是卖气，应该是在买气或卖气还未出现时，就能大致有所感觉。也就是说，除通过其他因素的分析进行理性判断外，还需要借助经验和感觉捕捉市场的微妙变化。

2) 市场的成熟程度

市场的成熟程度取决于市场决策者和投资者双方面的素质和操作水平。在决策者一面，政府如何制定市场法规，如何适时干预市场，房地产开发公司如何经营开发建设，都会对市场发生影响。在投资者一面，其对市场的估测和经营能力是否成熟、是否经常做出正确的判断最为关键，如果大多数投资者都具备这种素质，市场的稳定性自然增加。市场的成熟程度从感觉上说,就是该市场发展的平稳性,由于两方面素质均已"到家",所以即使市场发生波动,也会迅速恢复稳定。对于一个新入市的投资者来说,对市场的成熟程度预先做一个良好的判断,将会有利于他今后的投资和操作。在稳健的市场上采取稳健的方法,对不成熟的市场也有相应的手段,这样就可以永远立于不败之地。

3) 投机与操纵

价格波动自然会引来众多炒家介入,从某种意义上说,投机活动能使市场活跃,有利于市场的发展。但过度的投机,却会使很多"涉世未深"的投资者误入歧途,明明价位过高,却盲从不止,仍以为尚有升值潜力,此时入市,被套牢的风险极大。因此,投资者必须认清市场投机的程度和性质,发现投机过热,便应立即采取相应行动,绝不能被市场的假象迷惑。

值得一提的是,一些投机老手和资金雄厚的投资者,往往利用市场的不完善大施操作伎俩,使市场假象丛生,迫使一些投资者盲目追随,其结果可想而知。另外,很多操纵者利用市场谣言,将一处房地产价格故意抬高或贬低,诱使投资者上当。

对市场氛围的把握对于短期投资者来说是相当重要的,因为他们借以盈利的手法就是在短期内频频倒手,以赚取价差。这类经营最关键的就是对价格的把握和对市场的了解,因此,市场自身因素对他们的影响至关重要。

4. 健康的投资心态

投资者应该培养理智的投资心态,因为投资领域充满陷阱,一不小心就会吃亏上当。所以,当市场风险丛生时,投资者一定要保持健康的心态。

(1) 正确地进行风险与利益的权衡。

对于大部分投资者来说,权衡利益和风险是很困难的事。有些失败者失败的根源就在于只看到收益,不考虑风险,即所谓乐观的投资者。而另一部分投资者又经常过高估计风险,而对利益则估计得过于谨慎,这就是所谓悲观的投资者。乐观的投资者经常接受实际上没有收益或者收益甚少的项目,悲观的投资者则往往把可以接受的项目放弃了。过于乐观者或者过于悲观者都容易在投资上失败。那么,如何解决这个问题呢?房地产投资专家有一句忠告:在决定投资项目前,先确定你能承受多大的损失,即确定你能输得起多少。一个投资者承受风险的能力和对风险的偏好程度,决定了其投资规模,同时也决定了其所能获得的利益。

(2) 注意分析与直觉的综合。

对利益与风险进行权衡,既是一门科学,也是一门艺术。对利益与风险的权衡受很多综合因素的影响。

很多成功者的经验告诉我们,机会的发现靠投资者的感觉,或者说靠直觉。在与人谈话时，在旅行中，一个思想的火花，一个偶然的发现，都可能促使投资者产生出许多计划和设想。这些计划和设想，大部分不是靠分析产生的，也不是靠推理产生的，而是人脑的一种潜意识受某种刺激而偶然产生的。对大多数人来说，这些计划和设想可能是荒诞不经的，是不可能实现的，然而，成功者往往就是在别人认为不可能实现的领域里或条件下，获得了巨大的成功。人们随时都可能产生想法、形成计划，如何判断哪些计划是有前途的，哪些计划是真正的幻想呢？"大胆假设，小心求证"，即把分析和直觉综合起来。

由直觉形成想法，应当充分地让它在想象的王国里驰骋，直到构筑成完美的方案，即"大胆假设"。而这些完美方案的实施一点也离不开实际条件，因此对这些条件要"小心求证"。这个求证过程，在工业项目的投资中叫"可行性研究"，在房地产投资中说法多样。总之，这种理性的分析研究过程在任何投资中都是必不可少的。

"大胆假设，小心求证"，是解决分析与直觉矛盾的一把钥匙，也是成功投资的诀窍。

5. 培养自己的投资风格

投资者之间由于性格、年龄、学历、职业、收入水平等的不同，在投资上也会表现出差异。一个合格的投资者应该学会根据自身的条件，扬长避短，通过长期的经验积累，寻找出一套最适合自己的投资战略和策略。

本 章 小 结

房地产投资，是指国家、集体、个人等投资主体，直接或间接地把一定数量的资金投入房产、地产的生产和再生产领域的过程或行为。这是动态意义上的理解。人们通常把房地产投资看成投入的资金数量，则是一种静态的意义。房地产投资的特点主要有：房地产的区域性使其价格差别大；房地产投资大、周期长、效益高；房产、地产交易的不可分性；房地产是一种需求弹性很大的商品；房地产是一种安全性强的保值商品；房地产的发展要受城市建设综合因素的制约等。

房地产市场需求是指房地产市场上供求双方的市场状况，量化指标为需求量。在房地产市场中，有效需求是指在一定时期、一定的商品价格水平和投资者收入水平下，投资者愿意并且具有支付能力的需求。潜在需求是指具有购买欲望，但尚不具备充分支付能力的投资者愿意购买的投资需求。名义需求是投资者愿意投资购买的投资需求，是一种并不要求具备支付能力的投资愿望。房地产市场需求具有多样性、层次性、双重性、综合性、可替代性及关联性的特点。

房地产投资行为同样也受到投资者自身动机的支配，这些动机整合后便构成心理因素，从而影响投资者的购房行为，这些因素包括需要、认识、态度及社会文化等，投资者在购房时常出现不同的购房心理：长期决策心理、价格优惠心理、紧缺心理、买涨不买跌心理及容易后悔心理。

经 典 案 例

李嘉诚一句话道破成就事业的关键

思 考 题

1. 比较房地产市场与股票证券市场的风险差异。
2. 阐述影响房地产投资者购房心理的因素。
3. 试述成功房地产投资者的心理素质。

第 11 章 基金投资的心理与行为

【学习目标】

- 了解基金投资的含义和特点
- 了解基金投资发展的起源和现状
- 掌握基金投资的一般原则和常见策略
- 分析基金投资的心理和行为

【核心概念】

证券投资基金　基金投资原则　基金投资策略

【章前导读】

基金投资属于证券投资的一种，与股票、债券等投资相比，其较低的起购金额和门槛为更多投资者进入基金市场提供了机会。组合投资分散风险的特点也促使更多人涌入基金投资市场。近年来，随着金融知识的普及、居民理财意识的不断提升和许多优秀基金经理优异的表现，越来越多的居民投资者进入基金市场，为基金市场的发展注入了巨大的活力，也使基金投资日益火爆。本章将介绍基金投资的基本理论、发展状况及常见的基金投资策略，进而分析基金投资的一般心理，并分析时事对我国证券投资基金市场的影响。

11.1 基金投资概述

11.1.1 基金与基金投资

基金(fund)有广义和狭义之分。广义的基金指出于某种特定的目的而设立的资金，如我们常说的保险基金、退休基金等。会计上的基金则是一种狭义的基金，指用于特定用途的资金。在金融投资中，一般情况下所说的基金通常指的是证券投资基金。

基金投资市场的三大主体为：基金投资人、基金托管人和基金管理人。基金投资人是基金的出资者、所有者和风险收益直接所得者，一个投资者可以根据自己资金状况投资多个基金；基金托管人是为了保证基金的安全合理运行、保障投资者权益而设立的，通常由具有相关资质和实力的商业银行承担；基金管理人是为了实现资金的增值，对基金的运行进行管理的基金管理公司，一个基金管理公司可以运行和管理多个基金。简单来说，基金投资的整体过程为：基金管理人发行基金，基金投资人出资认购基金份额，基金托管人托管资金，基金管理人进行投资活动，以实现资金的增值或者保值。在这一过程中形成风险共担、利益共享的契约关系。三大主体之间的关系如图11-1所示。

图11-1 证券投资基金市场的三大主体

11.1.2 投资基金的种类

投资基金类型多样,根据不同的划分标准,可将基金划分为不同的种类。最常见的分类方式是根据基金投资对象的不同,将基金分为股票基金、债券基金、货币市场基金和混合基金。这是美国投资公司协会(ICI)对基金进行的详细划分,因此可称为美国式分法。

1) 股票基金

顾名思义,股票基金是指投资对象主要为股票的基金。我国证监会对股票基金的定义为 80%以上的基金资产用于投资股票的为股票基金。也正是因为投资对象为股票,这种基金相比于其他类型的基金具有更高的风险,同时也具备更高的收益。

由于股票基金种类繁多,不同的股票基金之间差异很大,因此有必要根据投资目的和策略对股票基金进行进一步的细分。ICI 的分法是将股票基金分为收入和成长三类。收入型股票基金的投资目的是获得稳定可观的股利收入,因此更多投资于收益稳定的蓝筹股票。成长型股票基金的投资目的是资本增值。介于二者之间的为成长和收入型基金,其投资目的是兼顾股利收入和长期的资本增值,因此需要投资于目前运转状况良好,同时具备一定成长性的公司。一般而言,成长型股票基金的收益和风险会高于收入型股票基金。

我国证监会还根据基金资金投资股票的分散化程度将股票基金分为普通股基金和专门化基金。简单来说,普通股基金的投资比较分散,会将资金投资于各种类型的股票上;而专门化基金的投资更为集中,更多投资于某些特殊行业的股票上,这类股票基金具有更高的潜在风险和收益。

当然,对于股票基金还可以根据投资股票市值的大小分为小盘股基金、中盘股基金和大盘股基金;根据投资股票的种类分为优先股基金和普通股基金,其中优先股基金收益更为稳定,风险更小。

2) 债券基金

与股票基金的定义类似,我国证监会将 80%以上的基金资产用于投资债券的基金称为债券基金。一般来说,债券基金的长期收益高于货币基金,低于股票基金;相应地,债券基金的风险性也低于货币基金,高于股票基金。

对债券基金的分类可以从债券分类入手:按照债券发行主体分为国家债券基金、地方政府债券基金、企业债券基金、金融债券基金等;按照债券偿还期限分为短期债券基金、中期债券基金和长期债券基金等。债券基金的特点已经详细讲解,在此不再赘述。

和债券类似,债券基金的收益来源主要是票面利息、资本利得和杠杆收入等。票面利息收入即债券发行人作为借款人而支付给债券购买人的利息。资本利得是指由于市场波动而带来债券价格变动,从而进行买卖操作所获得的收益。杠杆收入是指将持有的部分债券质押,获得资金再购买债券这种杠杆操作所获得收益。债券基金的风险来源主要是信用风险和利率风险。信用风险指债券基金投资的债券出现了交易方不愿或者无力偿还债务而构成违约,从而影响债券和债券基金的收益的可能性。债券基金的信用风险要看债券发行人的信用等级,像政府、政策性金融机构发行的债券信用风险很低。利率风险是指由于市场利率波动或者不确定性影响债券价格的风险。一般来说,平均到期时间越长的债券,受到利率风险的影响越大。

  3) 货币市场基金

  货币市场基金是指投资对象主要为货币市场短期有价证券,如国债、央行票据、商业票据等的基金。通常来说,货币市场基金风险较低,同时长期收益率也相对较低,但一般高于同期的银行活期存款。

  货币市场基金的单位净值保持不变,投资者可以利用投资收益进行再投资从而获利。除了风险低之外,货币市场基金对于投资者的吸引力主要来自较低的投资成本、较高的流动性。货币基金的申购赎回费率一般为0,管理费也大大低于其他基金的管理费率。一般来说,投资者可以根据自己的资金需求状况随时选择赎回基金,资金到账时间很短,通常在T+2天以内。

  4) 混合基金

  混合基金指不仅投资于股票,还投资于债券和货币市场,资产配置灵活多变的基金。一个优秀的基金经理可以根据市场行情选择不同投资配置的比例,从而获得更大的收益。一般情况下,混合基金的风险低于股票基金,高于债券基金。

  上述为基本的基金分类方式。此外,还可根据基金是否可赎回分为开放式基金和封闭式基金;根据基金交易场所的不同分为场内基金和场外基金;根据基金的募集方式分为公募基金和私募基金;根据基金的组织方式和法律形式的不同分为公司型基金和契约型基金等。

11.1.3 基金投资的特点

1. 专业性强

  基金集合了投资者资金,是由专业的基金管理公司进行运作的。基金市场对于基金管理人和基金托管人具有较为严格的资质要求,基金管理公司的表现是直接关系到基金收益结果的,因此要求其具有过硬的知识背景和丰富的投资经验,并且经过专业训练,能够尽可能地保证投资策略的正确选择和基金投资人的资金安全。

  对于大多数居民投资者来说,投资行为通常是闲钱增益的选择,通常没有较多的金融投资经验和知识储备,面对市场上眼花缭乱的投资产品很容易不知所措,找不到合适的投资产品。而基金投资的专业性就极大地消除了投资者的这一困扰。

2. 较为灵活

如前所述，市场上基金种类繁多，不同的基金也具有不同的特点，这就为投资者灵活选择基金进行投资提供了机会。投资者可以根据自身的资金状况、资金需求及风险承受能力等条件投资基金，作出最符合自身投资目的的选择。

另外，涉及金融投资的地方都可以设立基金，比如投资者看好某国的金融产品或者某个具有较高发展潜力的行业等，都可以选择购买对应的基金来变相获得发展红利。

3. 分散风险

投资界人人都熟知的一句话是：不要把鸡蛋放在同一个篮子里。但毫无疑问，如果资金总量小，分散投资也就没有太大意义，而普通投资者又不具备过多的资金储备。基金就恰好解决了这一问题，它集合来自不同社会投资者的资金，从而达到雄厚的投资资金量，通过组合投资和多元化投资，设置不同比例的投资对象，一方面将整体风险分散到各个投资者身上，另一方面将资金投资于不同种类的金融产品，从而达到分散风险的目的。

4. 门槛较低

私募基金具有严格的进入要求，而公募基金的门槛较低。这里我们所指的为普通投资者投资的公募基金。通常情况下起购份额较低，投资者可以根据自己的经济状况来选择申购份额。近年来，许多基金甚至打出"一元起购"的口号吸引投资者，这种低门槛的特点为广大居民进入基金市场提供了机会。

5. 成本低廉

买卖基金的费率一般较低，且通常基金持有期越长，赎回费率越低。目前，在市场上基金竞争激烈的情况下，低费率也成为许多基金的营销手段之一。此外，包括我国在内的许多国家会给予基金税收优惠，也在很大程度上增加了基金投资的吸引力。

6. 流动性高

基金的流动性也是吸引投资者的一个重要原因。尤其是货币基金的流动性堪比银行活期存款，大多数基金赎回可以 T+1 或者 T+2 日到账。近年来涌现的各种"××宝"类产品甚至可以实现资金的当天到账，也得到了广大投资者的喜爱。这种高流动性能够使投资者更加方便地分配和管理资金，并且在闲钱利用的同时能够应对不时之需。

7. 透明度高

为了保障基金投资者的利益，基金会由专业的监管机构实施监管，并有严格的信息披露要求，投资者和社会公众可以查询到基金的相关信息，这些条例都使得基金的运作更加高效透明。

11.2 基金投资的发展

11.2.1 基金投资的起源

证券投资基金起源于19世纪的英国。18世纪末的工业革命带来了英国资本的迅速积累，大量国内资本转向海外投资以寻求更大的收益，但并非所有投资者都拥有足够的资金储备和投资经验，这便给基金的诞生提供了条件。1868年，英国政府成立"海外及殖民地政府信托基金"，并于《泰晤士报》发布招股说明书。该基金主要投资对象为英国海外殖民地的公债，集合社会的小额资本，由政府授权的职业经理人运作，目的是"达到与大投资者一样享受海外投资收益"。该基金在许多方面为现代基金打下了雏形，被认为是第一只基金，它的成立也标志着基金登上历史舞台。

如果说英国创造了基金的种子，那么美国则是孕育这颗种子的土壤，并使其发展壮大。在1907年，美国成立了第一只封闭基金。第一次世界大战后，美国经济极其繁荣，给基金的革新和发展创造了良好的环境。1924年，在波士顿成立了历史上第一只开放式基金——"马萨诸塞投资信托基金"，允许投资者赎回基金份额。此后，市场上基金不断增多，但总体体量较小，整体上还处于起步阶段。随着科技进步和金融创新的不断冲击，基金的种类也日益增多，美国基金于七八十年代呈现井喷式增长。20世纪90年代，美国基金行业仍发展迅猛，并在经济全球化的背景下占据世界各国基金规模的鳌头。

11.2.2 基金投资的发展现状

21世纪以来，世界基金行业规模不断扩张，发展迅速。除2008年受金融危机影响规模有所收缩外，其余时间基本呈现稳步增长的状态。近年来的发展状况可以从纵向和横向两个方面来看。

从纵向上看，全球基金的总资产净值在过去十年得到大幅度增长。截止到2020年，全球受监管的开放式基金的总资产净值规模达到63.1万亿美元，相比于十年前翻了两倍。基金数量也在不断增长，截止到2020年，全球受监管的开放式基金总数已经达到126 457只。具体规模和数量的变化如图11-2所示。

图 11-2　全球开放式基金规模和数量变化

从横向上看，目前全球基金市场更多集中在欧美地区。截止到 2020 年年末，在全球 63.1 万亿美元的开放式基金总规模中，美国以 29.3 万亿美元的规模排名首位，约占全球总规模的 46%。紧随其后的为欧洲地区，总规模 21.8 万亿美元，约占全球总规模的 35%。其次为亚太地区和世界其他地区。

11.2.3　基金投资在中国的发展

我国的基金相对欧美国家起步较晚。1987 年，由中国新技术创业投资公司(中创公司)与汇丰集团、渣打集团联合设立的中国置业基金在香港成立，拉开了中资金融机构从事投资基金业务的序幕。而投资基金在内地的发展起源于 1992 年 11 月的山东淄博乡镇企业投资基金，该基金为公司型封闭基金。尽管规模较小，但为我国证券业初期探索开创了良好的开端。

1997 年 11 月，经过国务院批准，国务院证券委员会发布了《证券投资基金管理暂行办法》，为基金业的规范运作提供了法律环境。自 1998 年证监会批准的金泰基金设立以来，我国基金不断发展，逐渐迎来了开放式基金的出现。2001 年 9 月 11 日，华安基金管理公司在证监会批准下发行了华安创新证券投资基金，这是我国的第一只开放式基金。此后，我国基金的种类和数量都在不断增多，经历了二十多年的发展，截止到 2021 年第二季度，中国证券投资业基金协会资产管理业务总数量 152 466 只，总规模达 63.73 万亿元。其中，公募基金 8 320 只，总规模 23.03 万亿元；私募基金 108 829 只，总规模 18.90 万亿元。

从投资者角度来说，基金已经成为众多居民投资者重要的投资手段之一，许多不满足于银行存款等传统投资方式的收益率，又对股票投资的风险有所顾虑的投资者便纷纷选择了基金这一投资方式。近年来基金营销手段层出不穷、部分基金在市场上表现良好等情况，促进了基金市场的大繁荣。

11.3 基金投资原则

虽然当前投资市场涌现了"基金热"的现象，但投资者不能被周围环境或他人的投资成果蒙蔽了双眼，导致盲目投资、冲动投资，进而造成不必要的资金损失。在基金投资中，投资者要遵循以下五项投资原则。

1. 闲钱投资

永远记住基金投资是利用闲钱进行的金融投资行为，目的是追求闲钱收益，而不是将自己生活工作必须置于不可预测的市场之中。更不要借助杠杆进行基金投资，首先贷款产品本身利率较高，加大投资的成本；其次增加杠杆加大了投资的风险，市场一旦出现动荡，便会带来连锁效应，造成较大的损失。

随着基金市场的日益火爆，许多不够理智的个人投资者被周围人基金投资的收益蒙蔽了双眼，不惜降低生活质量甚至贷款来购买基金，抱着获得成功人士同样收益的愿望迫切想要进入基金市场。这种行为在一开始就影响了投资者本身的工作和生活，一旦基金市场不如所愿，对资金、生活造成的影响会更加严重。因此投资者要以此为戒，切记用闲钱投资。

2. 个性化选择

市场上基金种类繁多，不同投资者也具有不同的投资偏好和风险承受能力，面对相同的市场行情也会有不同的反应。有些基金涨幅小，但投资相对稳健；有些基金涨幅惊人，但下跌的时候可能会带来更大的损失。多种类的基金起到的作用不是增加投资者的选择难度，而是给不同投资者提供了灵活选择的机会。

因此，投资者不能盲目投资，看到别人在某只基金上获利便冲动建仓加仓，一定要在分析市场和自身个性化特点后，制定合理的投资目标和策略，作出最符合自己的投资选择。

3. 长期投资

指数基金之父约翰·伯格曾说："只有长期投资才是成功者的游戏，短期投资则是失败者的游戏。"任何人都不具备精准预测市场变化的能力，因此对于大多数投资者来说，长期投资是更加安全的投资原则。短期投资更容易受到市场波动的影响，许多投资者看到下跌行情便无法承受损失，纷纷撤仓以求及时止损，或被某只近期态势较好基金的火热行情吸引，迅速建仓想分得一杯羹，结果可能买在山顶，造成"高买低卖"的低级错误。长期来看，基金的收益率会在波动中趋于稳定，在不断变动的市场中提供了相对确定性的信息，以提高长期投资的投资者的操作容错率。

需要强调的是，长期投资并不是说长期持有一种基金不进行任何操作，而是要在长期持有不变的基础上根据市场变化适时适量调整，做到静中有动，灵活的长期投资才是在基金市场上应当保持的正确投资姿态。

4. 设置合理预期

投资者应当适应市场的瞬息万变，以一颗平常心来对待基金的上涨或者下跌。在进行基金操作时，要提前设置好合理的投资预期。设置预期时，应该从自身状况和不同种类基金的特质来综合考虑，并根据市场变动适当调整。当收益达到自己预期上下浮动的合理区间后，适时退出，及时止盈或止损，遵循基金市场波动规律，等行情合适建仓时再选择进入，避免被高涨的行情冲昏头脑或者被下跌的势头磨掉了信心。

5. 分散投资

分散投资是通过将资金投放于不同的证券投资组合，来分散风险的一种投资方式。从基金投资角度来说，如果将全部资金投入到一只或者同一板块的基金中，一旦这个领域出现行情大跌，投资者所有资金便会承受下跌的影响。如果分散投资，将自己可支配的资金投资在不同板块的基金项目中，在 A 基金下跌的时候 B 基金可能在上涨，这样一来，风险就被对冲掉，可有效降低短时间内投资者遭受巨额损失的概率。

分散投资不仅可以通过常用的将投资资金分散到不同市场、板块，还有时间、地域等方面的分散。投资者可以根据现实状况选择合适的分散投资方式。

11.4　基金投资策略

11.4.1　静态策略

静态策略指采用一种投资策略贯彻执行，不过分关注市场变动，是一种相对省心和稳健的投资方式。

1. 长期持有

长期持有，即选择一种或多种基金长期持有，不因市场的细微变动而频繁操作。因为总体来看，所有基金都会有涨有跌，基金的表现往往会经历"上涨—峰值—下跌—谷值—上涨"的周期变化，在这一周期变化中会表现出一个相对稳定的平衡点。因此理论上讲，只要持有时间够长，便可以获得基金的平均收益。

此外，长期持有减少了基金买入和卖出的费率，降低了投资成本。长期持有是一种操作简单、收益平稳，但周期较长的投资方式，适合新手和不愿意在分析研究市场上耗费过多时间和精力的投资者。

2. 定时定额

定时定额投资即大家常说的"定投"，即选择每周、每月等某个固定时间投入固定金额的资金到基金账户中。通常来讲，这一固定金额为小额，不要求投资者一下拿出大额资金，对投资者资金要求不高，目的是定期投入以达到积少成多的效果。

采取定时定额投资策略的投资者，不会因为对市场分析不当而损失惨重，当然也不会因为某次正确预测而一夜暴富，而是相对平稳地分期投资，长期下来，平摊成本，降低风险。另外，定投可以享受到复利的优点，达到"利滚利"的效果。正是由于定投的这些优点，使其成为许多投资者尤其是年轻人和上班族的投资首选。

11.4.2 动态策略

动态策略是指密切关注市场的变化状况，并根据市场变化及对市场的预测来操作基金的投资策略。

1. 追涨杀跌

追涨是指判断市场要继续上涨，在金融产品上涨的行情下买入，以求未来更大的涨幅获得更大的收益；杀跌是指判断市场要继续下跌，在金融产品下跌的行情下退出市场，以及时止损，避免较大的损失。追涨杀跌对市场分析要求较高，具有一定的投机性，因此风险也较大。这种投机方式更适合投资老手或者具有丰富投资知识和经验的投资者，对于新手来说，很容易造成买在高点、卖在低点的投资错误。

2. 低买高卖

低买高卖，顾名思义就是以低价买入，高价卖出，以赚取差价来获得投资收益。自然，这种投资策略是理想的投资方式，建立在对市场的良好判断之上。一般来说，实现低买高卖需要以下几个因素。

(1) 在低价区域买入。低买高卖并不要求绝对的低价，毕竟这是难以操作和判断的，只要在低价的合理范围内即是买入的良好时机，这时投资者可以自行购入恰当的基金份额进入市场。

(2) 基金表现良好，未来会上涨。这一条件要看投资者的判断，通常情况下可以参考基金的走势图、行业状况和运行的基金管理公司，需要选择满足以往表现较好、符合市场形势、可信赖的管理人等条件的基金购入，以期其能上涨。

(3) 保持良好心态。对于市场的细微变动不能过分产生情绪，如轻微下跌便无法忍受，或者稍微上涨便匆匆卖出。投资中，心态十分重要，很容易因为一时冲动产生投资错误。

(4) 合理的投资预期。设置投资预期的重要性已经讲过，投资者应当根据自己对市场的判断设置自己的止盈点和止损点，对于低买高卖的投资者来说，获得适当的收益后，可以选择适当退出市场，以避免基金周期的下跌带来投资损失。

3. 持股待涨

持股待涨是认为未来形势会上涨，在低价或者中间价买入基金，达到目标收益再卖出来获得利润的投资策略。持这种策略的投资者对市场看好，坚定认为市场会上涨，通常在牛市中会取得不错的投资成果。而一旦判断错误，一直持有不合适的基金也会带来较大的投资损失。

4. 逢低增持

逢低增持也叫逢低加仓，即在一定时间内股票或者基金处于下跌状态，便在低点加仓，如此多次操作，以摊平成本。这种投资策略相对稳健，但需要投资者有一定的耐心和判断能力。现实中，普通的个体投资者很难做到每次加仓都在所谓"低点"。此外，对于"低"这一区间的把握也需要投资者注意，要综合考虑基金的以往业绩、本次下跌程度等因素。

11.5 基金投资心理分析

投资者在投资过程中的投资表现往往会蕴含各种投资心理，这些不会被投资者过分关注的心理可能会或好或坏的影响投资行为和投资结果，因此有必要对基金投资的心理进行分析，进而克服某些心理弱点，使我们的投资行为更加理性。

11.5.1 从众心理

关于"从众心理"的概念和形成原因已经讲过，在此不再赘述。应当知道的是，从众并非都是错误的，其应建立在自身对把握信息、判断市场和未来趋势的基础之上，而不应不经过思考，只根据市场人气进行盲目的从众行为。

基金市场中的从众心理表现为看到某只基金在大家纷纷购入的情况下涨势较好，自己也选择购入，或者是对大家纷纷抛售、趋势下跌的基金实行同样抛售的操作。对于市场上的居民投资者来说，自身可能缺乏经验及对市场信息的分析判断，于是经常会盲目听从评论家和其他投资者的建议。同样地，听取别人合理建议来适时调整自己的投资行为是毋庸置疑的。但是，不顾自己与其他投资者之间的个体差异跟着周围短期风气做投资决策是大错特错。由于投资者获取和感知信息具有一定的时间差，因此仅仅随大流看来风气进行基金的买入和卖出操作，很有可能在投资者注意到某只基金涨势良好准备购入的时候，它已经达到了高点，低点同理，这样就会导致"买在高点、卖在低点"，造成投资损失。因此，这种盲目从众的心理是万万不可取的。

克服盲目从众的心理，需要投资者做到以下几点。

(1) 学习金融知识，形成系统的金融思维。只有具备一定的知识储备，才能避免在纷繁复杂的市场信息里迷失方向，才能正确接收和判断不同市场信息，使其于己有利。

(2) 了解自身特点，设置符合自身条件的投资方案。要时刻谨记自己的独特性，可以适当调整但不能过度受他人影响。

(3) 注重心理建设，避免对短期市场波动产生过度反应，注重长期投资的重要性。

11.5.2　心理账户效应

心理账户(mental accounting)是美国行为经济学家理查德·塞勒(Richard Thaler)于 1980 年首次提出的概念。1985 年塞勒发表《心理账户与消费者行为选择》，正式提出该理论，并在后续得到不断发展。塞勒教授因其在行为经济学的贡献成为 2017 年诺贝尔经济学奖获得者，"心理账户"便是其重要理论贡献之一。

心理账户指的是经济主体(个人、家庭、企业等)在做经济决策时会将不同的决策放入不同的心理账户中进行估价，从而做出有违经济学理性人假设的行为。心理账户不仅在经济金融相关的投资、消费、营销领域具有很大的影响，甚至能解释教育、产品设计等其他行业的一些现象。

从基金投资方面来说，人们的许多表现都是"心理账户"效应的结果。例如，许多投资者不能做到及时止损。首先，投资者对于账面亏损和实际亏损的感知是不同的，会将"账面亏损基金"和"实际亏损基金"放入到不同的心理账户中，且对实际亏损感知更加强烈。因此，许多投资者在面对日益下跌的基金时，并不会选择及时抛售，而是顺其自然，保持账面亏损，避免实际亏损给自己带来更大的心理"痛苦"。但显然这种行为是有悖理性的消极操作。其次，投资者在投资时可能会将不同的基金分类，若 A 基金获利，B 基金亏损，这时，投资者很可能会将这两只基金放到不同的账户中看待，忽视整体的收益，而更多注意 B 基金的亏损，且有持续持有等其回本盈利再抛售的期望，从而将部分资金长时间投放于并没有长期发展潜力的 B 基金里。这种心理很容易使自己的资金在表现并不好的基金中被套住,从而丧失更好的投资机会甚至亏损。

在投资中,投资者必须时刻谨记理性行事,切忌因为这种"心理账户"效应而作出非理性的投资行为。

11.5.3 心理周期

基金投资者的心理会随着市场的周期变动而产生周期性的变化,比如在基金上涨的时候出现乐观、兴奋的心理状态,而在基金下跌的时候出现慌张、恐惧的心理状态。股神巴菲特有句话:别人贪婪我恐惧,别人恐惧我贪婪。人人贪婪时,可能正是基金涨势最好的时候,这时应警惕基金是否已经达到比较高的价值并根据自身收益状况选择是否退出。而人人恐惧时,往往是基金行情较差,市场不看好的时候,但是对于被低估的基金来说此时可能是入手的好时机。

总之,基金投资者应当注意到,基金的周期和自己的心理周期有同样趋势,要注意基金的净值变动及价值分析,对其作出合理的判断。

11.5.4 锚定心理

锚定心理是指人们在预测一个事物的时候,通常会在心里设定一个特定值作为锚点,而对后面发生的变化值将以这一特定值作为对比对象来进行判断。简而言之,就是预测会受到锚定值的束缚。锚定心理产生的原因也很容易理解,人们对一个接触的事物没有任何认知时,自然会以新接收到的信息作为基点来评估后面的变化。

在投资中,锚定现象非常普遍,深刻影响着投资者的投资行为。不同的投资者选择的锚点不同,其投资行为也会大有差异。在基金投资中,有些投资者会以某一时刻的基金净值为锚点,低于这一净值时便会选择购入,而高于这一净值便不敢投资。然而,市场上一些基金长期走势良好,基金经理有着优秀的表现等,其净值便很有可能会继续增加。如果我们因为锚定心理而限制了自己的投资,显然会丧失许多投资机会。此外,如果我们因为低于锚定值而盲目买入某些实际发展潜力低的基金,也会承担一定的风险或者损失。因此,基金投资不应该过分关注基金净值及其走势,而应关注基金本身的价值和基金经理、基金管理公司的管理运作能力。

要克服锚定心理,投资者应做到以下几点。

(1) 注意长期投资。投资者不能被短期的净值波动束缚,应当将目光放长远,关注基金的长期表现。

(2) 可以选择定投。定期定额投资是比较稳健的克服锚定心理弱点的投资策略,规律性地投资能够避免因市场的短期波动而冲动或者畏惧投资。

11.5.5 过度自信

过度自信理论来自认知心理学，是指人在评判自己的时候会高估自己的知识和能力。这种心理在如医生、投资家、律师等职业中表现尤为明显。过度自信理论目前在行为金融领域有着深刻影响，它打破传统金融学对于投资者风险规避的一般性假设，对于现实生活中许多投资者表现出来的风险偏好行为有较强的解释力。过度自信理论的代表人物丹尼尔·卡内曼(Daniel Kahneman)认为，过度自信源于投资者不能正确估计概率性事件。

在基金投资中的过度自信通常有以下表现：对自己选定的某只或者多只基金充满自信，坚定认为其能有良好的表现，高估该基金的投资收益，忽视市场信号和他人合理建议。这种心理是采取持股待涨型策略的投资者最容易犯的错误。对于某只基金过度自信可能会让投资者忽略组合投资、分散风险的重要性，从而带来不合理的投资行为。

在基金投资中，适度的自信是好的，能够不被不必要的信息误导，实施符合自身特点的投资策略，避免盲目从众，但是过度自信显然是投资路上的绊脚石。因此，在基金投资活动中，我们应当结合市场变动情况、自身的风险承受能力和资金状况，确定符合自身的投资机会，尊重市场规律，寻求合适的进入和退出时机。

11.6　成功基金投资者应具有的心理素质

在基金走入大众生活中，成为许多居民投资者喜爱的投资方式的背景下，投资者进入基金市场时也需要注意到不能盲目投资，要在系统学习金融知识，对基金市场有基本认知之后再进行操作。除了前面所讲的投资原则、投资策略，成功的基金投资者还需要具有良好的心理素质。

11.6.1　正确认知自己

基金投资的第一步是全方位认知自己，根据自身状况设定合理定位，才能制定出最符合自己的投资预期和投资策略。如果不清楚自身状况，那么投资必然会像无头苍蝇一样毫无逻辑和思路，从而失去方向。

在操作过程中，正确认知自己要求投资者既要做到对自己有信心，充分相信自己的判断，不被市场波动过度影响，也不因旁人建议而盲目从众；又要做到不能过度自信，要审慎分析市场形势，对市场抱有一颗畏惧之心，作出恰当的投资行为。

11.6.2 保持稳定的心态

基金市场的波动是不可避免的现象。许多基金投资者热衷于每天盯着基金的走势图，过度解读基金变化，稍有变动便惊慌失措，匆忙操作，到头来收益可能还不如不做任何操作的投资者。这并不是说我们不能够对基金进行买卖操作，而是说投资者应当认识到，任何基金都有波动周期，有涨必有跌，有跌必有涨，我们应当适应这种涨跌变动，不能有过度的心理压力。

投资者应当将关注重心放在基金的长期发展潜力和管理人的能力上，对于基金的细微变动甚至可以忽略不计，面对稍大的变动要及时调整策略。总之，应当培养自身稳定的心态和良好的心理素质。

11.6.3 具备合理的投资动机

许多人听信了成功的基金投资案例，便抱着自己也可以的心态进入基金市场，觉得自己可以利用投资基金暴富。实际上，这是极其错误的投资动机。股市中大家都熟知的一句话是：股市有风险，投资需谨慎。这句话在大多数金融投资品中都是适用的。风险和收益是一对孪生兄弟，拥有收益就意味着要承担相应的风险，任何人都不能保证自己能够精准预测市场走势，完全规避掉风险。另外，对于个人投资者来说，自己的投资资金是有限的，也不足以通过基金的收益率来获得数倍于本金的收益使自己获得期盼的暴富之财。

因此，企图通过投资基金获取主要财富是不现实的。普通的个人投资者应当摆正投资心态，牢记基金是闲钱增值的一种方式，而不是可以抛弃工作作为主要收入来源的捷径。

11.6.4 善于学习和总结

适当了解和学习金融知识对于投资者尤其是新手投资者来说非常重要，它可以有效避免投资者的盲目投资。同时，善于学习还要求投资者能够保持谦卑，多跟有丰富经验的投资者交流，向他们虚心请教，学习他们的投资技巧和投资心态。

投资者也要从自己的投资过程中汲取经验，及时总结。实践出真知，只有做到知识与经验相结合，才能更好更有效地投资。

11.6.5 保持耐心

基金投资是一个长期的过程，达到目标收益率可能不是一蹴而就的，更别提短期内的下跌行情带来的负收益结果。有些投资者看到基金的波动便耐不住性子频繁更换投资对象，这种行为不仅难以获得长期收益，还会产生较多的交易费用，显然是不可取的。

比尔·利普舒茨曾经说过:"如果交易员能够减少 50%的交易次数,通常都可以赚更多的钱。"这句话告诉投资者保持耐心的重要性。过度交易是投资者应当杜绝的行为,我们要对自己选择的基金保持一定的耐心,不要轻易改变投资计划。

本 章 小 结

基金通常有广义和狭义之分,我们通常说的基金投资中的基金是证券投资基金,是一种狭义的基金。市场上基金类型多样,可以根据不同的划分标准对基金进行不同的划分。最常见的是根据基金投资对象的不同,将基金分为股票基金、债券基金、货币市场基金和混合基金,这些基金各有其自身的特征。一般来说,基金投资具有专业性强、较为灵活、分散风险、门槛较低、成本低廉、流动性高、透明度高等的特点,这也是基金吸引投资者的主要方面。

基金起源于 19 世纪的英国,以 1868 年英国政府成立的"海外及殖民地政府信托基金"为标志。基金的大发展则在美国,世界上第一只开放式基金是 1924 年在波士顿成立的"马萨诸塞投资信托基金"。目前美国也引领了世界基金发展的方向。目前,基金已经成为包括我国在内的许多国家居民投资者喜爱的一种投资方式。

基金投资要遵循闲钱投资、个性化选择、长期投资、设置合理预期、分散投资等投资原则,采用合理的投资策略,克服从众心理、心理账户效应、心理周期、锚定心理、过度自信等心理弱点,并利用这些心理特征进行更好的投资。

最后,投资者在进入基金市场时,要注意保持良好的心理素质,做到正确认知自己、保持稳定的心态、具备合理的投资动机、善于学习和总结,并在投资中保持耐心。这样才是一个成功的基金投资者应当具备的素质。

经 典 案 例

新冠疫情对我国证券投资基金市场的冲击

思 考 题

1. 阐述证券投资基金的一般分类。
2. 基金投资应当遵循的原则和常见策略。
3. 试述成功基金投资者应具备的心理素质。

序論

第 12 章　贵金属投资的心理与行为

【学习目标】

- 了解贵金属投资的概念。
- 了解影响贵金属价格的因素。
- 了解贵金属投资的心理与行为。

【核心概念】

贵金属　贵金属投资策略　贵金属投资原则

【章前导读】

贵金属凭借其稀缺性、投资价值及潜力得到越来越多投资者的青睐。2008 年美国，贵金属可作为保值与避险资产的特性引发了更多投资意愿，其价格一路走高。随着黄金 ETF 上市制度的确立，其他衍生品也纷至沓来，贵金属投资进入了一个新时代，如何在贵金属投资领域稳稳地分一杯羹，需要从贵金属涨跌的动因里把握应有的投资心态。

12.1 贵金属投资概述

12.1.1 什么是贵金属投资

传统意义上的贵金属是指黄金和白银，现代意义的贵金属还包括铂族金属(钌、铑、钯、锇、铱、铂)。物以稀为贵，贵金属的珍贵就珍贵在它们的稀缺性。

贵金属投资包括实物投资和带杠杆的电子盘交易投资，以及银行类的纸黄金、纸白银。

实物投资是指投资者在对贵金属市场看好的情况下，低买高卖赚取差价的过程。也可以是在不看好经济前景的情况下所采取的一种避险手段，以实现资产的保值增值。

电子盘交易是指根据黄金、白银等贵金属市场价格的波动变化，确定买入或卖出，这种交易一般都存在杠杆，即"以小博大"，用较小的成本套取较大的回报。

贵金属的保值性高，可以抵御通胀带来的币值变动和物价上涨。因此贵金属投资市场的一个基本规律是，当通货膨胀威胁加剧，全球经济形势动荡，以及世界金融危机爆发，具有避险保值功能的贵金属投资需求就会呈现出爆发式的增长趋势。

12.1.2 贵金属投资的种类

用于投资的贵金属种类很多，大都为贵金属的金融衍生品。市场上常见的贵金属投资品种有黄金现货、白银现货、伦敦金、天通金、AuT+D、AgT+D、期货黄金、纸黄金、纸白银、铂金、钯金等。虽然品种不同，但各自的交易方式大同小异，只是对于这一类贵金属的保证金交易(电子盘交易)的保证金比例会有所不同。

1. 黄金——资产保值

黄金以其独有的特性——不变质、易流通，成为资产保值储值的首选。其实最主要一点还在于黄金的利用率低，不像白银有那么多工业用途——这反而使得它挥发流失少，造就了它被理解为"永存"的价值。

黄金具有二元属性，即商品属性和货币属性。首先商品属性使得其价格建立在价值和供求基础上，黄金市场的供应主要来自黄金矿产、央行售金及回收金等方面，所以像"南非矿产量创下近90年来最低"的消息是影响市场供求的重要因素。而货币属性则是指黄金价格是以美元定价的，美元与黄金在理论上存在较强的负相关性，当市场上普遍存在对美元贬值的预期时，投资者出于避险需要会买入相对价格更坚挺的黄金，会更多地体现出其货币属性。

黄金的投资方式主要有实物黄金、纸黄金、黄金期货、黄金期权等。

1) 实物黄金

实物黄金投资包括金条、金币及黄金首饰，以持有黄金实物作为投资。

纪念性和装饰性的实物黄金，前者包括各种纪念类金条与金币，如"奥运金条""贺岁金条"和"熊猫金币"等，后者则是指各类黄金首饰制品，如金项链、金戒指、金耳环等。这些实物黄金不具备真正意义上的投资性质，因为除金价的波动外，其价格还取决于收藏价值和艺术价值等；同时，因加工成本带来的较高溢价及回购不便导致的流动性欠佳，使得投资者买卖此类实物黄金并不能完全享受金价波动带来的收益，也难以充分发挥持有黄金所带来的保值功能。

真正意义上的投资型实物黄金应具有以下特点。

(1) 价格贴近国际金价水平，而且价格波动的幅度和频率基本与国际金价保持一致。这里所说的价格不仅仅指销售的价格，还指回购的价格。市场上一些黄金产品销售价格大大高于回购价格，每克的买卖差价甚至达10元以上，投资价值大打折扣，获利难度可想而知。

(2) 具有完整的流通渠道和便捷的变现方式。任何一种产品，流通性是投资性的先决条件，黄金更是如此。投资者投资黄金并非永远持有，而是要在需要的时候及时变现，所以不能变现和流通的黄金是没有投资价值的。

(3) 交易成本低，不至于对投资者利用价格的波动获取收益或利用黄金的稳定性使资产保值造成影响。有些实物黄金在交易过程中除了买卖价格之外还要收取一定的手续费，产品不同收费标准也不同，投资者在选择实物黄金产品时应事先了解其交易成本。

2) 纸黄金

纸黄金是一种个人凭证式黄金，投资者按银行报价在账面上买卖"虚拟"黄金，个人通过把握国际金价走势低吸高抛，赚取黄金价格的波动差价。投资者的买卖交易记录只在个人预先开立的"黄金存折账户"上体现，不发生实金提取和交割。

与实物黄金交易不同的是，纸黄金交易只能通过账面反映买卖状况，不能提取实物黄金。两种交易方式各有优劣：如果是长期收藏或馈赠亲友，投资者可选择实物黄金交易；如果想短期获得交易差价，纸黄金是最佳选择。纸黄金交易不存在仓储费、运输费和鉴定费等额外的交易费用，投资成本低，不会遇到实物黄金交易通常存在的"买易卖难"的窘境。

3) 黄金期货

黄金期货，是指以国际黄金市场未来某时点的黄金价格为交易标的的期货合约，投资者买卖黄金期货的盈亏，是由进场到出场两个时间的金价价差来衡量，契约到期后则是实物交割。

黄金期货的优点如下。

(1) 双向交易，可以买涨，也可以买跌。

(2) 实行T+0制度，在交易时间内，随时可以买卖。

(3) 以小博大，只需要很少的资金就可以买卖全额的黄金。

(4) 价格公开、公正，24小时与国际联动，不容易被操纵。

(5) 市场集中公平，期货买卖价格在一个地区、国家，开放条件下世界主要金融贸易中心和地区价格是基本一致的。

(6) 套期保值作用，即利用买卖同样数量和价格的期货合约来抵补黄金价格波动带来的损失，也称"对冲"。

黄金期货的缺点如下。

(1) 黄金期货合约在上市运行的不同阶段，交易保证金收取标准不同。入市的时点决定保证金比例的高低，投资者在操作时如果不注意追加保证金，很容易被平仓。

(2) 如果在到期前不选择平仓，则到期时必须交割实物黄金，这并不是一般投资者愿意选择的。

(3) 硬性规定自然人不能进行黄金实物交割的，如果在交割月份，自然人客户持仓不为零，则由交易所在进入交割月份的第一个交易日起执行强行平仓。因强行平仓产生的盈利按照国家有关规定处理，强行平仓发生的亏损由责任人承担。

4) 黄金期权

黄金期权是买卖双方在未来约定的价位具有购买一定数量标的的权利，而非义务，如果价格走势对期权买卖者有利，则会行使其权利而获利，如果价格走势对其不利，则放弃购买的权利，损失只有当时购买期权时的费用。买卖期权的费用由市场供求双方力量决定。由于黄金期权买卖涉及内容比较多，期权买卖投资战术也比较多且复杂，不易掌握，目前世界上黄金期权市场并不多。黄金期权投资的优点表现在：具有较强的杠杆性，以少量资金进行大额的投资；标准合约的买卖，投资者则不必为储存和黄金成色担心；具有降低风险的功能等。

黄金期权合同也同其他商品和金融工具的期权合同一样，分为看涨黄金期权和看跌黄金期权。看涨期权的买者交付一定数量的期权费，获得在有效期内按商定价格买入数量标准化的黄金权利，卖者收取了期权费必须承担满足买者需求，随时按商品价格卖出数量标准化的黄金的义务。看跌期权的买者交付一定数量的期权费，获得了在有效期内按商定价格卖出数量标准化的黄金权利，卖出者收取期权费，必须承担满足买者要求，随时按约定价格买入数量标准化的黄金的义务。

2. 白银——低门槛投资品

白银最大的优势是投资门槛低，比如人民币纸黄金要 330 元/克，白银只需 5.7 元/克。同时它的价格波动大、交易更活跃。回顾历史，白银的价值更早地被人们重视，银本位制比金本位制更早，但随着社会发展，其货币属性逐渐被黄金取代。在黄金大量开采运用前，银的地位是最高的，那个时候它还比黄金贵。因而白银的劣势也恰恰是开采量大和实用性。从 19 世纪开始人类所生产的白银绝大部分已经被消耗掉了——白银特有的物理化学特性，使得它成为重要的工业原料。很多地方都能看到它，比如电子器件的银浆、摄影感光材料、医学用银、环保净水等。这种特性决定白银的供需更难监测，投机性更大，波动也更大。

白银的投资产品总体上与黄金类似，主要有以下几种投资方式。

(1) 实物银条。不需要佣金，回购机制完善，容易兑现，长期来看具有一定的抗通胀作用。不足之处是保管成本相对较高、回购还需费用。

(2) 纸白银，又叫账户白银，也就是不发生实物白银的提取和交割，只需按银行报价在账面买卖虚拟的白银，通过把握国际现货白银走势高抛低吸赚取价格波动差价。相比实物白银投资，避免了储存白银的风险和费用；没有流通性问题，交易时间与国际现货白银几乎一致。不过这种方式需要对银行支付"点差"成本，且全额占用投资资金，没有做空机制。

(3) 白银 ETF。假如你希望直接投资实物白银，但是又不想支付保险、检验、保管等相关费用，ETF 是一个不错的选择。ETF 投资有点类似于股票，投资者通过买入 ETF 的份额来拥有银条。代价是要扣除基金管理费用。

(4) 白银股票。对于已有白银业务的上市公司，比如豫光金铅、江西铜业、驰宏锌锗、西部矿业等，白银产量最大的为豫光金铅。不仅要关注它们的经营状况，还要对白银价格走势进行一定分析。

除了上面四种常见的，还包括白银期货、白银 T＋D 和天通银。

3. 铂金——比黄金更金贵的神秘贵金属

还有一种不可忽视的贵金属——铂金，商场里的标价比黄金还贵。铂金被称为"贵金属之王"，但我们对铂金的认识和利用比对黄金白银晚。16 世纪西方开始狂热地寻找黄金时，铂金仅被认为是"劣等碎银"被西班牙海军船长扔回厄瓜多尔的河流中。而铂金命运的真正改变，是始于 1751 年被瑞典科学家特费尔·西佛正式归类为贵金属。事实也是如此，自然界中铂金的储量的确比黄金稀少得多。物以稀为贵，铂金的价格也一直高于黄金：从 2000 年到 2010 年的 10 年间，国际铂金价格与黄金的比值通常维持在 1.4～1.5。

据不完全统计，世界铂族元素矿产资源总储量约为 3.1 万吨，其中铂金总储量约为 1.4 万吨。而且世界铂金的年产量仅 85 吨，只有黄金年产量的 5%。仅有少数几个国家出产铂金——虽然有 60 多个国家都发现并开采铂矿，但其储量却高度集中在南非和俄罗斯，两者的总储量占世界总储量的 98%，还有少量矿场分布在加拿大和美国。仅南非的铂金产量就占全球总产量的 80%以上，其中，以南非德兰士瓦铂矿床最为著名，是世界上最大的铂矿床。

与金银众多的投资渠道相比，铂金投资渠道确实非常狭窄。目前只有以下几个渠道可做铂金投资。

1) 纸铂金

目前只有少数几家银行有纸铂金业务。中国工商银行于 2011 年最早推出了"纸铂金"交易，与"纸黄金"类似，投资者只要在中国工商银行开立个人贵金属买卖账户，即可通过指定网点、网上银行等渠道实时交易。投资门槛是"1 克"，操作手法与"纸黄金"类似，参照国际金价，赚取买入和卖出价的差价。

2) 投资性铂金金条

少数百货公司或贵金属投资公司有投资性铂金金条销售和回购。投资实物铂金一定要关注回购渠道，如果没有回购则意味着其变现困难，流动性会大大降低，所以提供回购的比不提供回购的要好很多。

3) 现货铂金交易

部分正规交易平台推出的现货铂金交易，如天津贵金属交易所、广东贵金属交易中心等。

12.2　贵金属价格的影响因素

贵金属作为一种特殊的具有投资价值的商品，其价格受多种因素的影响，这些因素对贵金属价格的影响机制非常复杂，投资者在实际操作中难以全面把握，因而存在出现投资失误的可能性，如果不能有效控制风险，则可能遭受较大的损失，投资者必须独自承担由此导致的一切损失。

影响贵金属价格的主要因素如下。

1. 供求关系

供给出现短缺或者需求量陡然增大，供不应求的市场格局将推动贵金属价格迅速上涨。

第 12 章　贵金属投资的心理与行为

在全球贵金属市场中，除了个人投资者和机构投资者之外，大部分的实物黄金都储存于各大央行(包括 IMF)手中。由于黄金具有特殊的货币属性，因此其一般作为外汇储备的补充存在于央行的资产负债表中。央行售金一直是市场上实物黄金供给的主要来源之一，从 2004 年到 2008 年的 5 年时间里，全球各大央行的累计售金重量超过 2000 吨。但自 2008 年全球金融危机爆发以来，各国央行为了对冲持有大量美元资产的风险，开始逐步缩减售金的规模，甚至开始在市场上买入黄金。这也从一定程度上助推了黄金价格逐步走高。2012 年，官方买入黄金总量超过 500 吨，创下历史新高。而就在 2011 年年底，黄金价格历史性地突破了 1900 美元/盎司。可见，央行在实物贵金属市场中头寸的变化会引起供需基本面的变化，从而影响价格。这主要表现为黄金价格与央行所持有的黄金总量正相关，也就是说，当央行增持黄金，黄金价格上涨；当央行减持黄金，黄金价格下跌。

2. 美元走势的强弱

美元指数，即 USDX，是综合反映美元在国际外汇市场的汇率情况的指标，用来衡量美元对一揽子货币的汇率变化程度。它通过计算美元和对选定的一揽子货币的综合的变化率，来衡量美元的强弱程度。黄金作为一种特殊的商品，在金融市场中具有一定的货币属性。因此在大部分的情况下，美元指数与金价之间都呈现出较强的负相关性(二者长期以来的负相关性达到 90%以上)，机构持有黄金资产的目的之一也是对冲美元的风险。

3. 通货膨胀

通货膨胀时物价大幅上升，货币的单位购买力下降，贵金属的价格会明显上升；反之则下降。因此，一般而言，投资者对于通货膨胀与黄金价格之间的关系有一个惯性思维，即二者正相关。确实，黄金作为一种特殊的资产，具有避险和抗通胀的作用。由于其对冲货币(主要是美元)的内在属性，市场在发生通货膨胀(尤其是恶性通货膨胀)时，投资者往往会选择购入黄金资产来对冲货币的贬值。从需求角度来说，投资者对黄金的需求增加，也推动了贵金属价格的上升。

4. 石油价格

贵金属本身作为通胀之下的保值品，与通货膨胀形影不离。而石油等大宗商品价格的上涨意味着通胀可能随之而来，贵金属也会随之上涨。

5. 地缘政治因素

国际上重大的政治、战争事件都将影响金价，如"二战"、美越战争、1986 年"伊朗门"事件、2013 年 9 月美国对叙利亚动武的预期等都曾使黄金白银有不同程度的上升。对于黄金来说，地缘政治风险的增加将刺激金融市场的避险情绪，导致黄金需求增加，金价上涨。对原油来说，如果地缘政治事件发生在产油地区，原油的生产和运输将受到阻碍，石油供应下降，对油价形成支撑。因此，在地缘政治事件发生时，黄金和原油价格同时上涨的概率较大。

6. 股市行情对贵金属的影响

一般来说，股市下挫，黄金白银的价格会上升。如果大家普遍对经济前景看好，则资金大量流向股市，股市投资热情高涨，黄金白银的价格则会下降。

7. 其他因素

例如中国政府对美国国债的态度及市场心理因素等会影响贵金属的价格。

12.3　贵金属投资的策略与原则

12.3.1　投资的策略

1. 准备充分

认识和了解贵金属市场，是进行交易必不可少的前奏。首先要充分准备。学习基础理论知识、操作工具使用方法等，掌握进入贵金属市场的必备技能。前期应进行模拟交易，提高实际交易能力，锻炼心理素质，从中发现并改正错误，培养良好交易习惯，为以后投资打下基础。其次要避免跟风。贵金属价格的波动受到诸多复杂因素的影响，盲目跟风对贵金属期货投资的影响尤其大。有这种心理的投资者，容易在他人买进时深恐落后，他人离场时不问理由止损砍仓。最后是制定操作纪律。行情每时每刻都在发生变化，涨跌起伏势必会造成投资者侥幸和贪婪心理，如果没有制定操作纪律，及时止盈、止亏结算了断，账面盈亏就会随着行情变化而波动，不能形成实际收益。获利可能转变为亏损，影响客观的分析思维。因此，制定操作纪律并严格执行非常重要。

2. 控制持仓

根据实际情况制订资金运作比例，下单前需慎重考虑，为可能造成的损失留下一定的回旋空间与机会，满仓操作风险较高。成功的投资者，其中一项原则就是随时保持2～3倍以上的资金以应对价位的波动，如果资金不充分，就应减少手上所持的仓位，否则，就可能因保证金不足而被迫平仓，纵然后来证明眼光准确也无济于事。

3. 顺势而为

在市场出现单边行情时，不要刻意猜测顶部或底部的点位而进行反向操作，只要行情没有出现大的反转，不要逆势操作，市场不会因人的意志而转移，市场只会按市场规律运行。

4. 严格止损、降低风险

进行投资时应确立可容忍的亏损范围，善于止损投资，才不至于出现巨额亏损。亏损范围应依据账户资金情形，当亏损金额已达到容忍限度时应立即平仓，从而避免行情继续转坏时损失无限扩大的风险。同时投资者要以账户金额衡量投资数量，不要过度投资，一次投资过多很容易产生失控性亏损，投资额度应控制在一定范围内，除非能确定目前走势有利，可以投资50%，否则每次投资不要超过总投入的30%，从而有效控制风险。

5. 保持良好的心态

心态平和时思路会比较清晰，能冷静、客观地分析行情波动因素，当对行情走势疑虑时，暂且观望，减少盲目跟风操作，保持理性操作。投资者并非每天都要入市，初入行者往往热衷于入市买卖，但成功的投资者则会等待机会，感到疑惑或不能肯定时亦会先行离市，暂时持观望态度，待时机成熟时再进行操作。

12.3.2 投资的原则

1. 鳄鱼原则

鳄鱼原则源于鳄鱼的吞噬方式。猎物越试图挣扎，鳄鱼的收获越多。假定一只鳄鱼咬住你的脚，如果你用手臂帮助脚挣脱，则它的嘴巴便会同时咬你的脚与手臂。你越挣扎，便陷得越深。因此，万一鳄鱼咬住你的脚，务必记住：你唯一的生存机会便是牺牲一只脚。若以现货市场的语言表达，这项原则就是：当你知道自己犯了错误时，立即了结出场，不可再找借口、理由或有所期待，不可妄图调整头寸或进行其他任何无谓的动作。

2. 敬畏市场原则

市场永远是正确的，不要与之对抗，不要妄想能够预测市场、战胜市场、操纵市场。市场的发展会显示你的决策是否正确。遵循市场走势，市场最终会给予奖励，违背市场走势，市场最终会给予惩罚。

3. 投资原则

身为一名投资者，应当时刻清醒地意识到，在经济独立的情况下保有自由，而前提保证则是经年累月稳定持续地盈利。投资者从来不执着于大捞一票的机会，首要之务是保证资本安全，其次才是追求稳定持续的盈利，然后以一部分盈利进行较有风险的交易。大捞一票的机会还是会出现的，但并不需要承担过度的风险。

12.4 贵金属投资的心理与行为分析

12.4.1 贵金属投资的心理与行为误区

1. 盲目胆大

有些投资者从未认真系统地学习过投资理论技巧，也没有经过任何模拟训练，甚至连最起码的投资基础知识都不明白，就贸然地进入贵金属市场，参与投资。还有的投资者一旦发现市场价格大幅波动，就不假思索大胆入市，常常因此被套牢，甚至爆仓。

2. 缺乏忍耐

有些投资者恨不得一旦入市，价格就向着有利于自己的方向运动，最好是大幅运动，实现一夜暴富的愿望。但是出现这种情况的概率很小。大多数情况下，入市后，市价走势好像总是跟自己作对似的，偏偏朝着相反方向运动。这正是考验投资者忍耐力的时候，一定要严格按照原来的操作计划行事，不要赚了一点蝇头小利就急忙抛出。

3. 不愿放弃一切

贵金属市场中有数不清的投资机遇，但是，投资者的时间、精力和资金是有限的，不可能把握住所有的投资机会，这就需要投资者有所取舍，通过对各种投资机会的轻重缓急、热点的大小先后等多方面衡量，有选择地放弃小的投资机遇，才能更好把握更大的投资机遇。

4. 盲目跟风

像股市一样，贵金属市场也充斥着各种消息，大部分人的交易都听从了他人建议，而唯独少了自己的判断。听惯了他人的头头是道，宁可相信他人的错误，也不愿去坚持自己的正确观点。有这种心理的投资者，看见他人纷纷购进某种贵金属产品时，唯恐落后，在不了解的情况下，也买进自己并不了解的产品。有时看到他人抛售某种产品，也不问抛售的理由，就糊里糊涂地抛售自己手中后期走势潜力很好的产品。有时谣言四起，由于羊群心理(跟风心理)在作怪，致使贵金属市场掀起波澜，一旦群体跟风抛售，市场供求失衡，贵金属市场一泻千里，这样往往会上那些在贵金属市场上兴风作浪且用意不良的人的当。因此，投资者要树立自己投资的独立意识，不能跟着他人的意志走。

5. 恐惧

在贵金属市场中，恐惧常会使投资者的投资水平发挥失常，屡屡出现失误，并最终导致投资失败。因此，恐惧是投资者在市场中获取盈利的最大障碍之一。投资者要在贵金属市场中取得成功，必须要克服恐惧心理。

6. 贪婪

投资者想获取投资收益是理所当然的，但不可太贪心，有时候，投资者的失败就是由过分贪心造成的。每当贵金属行情上行时，总不肯果断地抛出自己手中所持有的投资品，总是在心里勉励自己：一定要坚持到胜利的最后一刻，别放弃更多的获利机会！这样往往就放弃了一次抛售的机会。每当贵金属行情下行的时候，又都迟迟不肯买进，总是盼望贵金属行情跌了再跌。这些投资者虽然与追涨、追跌的投资者相比，表现形式不同，但有一个共同之处，就是自己不能把握自己。这种无止境的欲望，反倒会使本来已到手的获利事实一下子落空。他们只想到高风险中有高收益，而很少想到高收益中有高风险。

7. 急切焦躁

由于市场风云莫测，投资者有时难免会心浮气躁。这种焦躁心理是贵金属投资的大忌，会使投资者不能冷静思考、客观分析，操盘技术大打折扣，甚至做出无法挽回的错误决策。急切焦躁的投资者不仅容易失败，也容易灰心，很多时候投资者就是在充满焦躁情绪时投资失败的。

一个成功的投资者，其个人能力是必不可少的，交易经验也是重要因素，但这些条件的前提是投资者必须拥有健康良好的交易心态。只有这样，投资者才能在贵金属投资领域长远地走下去！

12.4.2　树立正确的贵金属投资心理与行为

初次进入贵金属市场的投资者，除了学习基础的市场知识、掌握分析和操作的基本方法之外，还要塑造成功的交易心理。要想成为贵金属市场上的常胜将军，心理因素往往是关键。

1. 保持平常心

保持平常心，说起来容易做起来难。投资是一个长期的过程，在一个短时间内保持平常心是远远不够的，重要的是持久地保持平常心，平静客观地分析市场、做出决策及看待得失。

2. 及时认错

一般而言，普通人的自尊心不允许自己认错，即使错了，也要坚持到底，这是大多数新手的本能反应。而对于一个拥有成功的交易心理的老手来讲，认错就和呼吸一样自然。只有对自己的决策错误、操作错误等及时认错，才能及时更正，以免发生更大的错误和损失。

3. 接受失败

接受失败，尽快转移注意力到下一次交易。这个世界上没有人能保证他的每一笔交易都是赚钱的，所以当你的某次交易亏钱时，尽快忘掉它，并且把注意力转移到下一次交易中。否则，你可能会亏得越来越多而无法自拔。

4. 既敢输，更敢赢

在贵金属市场上，少了很多股票市场、期货市场的内幕交易、虚假信息，交易环境更加符合"公平、公正、公开"的原则，盈亏更多地取决于投资者的能力和操作水平。但即便在贵金属市场上，亏钱的现象并不比股票或期货市场少见。分析其原因，还是由于投资者的操作水平和心理素质不过关。统计表明，大多数亏损的投资者敢输不敢赢，赢小钱、亏大钱，最终盈亏相抵之后是亏损。而成功的投资者则是亏小钱、赢大钱，最终盈亏相抵之后仍是盈利。

5. 当交易获利时，保护赢得的利润

保护你的利润是另一个获得稳定、长期利润的重要因素。当你处于一个获利的位置时，很重要的一点是相应地提高你的止损点。这样，尽管你希望持仓更长时间，获得更多的利润，至少你的最小盈利也获得了保证。

6. 交易的规模控制在能承受的损失范围之内

尽管每一个人都知道交易的金额超过承受的范围是一件愚蠢的事情，但这种蠢事在我们投资者当中还是非常普遍。投资者做贵金属交易的目的是提高自己的生活品质，但前提应该是先做好资金管理，不应该动用那些不该动用的钱。例如，每个月的生活费、教育资

金、养老储蓄等,更不要借钱来进行贵金属交易。因为如果你这样做,你的心态就与一般赌徒无异,最终结果难以预料,输得倾家荡产也有可能。

本 章 小 结

传统意义上的贵金属是指黄金和白银,现代意义的贵金属还包括铂族金属(钌、铑、钯、锇、铱、铂)。物以稀为贵,贵金属的珍贵就珍贵在它们的稀缺性。贵金属投资分为实物投资和带杠杆的电子盘交易投资,以及银行类的纸黄金、纸白银。

贵金属作为一种特殊的具有投资价值的商品,其价格受多种因素的影响,这些因素对贵金属价格的影响机制非常复杂,投资者在实际操作中难以全面把握,因而存在出现投资失误的可能性,如果不能有效控制风险,则可能遭受较大的损失。

进行贵金属投资需要把握投资策略:准备充分;控制持仓;顺势而为;严格止损、降低风险;保持良好的心态。需要避免投资的心理与行为误区:盲目胆大;缺乏忍耐;不愿放弃一切;盲目跟风;恐惧;贪婪和急切焦躁。投资者应该树立正确的投资心理与行为:保持平常心;及时认错;接受失败;既敢输,更敢赢;当交易获利时,保护赢得的利润;交易的规模控制在能承受的损失范围之内等。

经 典 案 例

巴菲特不爱黄金为哪般

思 考 题

1. 贵金属投资的种类有哪些?
2. 哪些因素影响贵金属的价格?
3. 如何树立正确的贵金属投资心理与行为?

第 13 章　艺术品投资的心理与行为

【学习目标】

- 了解艺术品投资的概念。
- 了解艺术品的属性。
- 了解艺术品投资的风险与心理行为。

【核心概念】

艺术品投资　艺术品的属性

【章前导读】

"盛世重收藏",随着人民生活水平的提高,艺术品投资以其独特的文化韵味和经济价值,成为高净值人群的新宠。随着艺术品市场的繁荣兴盛,越来越多的投资者开始关注艺术品投资领域,艺术品投资不仅能满足大众精神文化的需要,还能起到保值和财富传承的作用,但随之而来却是假货、仿品等的盛行。自唐代以来,收藏和造假就伴随而生,直至今天,随着高超的印刷与复制技术的发展,传统的眼学与传统的放大镜失去了鉴定的方向,爱好者、收藏者、投资者怎样来开启这艺术品投资之路?

13.1 艺术品投资概述

13.1.1 艺术品投资与收藏

艺术品投资,是指投资者为了获取回报而购买艺术品的行为。

艺术品投资和收藏存在相同和不同之处。艺术品本身具有两种不同的属性,即实用性和投资性。实用性是指艺术品具有装饰房屋、传承文化、馈赠友人及审美等功效。投资性是指通过艺术品的艺术价值、稀缺性、独一性等特征发挥艺术品的投资、保值等功用。

艺术品投资与收藏的区别在于对艺术品属性的侧重点不同。艺术品收藏是着重于艺术品的实用性,能够满足自己的兴趣爱好及获得在艺术层面带来的享受。因此,一些没有投资价值的物件也可以收藏。对于艺术品投资,注重的是艺术品的投资属性,投资者以投资艺术品作为增值的重要手段。艺术品被看作与证券、期货等一样的投资工具,只不过是投资标的物不同罢了。投资者购买艺术品后,适宜时就会将手中的艺术品卖掉。

13.1.2 艺术品投资的种类

艺术品是个极其广泛的概念,字画、邮品、珠宝、古董、当代名人瓷器等,都属于艺术品的范畴。对于艺术品投资者而言,是不会也不可能对所有种类的艺术品进行投资的。投资者应根据自己的兴趣爱好、知识水平、经济实力等不同情况,选择某一种类或某一项艺术品进行投资。常见的艺术品投资主要有以下几种。

1. 字画投资

字画是书画家的艺术作品。书画家将书法与章法科学巧妙地结合起来,使字画成为一件具有较高欣赏价值的艺术作品,可以说这是中国的独秀。画的种类较多,包括油画、国画、水墨、版画、水粉水彩画、漆画、雕刻等。并非所有的字画都可以成为投资的对象,字画投资的对象，主要是指造诣较深、声望较高的书画名家的字画作品，也包括一些名人和伟人的作品。

当一件优秀的艺术作品尚未为人所认知，或作者知名度尚不高时，该作品的市价必被低估，因此该作品具有较强的升值潜力。当一件作品的艺术价值不高，市场价格被人为地抬高时，这件作品不可追风买入。

2. 邮品投资

集邮本来是一种相当普及的消遣方式，但近几年来，它也是一种极受注目的投资方式。邮票，首先作为邮资的等价物，具有使用价值；同时，作为一件艺术品，又具有欣赏和收藏价值。它的这一双重价值决定了它可以作为一种投资工具。

我国一些财力雄厚的集邮家致力于我国早期邮票的搜集，使中国邮票在国际邮票市场上成为抢手货。由于邮票的印刷、发行有一定的限量，因而使得邮票供小于求，邮票价格节节上涨。

3. 珠宝投资

珠宝主要包括钻石、玉石、珍珠、红宝石、蓝宝石等。由于珠宝体积小、价值大，和黄金一样，成为财富的象征。它既可以凭借其天然美使人们喜爱，又可以帮助人们积累财富。如果投资准确的话，还可以带来丰厚的利润。

4. 古董投资

从广义而言，1949 年中华人民共和国成立以前，中国和外国制造、生产或出版的陶瓷、金银器、铜质器及其他金属器、玉石器、漆器、玻璃器皿，各种质量的雕刻品、家具、织绣、字画、碑帖、邮票、货币、器具等，都属于古董的范围。

做古董投资必须将它当作一种嗜好，想要成为一名成功的收藏家，必须有丰富的经验积累和超群的鉴赏力。而这种鉴赏力，是靠长期不断地在拍卖场、文物商店、博物馆等地方搜集有关资料培养出来的，对古董投资不是真正有兴趣的人很难做到这一点。

5. 奇石投资

奇石具有稀缺性和唯一性，属于不可再生资源。收藏奇石是一种乐趣也是一种投资，因为精品奇石具有极高的欣赏价值，具有增值保值的功能。当然，奇石市场鱼龙混杂，市场上也有许多石商以次充好、以假乱真，投资奇石需谨慎，尤其是在投资价值不菲的奇石时。

13.1.3 艺术品的投资者

1. 个人投资者

个人投资者以自有资金为主投资艺术品，投资带有明显的个人特征，个人投资者往往偏好投资自己较为熟悉的艺术品领域。个人投资者的投资目的各具差异，有以爱好为主的投资方式，也有以收益最大化为目的的投资方式，以及以炫耀富贵为主的投资方式。

一般而言，个人投资者投资艺术品的投资额较小，且缺乏计划性，无定则、无组织。在艺术品市场上个人投资者彼此间也没有关联，但个人投资者人数很多，因而成为艺术品市场中不可缺少的组成部分。

个人投资者投资艺术品的情绪波动较大，因此在艺术品涨跌波动中起着一定的推波助澜作用；同时，个人投资者往往在行情好的时候"买涨不买跌"抢购艺术品，而在行情下跌时卖出，从而经常成为艺术品市场的牺牲者。

2. 机构投资者

机构投资者主要是以资本增值为主的投资方式来投资艺术品，更加注重投资价值的分析、投资策略的运用和投资风险的控制等。而且随着投资资金规模的扩大，其可利用的资源相对丰富。机构投资者对市场的研究和走势的判断往往优于个人投资者，更加注重风险的控制，投资行为较为理性。

1) 投资管理专业化

机构投资者一般具有较为雄厚的资金实力，在艺术品市场研究、信息搜集分析、投资决策运作、投资方式等方面都配备专门人员，由艺术品行业投资专家进行管理。目前，我国很多银行、私募基金先后成立了自己的艺术品研究组。个人投资者由于缺乏足够时间去搜集信息、分析行情、判断走势，因此，从理论上讲，机构投资者的投资行为更加专业化和理性化，从而有利于艺术品市场的健康稳定发展。

2) 投资结构组合化

艺术品市场是一个风险相对适中的市场，为了尽可能降低风险，机构投资者在投资过程中会进行合理投资组合。机构投资者庞大的资金、专业化的管理和多方位的市场研究，也为建立有效的投资组合提供了可能。个人投资者由于自身的条件所限，难以进行组合投资，相对来说，个人投资者承担的风险也较高。

3) 投资行为规范化

艺术品投资的机构投资者是一个具有独立法人地位的主体，投资行为受到多方面的监管，因此投资行为较为规范。一方面，为了交易的"公开、公平、公正"原则，保障资金安全，国家和政府制定了一系列的法律、法规来规范和监督机构投资者的投资行为；另一方面，投资机构本身通过自律管理，从各个方面规范自己的投资行为，保护自己的利益，维护自己在社会上的信誉。

13.2 艺术品的属性分析

13.2.1 艺术品的价值属性

艺术品与其他商品一样，具有价值属性，一般而言，艺术品价值由艺术品的学术性、艺术性、历史性所决定。正因为艺术品具有稳定的价值属性，所以艺术品才具备投资功能。但对艺术品而言，其学术性、艺术性和历史性往往具有同源性，但也有一定的差异性。

1) 学术性价值

艺术品的学术价值是指艺术品在整个艺术史中的学术地位及美学价值，它通常属于专家、学者的研究范围。专家和学者的评论意见在某种程度上影响着艺术品的学术价值。

2) 艺术性价值

艺术品的艺术性，是艺术品的另一个重要特征，往往很难界定，其通常是某种共识下对美的看法，存在很大的主观性。艺术性往往会具有时效性，不同历史背景下，对美的认定态度不一；不同文化属性的人群中，对美的认知也各异。

3) 历史性价值

艺术品的历史价值主要体现在：①艺术品创作年代的久远，艺术品的存世时间本身就代表了艺术品的价值；②其历史性表现在艺术品在历史上的地位和在今天的作用，体现着一个时代的特有价值，并且在不同的时代往往有不同的解读、不一样的影响。艺术品的历史价值不是作品本身所固有的，是时代赋予作品的，而且随着时代和欣赏人群的不同而发生巨大变化，从而呈现出不同的价值。因此，艺术品存世的时间和特殊的历史题材都会增加艺术品的历史价值。

13.2.2 艺术品的市场属性

艺术品有以下的市场属性。

(1) 艺术品市场中的参与者不符合"经济人"假设。

艺术品消费有别于正常商品的消费，艺术品市场的参与者常常不符合"经济人"假设。首先，通常情况下，艺术家对于一件真正艺术品的创作并非以利润最大化为目的，而更多的是为了追求自己内心的感动和感受而创作的。其次，参与艺术品交易的人常常不具有判断自己利益得失的能力。因为没有甄别能力，常有将稀世珍品作废品交易之事，也有对赝品一掷千金之人。再次,对一些不懂艺术的富豪来说,消费艺术品的真正目的并不是从艺术品的深刻内涵中获得效用,而只是通过消费艺术品这一举动炫耀自己的财富。最后,在拍卖市场中,竞拍者常常被现场热烈的拍卖气氛感染,跟风和斗富的心理经常使他们失去理性。

(2) 艺术品市场缺少流动性。

艺术品与目前很多主流投资产品不一样的地方在于,艺术品多了一层收藏属性,正是由于该属性的存在,使得艺术品流动性与其他主流投资产品不一样。人们购买艺术品作为永久收藏,这样的艺术品一旦被收藏就永远不会再进入市场流通。但是,由于艺术品升值周期一般比较长,且其稀缺性随人们物质需求的提高愈烈,时间越长投资回报就越高,同一艺术品不会被投资者频繁地进行交易,这就必然影响了艺术品的流通。

(3) 艺术品市场中存在严重的信息不对称。

由于艺术品具备很强的个性化特征,往往表达了创作者内心的想法,艺术家在作品中的艺术表达往往积累很多的专业性,一般投资者很难理解透彻。有时,不仅外行无法判定艺术品的真伪和价值,内行也常有看走眼之时。艺术品市场这种严重的信息不对称不但造成艺术品价格常常严重偏离艺术品价值,而且,"吃药"与"捡漏"的现象时有发生。

(4) 艺术品市场具有垄断性。

艺术品需求与供给往往不受市场机制约束和影响。艺术品需求往往是市场化的,而艺术品的供给往往是藏家或艺术家本人所有,具有很强的卖方垄断性,这也是艺术品经常出现天价的原因之一。

(5) 艺术品市场具有较高的交易成本。

由于艺术品没有一个可以值得大众普遍信任的交易平台,且艺术品的真伪直接影响艺术品的价格,所以艺术品需要中间交易商,帮助投资者完成交易。一般来说,艺术品交易通常要经过鉴定、估价、保险、拍卖等多个中间环节,而且支付给中间环节的佣金,即交易成本比较高。

13.3 艺术品投资的风险

相对于其他的投资市场,艺术品投资市场起步较晚,市场还不完善,法律和规章制度也不健全,导致了艺术品投资市场出现了各种各样的风险。目前,国内艺术品市场出现的主要风险有宏观经济的系统性风险、道德风险、保管风险、交割能力风险及偏好转移风险。

1. 宏观经济的系统性风险

艺术品投资市场的兴衰受宏观经济的影响。一般情况下经济形势好,艺术品投资市场

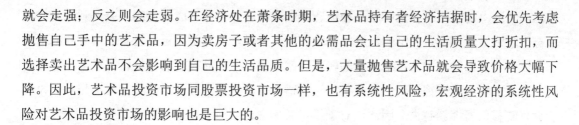

就会走强；反之则会走弱。在经济处在萧条时期，艺术品持有者经济拮据时，会优先考虑抛售自己手中的艺术品，因为卖房子或者其他的必需品会让自己的生活质量大打折扣，而选择卖出艺术品不会影响到自己的生活品质。但是，大量抛售艺术品就会导致价格大幅下降。因此，艺术品投资市场同股票投资市场一样，也有系统性风险，宏观经济的系统性风险对艺术品投资市场的影响也是巨大的。

2. 道德风险

商人唯利是图、尔虞我诈，搅乱了市场秩序。对于艺术品市场也不例外，道德风险尤为突出。国内艺术品市场道德风险主要集中在造假、售假、拍假等"三假"欺诈行为，出现"三假"的原因既有商人为了利益故意造假，也有权威鉴定专家为了钱财意外"打眼"而故意失误。拍假对艺术品投资者的利益损害最严重，而我国《拍卖法》中的规定"拍卖人、委托人在拍卖前声明不能保证拍卖的真伪或者品质的，不承担瑕疵担保责任"，这在一定程度上助长了拍假之风，使得有些拍卖行为牟取暴利，明知拍品是赝品，还把它们当真品拍卖。

3. 保管风险

艺术品是一种实物资产，保管十分重要。一般来说，艺术投资的保管风险主要来源于不正确的保存、出现问题后没有很好地维护，从而造成艺术品价值受损。艺术品在保管收藏、展览、运输、装卸等过程中会遇到很多的风险，诸如自然风险、意外事故等。

4. 交割能力风险

交割能力产生的风险发生在卖出阶段。发生交割风险的情况主要有两种：一是艺术品能否顺利交割；二是艺术品能否以预期的价格进行交割。不论能否顺利交割还是能否以预期的价格交割，都是由买入与卖出的差价所决定。对于投资者来说，买入的价格越低，卖出的价格越高，得到的回报率就越高。艺术品买入价格越高，卖出价格越低，越容易产生交割能力风险。

投资者购买艺术品时总是希望在合适的时间买入，又在合适的地点和合适的价格出售获得收益。但艺术品的变现不像其他的投资品种那么容易，市场瞬息万变，顺利交割更是困难重重。投资者在信息不透明的情况下，易受其他投资者或者舆论的影响，看到他人做出决策时也模仿他人决策。这种从众心理导致了在市场火热时，即使几百万的高价也有人抢，在市场萧条时，几万块钱出售都没有人接。

5. 偏好转移风险

偏好是指消费者按照自己的意愿对可供选择的商品组合进行的排列，它是一种主观的概念，实际上是隐藏在人内心的一种情感和倾向。偏好并非一成不变的，会受到主流意识形态、政治导向等因素的影响。对于艺术品投资来说，偏好是决定投资者投资方向的一个重要因素。人们对艺术品投资偏好的转移也就形成了艺术品投资的偏好转移风险。绝大多数的艺术品投资专家都认为长期投资才是最适合投资者的。但是，投资的周期越长，投资者偏好转移的概率就越大。因此，对于投资者来说适当地调整投资周期是避免偏好转移风险的有效途径之一。

13.4　艺术品投资的行为分析

按照对利润回报的预期及资金的大小不同可以将艺术品投资者分为短期投资群体、中期投资群体和长期投资群体。

1. 短期投资群体的投资行为分析

短期投资群体是构成艺术市场的中坚力量，这个群体的特点是买进和卖出艺术品的时间较短、资金量相对较小、资金流动快。短期投资的艺术品大都是市场的热销品，这些作品是否出自知名艺术家并不重要，重要的是这些作品市场需求量大，内容题材贴近生活，符合大众审美要求，因而能够快速出手，使这类投资者在短期内获利。短期投资群体的投资动机是被艺术品投资市场的利益驱动的，但是由于其资金有限，迫使他们要加快资金周转才能保证盈利状态，所以对艺术品市场的动荡反应敏感。

因此，激发短期投资群体的投资动机和实施艺术品投资行为的可能性与艺术品的预期利润成正比。

2. 中期投资群体的投资行为分析

中期投资群体会对所要投资的艺术作品的艺术价值、学术价值以及未来的市场价值进行严密而审慎的分析与考察，他们对创作艺术作品的艺术家的要求相对严格，既强调艺术作品自身的审美艺术价值，又强调艺术家自身的专业学术地位及艺术作品的未来市场运作的空间。艺术品中期投资群体投资的艺术作品多为具有一定增值潜力的作品。一般来说，他们会倾向于投资有一定的艺术学术地位，进入艺术市场相对较晚的现当代艺术家的作品，或者没有记载著录的古代书画。

因此，中期投资群体实施投资行为的可能性与艺术作品的艺术专业认可度成正比。

3. 长期投资群体的投资行为分析

长期投资群体大都是艺术公司，艺术公司通过与艺术家签约的合作方式，对艺术的创作题材、风格、数量都进行非常严格的控制与约束,签约的艺术家不允许私自对外销售自己的艺术作品,同时每年按时提交合同约定数量的艺术作品后通常会有非常丰厚的回报,并且签约的年限较长(通常 10 年以上)。长期投资群体真正做到了"正确投资品种的选择是在别人还未关注的时候,用合适的价格买入,并在寂寞中等待升值"。当然,在漫长的寂寞时期,长期投资群体并不是在被动等待,他们每年会有计划有目的地在世界大型的国际艺术博览会上推出签约艺术家,定期举行签约艺术家的主题展览等,以期扩大签约艺术家的个人知名度与艺术市场的影响力。

长期投资群体的投资目标会选择历代名家作品,作品入手后大都是长期持有,但是由于他们投资的目的是盈利,所以他们会每年将作品拿到艺术市场上进行数次炒作,但始终不脱手,以确保他们的艺术品投资有比较大的利润空间。艺术家的名气越大,他们投资的可能性就越大。

因此,艺术品投资行为实施的可能性与艺术家的艺术声誉成正比。

13.5　艺术品投资的心理分析

13.5.1　艺术品投资的心理误区

1. 缺乏学习、盲目购藏的收藏心理

初涉艺术品的投资者,往往怀着强烈的好奇与浓厚的热情,见到几千年华夏文明所遗留下来的各种艺术珍宝,不知从何下手,往往不分种类,一见到自己喜爱的东西总想收入囊中,而且总想在较短的时间内让收藏见规模、见效益,然而可悲的是,往往在短时间内购入满屋子的不具艺术品投资价值的东西,甚至购入大量的赝品。

2. 贪图便宜、总想"捡漏"的投机心理

"捡漏"在艺术品市场中是指花小钱而买到价值高的东西。但是人们也往往因存在这种投机心理,最终导致"打眼",买入假货。收藏投资最忌贪图便宜、总想"捡漏"的心理。现在真正的"老东西"已经很少了,绝大部分古玩市场的地摊上都是赝品假货,投资者一定要睁大眼睛。在艺术品市场日趋成熟的今天,"捡漏"的机会跟买彩票中大奖的概率差不多。

3. 包装炒作、信奉"权威"的盲从心理

艺术品市场包装炒作惯常的手法是出版画册,举办展览,组织专家鉴定评价,组织研讨会,再通过拍卖公司推介,以引起人们的注意。一些道德水准不高的"鉴定专家"为了

个人的利益，常和卖家串通一气坑蒙消费者；一些当代书画家未到应有的艺术地位，靠宣传炒作，把自己捧成"大师""名家"，以虚抬书画作品的价格。这些，都是投资者必须审慎明辨的。

4. 急功近利、目光短浅的投资心理

作为艺术品投资收藏者，除了要懂得艺术品投资规律以外，更要培养对艺术品更深层次的价值了解和欣赏，这样才能最终真正成为收藏与投资的大赢家。比如有许多被定为国家一级文物的东西，现在的市场价值并非有很好的表现，但却极具其他方面的价值。不要总看到艺术品本身的经济价值而忽略古玩艺术品作为文物的其他属性。现在的买家也许更热衷于找艺术品价位的城乡差别、南北差别，拍卖会与古玩店以及拍卖会之间的差价以谋取利润，这本无可厚非，因为买家主要考虑的是增值和价差，但藏家若仅仅为一点价格上的因素而放弃一件真正具有收藏投资价值的东西，那则是得不偿失、悔之晚矣。

因此，在进行艺术品投资的过程中，一定要把握好心态，更多地以一种平常心来对待艺术品。因为在艺术品投资中，能够达到愉悦身心也是一种好的收益。切忌急功近利，要多看少动，一旦发现具有收藏价值的好东西，则要该出手时就出手。

13.5.2　树立正确的艺术品投资心理与行为

1. 捡漏心理要不得

花上几十元几百元就妄想淘到一件价值几十万甚至几百万元的顶级藏品，不少人都有过这样的美梦。电视"鉴宝"栏目催生了一大批"捡漏迷"，然而他们花了钱却买了一堆堆的赝品。对普通人来说，捡大漏跟买彩票中大奖的概率差不多，捡漏心理往往让人吃亏上当。

2. 坚决不做"最大的笨蛋"

艺术品投资有一个著名的"最大的笨蛋"理论。投机行为的要害是判定"有没有比自己更大的笨蛋"，只要自己不是最大的笨蛋，那么自己就是赢家。假如没有下一个愿意出更高价格的"更大笨蛋"来做下家，那么你拿着高价买的艺术品，自己就成了"最大的笨蛋"。

3. 不是精品不动心

精品的升值速度往往更快，要投资艺术品，一定要看准精品下手。比如，翡翠精品因为稀少，近年价格连续走高，年升值速度达 40%～50%，普通翡翠的涨幅远远低于这个幅度。齐白石、吴冠中等名家的字画，价格涨幅也远远超过普通作品。

4. 收藏投资不做"万金油"

什么都藏，什么都懂一点，什么都不大懂……收藏界这样的"万金油"为数不少。他们看哪类东西热就做哪类，结果几年下来，发现自己难有所获。专门做一个门类，研究精通，对市场行情也了如指掌，才能真正赚到钱。

5. 坚持长线，拒绝短炒

艺术品投资一般要坚持长线，拍卖行一买一卖，佣金超过 20%，做短炒很难。艺术品最大的难题是变现，就是你想用钱的时候，它能不能变成钱？比如名家字画等投资，急于出手可能只能卖个低价。20 世纪 30 年代初期，张伯驹见到西晋陆机手书的《平复帖》，希望出价 6 万银元买下，此帖主人表示需出价 20 万银元。到了 1937 年，由于此帖藏家急需用钱，张伯驹最终只花了 4 万银元，就将朝思暮想的《平复帖》购买到手。

6. 坚决不碰赝品

赝品是收藏的大敌，知假买假的人往往想把别人当成笨蛋，而最大的笨蛋往往是自己，买了赝品就砸自己手里了。

7. 别被各类真假名头忽悠

某某书画协会会长、某某书画院院长、作品被海外某王室收藏……如果玩收藏投资，遇到有类似名头的"艺术家"可能不少。可别被名头给忽悠了，买书画还是看作品本身，那些名头本身就是唬人的。

8. 买东西不听"故事"

"我的瓶子是祖上传下来的，祖上当过大官……""这个陶罐是刚从工地挖出来的"。类似的故事很多，越是假东西，故事往往越是"真实"。

9. 别把鸡蛋放在一个篮子里

把鸡蛋放在一个篮子里，如果打翻了，就可能一个鸡蛋都没了。艺术品投资也是一样，人们的审美情趣会发生变化，押宝在一个艺术品身上总是比较危险。

本 章 小 结

艺术品本身具有两种不同的属性，即实用性和投资性。实用性是指艺术品具有装饰房屋、传承文化、馈赠友人及审美等功效；投资性是指通过艺术品的艺术价值、稀缺性、独一性等特征发挥艺术品的投资、保值等功用。对于艺术品投资，注重的是艺术品的投资属性，投资者投资艺术品作为增值的重要手段。艺术品已被看作与证券、期货等一样的投资工具，只不过是投资标的物不同罢了。投资者购买到艺术品后，适宜的时候就会将手中的艺术品卖掉。

艺术品与其他商品一样，具有价值属性，一般而言，艺术品价值由艺术品的学术性、艺术性、历史性所决定。正因为艺术品具有稳定的价值属性，所以艺术品才具备投资功能。但对艺术品而言，其学术性、艺术性和历史性往往具有同源性，但也有一定的差异性。

相对于其他的投资市场，艺术品投资市场起步较晚，市场还不完善，法律和规章制度也不健全，导致了艺术品投资市场出现了各种各样的风险。目前，国内艺术品市场出现的主要风险有宏观经济的系统性风险、道德风险、保管风险、交割能力风险及偏好转移风险。

艺术品投资的心理误区表现在：缺乏学习、盲目购藏的收藏心理；贪图便宜、总想"捡漏"的投机心理；包装炒作、信奉"权威"的盲从心理；急功近利、目光短浅的投资心理。在进行艺术品投资的过程中，一定要把握好心态，更多地以一种平常心来对待艺术品。因为在艺术品投资中，能够达到愉悦身心也是一种好的收益。切忌急功近利，要多看少动，一旦发现具有收藏价值的好东西，则要该出手时就出手。

经 典 案 例

2014年文化艺术品投资方式大盘点

思 考 题

1. 试述艺术品投资的风险。
2. 分析艺术品投资的行为。
3. 简述如何树立正确的艺术品投资心理与行为。

第 14 章　成功投资者的心理特征

【学习目标】

- 了解世界各国著名成功投资者的投资经验与心理特征。
- 了解成功投资者应有的气质类型。

【核心概念】

成功投资者的心理特征　理性投资者的 PROFITS 法则

【章前导读】

成功的投资者必然需要经历不断学习投资知识、积累投资经验的过程，以及能够接受投资的失败。任何一位投资大师的至理名言，都是其在市场中摸爬滚打多年的经验总结，有对成功投资的回顾，也有那些失败投资的教训。站在这些巨人的肩膀上，我们应该结合自身的特点和变化着的市场的特点，塑造成功的投资者应有的心理特征和素养。

14.1　成功投资者应有的心理特征

国内外著名成功投资者都从不同角度论述了成功投资者的心理素质。

14.1.1　沃伦·巴菲特论成功投资者的心理特征

成功的长期投资者巴菲特认为，一个成功投资者必须具备以下六项优秀品质：
(1) 在投资过程中必须时刻控制自己的狂热和贪婪；
(2) 有耐心，长期投资要有耐心；
(3) 独立思考。投资者不知道该如何做出决定，那么就不应该做出决定；
(4) 投资者的自信来自学识而不是主观期望；
(5) 投资者应承认，市场中总有些事情是自己不理解的；
(6) 灵活运用资本，但永远不要让你的付出超过其所值。

14.1.2　彼得·林奇的成功投资经验与心理特征

彼得·林奇是世界上最著名的基金经理。1972 年接管美国富达公司的马格兰基金，当时基金资产为 2200 万美元，18 年后，1990 年其基金资产已经涨到 140 亿美元。

他认为，投资基金的成功经验有以下几点。
(1) 充分利用你所知道的信息去获取利益，每月要打 2000 个电话，每月走访公司 40～50 家，一年 500～600 家。
(2) 寻找还没有被华尔街发现和确认的机会，选入不被市场看好的潜在成长股。
(3) 投资针对公司，而不是股票市场。
(4) 忽略短期波动。
(5) 一鸟在手，胜过二鸟在林，进行滚动操作。
(6) 买小公司的股票，因其股票变动幅度大。

14.1.3　乔治·索罗斯的成功投资经验与心理特征

乔治·索罗斯被人们称为股市中的超级投机专家。索罗斯是公认的国际投资专家，其投资范围遍及全球，投资方向有股票、房地产、铁路、债券期货、商品期货、外汇。

索罗斯认为投机是一种常用的技巧，在公平、公正的环境下，利用公开的信息、合法的手段去抓住潜在的时机，捕捉尚未被人发觉的机会。买空卖空是索罗斯的拿手好戏，投机手段套数多变。索罗斯仅1992年9月一个月从"量子基金"中就赚取了15亿美元。

索罗斯用证券价格供求论来解释股票价格，他认为，群体情绪(过分悲观、过分乐观)造就了现实中的股价。股票货币的价值取决于人们的主观认识，证券、外汇市场并不总是反映现实的。现实与认识之间的差距为投资创造了有利可图的机会，即投机的时机。他认为，真正有用的是基本分析，而不是技术分析方法，也不是证券市场有效率的现代证券理论。

14.1.4　约翰·布林格认为投资是一个心理过程的分析

美国CFA、CMT公司总裁约翰·布林格认为，投资是一个心理过程，认识到这一点十分重要。杰出的技术人员实际上是心理学家。他认为，K线实际上是一天之中的心理波动曲线，均线是反映中长时期内社会心理波动的平均趋势值。总之，股市中的K线和均线代表的就是社会公众对股市认识的心理波动曲线。

布林格认为，在股市中理念决定心态，心态决定行动，行动决定结果。

14.1.5　黎巴伦的成功投资经验与心理特征

奋进经营管理公司黎巴伦被称为是收购垃圾股的典型。垃圾股是股市中业绩最差的，黎巴伦专门收购垃圾股，然而，1970年至1984年，其资产总值却增至110亿美元。

黎巴伦认为，垃圾股无风险，收益突增时可稳获其利。实际上，这是一种价值取向型投资，即买进价格便宜的股票，如以每股5~10美元购进克莱斯勒等公司的股票，12个月内可获100%收益，这就是廉价交易。收买"烂股"也能使效益突增，这就是"众人皆醉我独醒"。这说明，与成长取向型(只买进业绩特优股票)投资者相比，价值取向型投资者也能获利。

14.1.6　中国投资者"杨百万"的成功经验与心理特征

杨百万原名杨怀定，原来贩卖国库券，年收益率达40%。杨怀定最早购买电真空股票2000股，股价由91元升至220元，由此收获了股票的第一桶金。杨怀定自订118份报纸，博览国库券、股市交易图书，他认为，"我的事业是从报纸图书开始的"。

杨怀定不迷信技术分析，善于独立思考，他认为，"大家都看好的时候往往是要跌的时候"。

根据杨怀定的成功经验，提出了入市时的以下经验。

(1) 规避风险——有风险时，宁可不赚，也要保住本钱。

(2) 考察公司资产、资本值、税后利润。

(3) 切忌莽撞赌博，要量力而行。

(4) 用投资者的眼光购买股票，用投机者的技巧保障自身利益。

14.1.7　成功投资者的心理特征

总结成功投资者的心理特征，一般都具有以下几点。

(1) 思维清晰，视角敏锐，总是能早于别人发现投资机会。

(2) 向前看，不会让过去的习惯主宰未来的投资行为。

(3) 有从头再来的能力——不会向失败或打击低头。

(4) 为自己的行为负责，无论结果是好是坏。

(5) 保持高度自尊。

(6) 保持对成功的不懈追求。

(7) 不会消极而是以积极的态度对待生活中的问题。

(8) 不依靠运气，而是应用一以贯之的策略。

(9) 相信自己的决策。

(10) 有目标导向型的观点。

(11) 有良好的自我控制能力，抑制任何与成功背道而驰的个人倾向或特点。

(12) 非常自信。

(13) 对与资金及金融相联系的数字非常敏感。

(14) 具有投资嗜好，不是纯粹为钱，而是因为投资是一件很愉快的事情，符合他们的兴趣，将投资作为一种专业爱好。

(15) 不轻易被他人或其他事情影响。

(16) 对投资充满热情。

14.2　成功理性投资者的 PROFITS 法则

英国学者乔纳森·迈尔斯在其《股市心理学——向恐惧、贪婪和市场的非理性宣战》一书中，将心理学与投资学完美结合，提出了理性投资者的 PROFITS 法则。理性投资者的成功与否与 PROFITS 七个因素相关，这七个因素是指 P(个性)、R(关系)、O(特立独行主义)、F(灵活性)、I(信息)、T(陷阱)、S(策略)。现分述如下。

P 指 personality，意为个性。每个投资者都有其独特的人生目标、个性特点、信仰偏好，不同个性者都会被个性引导做出不同的投资决策。

R 指 relation，意为关系。投资者之间在交易过程中所建立的错综复杂的关系网络影响着股票市场的波动。

O 指 outlierism，意为特立独行主义。与普通投资者迥然不同的专业投资者，往往具有反常规主义的特征，有时我行我素，会做出不同寻常的投资决策。

F 指 flexibility，意为灵活性。投资风格灵活多变的投资者知道何时应改变投资策略，并从中获利。

I 指 information，意为信息。面对漫天飞舞的投资信息，投资者应该去其糟粕、取其精华。

T 指 traps，意为陷阱。投资有风险，陷阱处处有，而贪婪和恐惧最易令投资者失足。

S 指 strategies，意为策略。投资者要用系统方法去筛选投资机会，制定正确的策略，这样才能有效降低投资风险。

14.3 投资者的类型

英国心理学学会会员乔纳森·迈尔斯(Johathan Myers)提出，可将投资者分为以下六种类型，即谨慎型、情感型、技术型、勤勉型、大意型、信息型。此外，还有一种痴迷型投资者。

1. 谨慎型投资者

谨慎型投资者有以下特点。

(1) 不会未经仔细考虑便匆忙做出投资决策。

(2) 不希望遭受一丁点损失。

(3) 经常犹豫不决。

(4) 可以短期或长期持有投资。

(5) 做投资决策时非常保守，尽量避开那些热门股票。

(6) 不相信专家的建议，宁愿自己进行研究。

(7) 可能会错误地把风险适中或风险很小的股票视为高风险股票。

(8) 可能会因为考虑到家庭情况而需要确保投资安全。

(9) 尽量避免兴奋及市场不稳定性。

谨慎是人的天性。谨慎型投资者对损失特别敏感，会尽量避免投资损失，只有确认风险降至最低时才会投资。

谨慎型投资者也存在一定的问题，主要是花费的时间过多，会错失投资良机。由于在出售时机的把握上过度谨慎，会导致无法实现最大限度的投资收益。

2. 情感型投资者

情感型投资者有以下特点。

(1) 喜欢采取突发奇想的行为。

(2) 热衷于依某一特定兴趣、爱好做出投资决定。

(3) 不在意政治、经济形势变化的影响。

(4) 未能获得或利用现成的信息。

(5) 具备某一特殊领域的丰富知识。

(6) 对成功记忆深刻，容易忘记失败的经历。

(7) 相信运气和天意护佑，不注意观察投资发展变化。

(8) 投资出现不利变化时，很难斩仓止损。

(9) 易受个人态度、内在感觉、小道消息的影响。

(10) 相信形势最终会好转。

情感型投资者的特点是凭直觉进行投资，将直觉与经验性的情感融合在一起。

3. 技术型投资者

技术型投资者有以下特点。

(1) 相信事实与数字是不会变的，坚信数字不会撒谎。

(2) 根据价格走势积极进行交易。

(3) 整天盯住交易屏幕。

(4) 相信获取信息的速度越快，获利的可能性越大。

(5) 无论走到哪里都带着电话或手提电脑，需要不断获得市场信息，对此非常固执。

(6) 经常购买最好的电子设备，认为这将加强自己的优势。

证券分析师就是典型的技术型投资者，根据行情预测法预测未来股市的价格走势。

4. 勤勉型投资者

勤勉型投资者有以下特点。

(1) 不断核对价格，有时一天好几次。

(2) 订阅大量报纸、杂志。

(3) 与一个或多个经纪人保持业务联系。

(4) 密切关注所有小道消息。

(5) 可能并不喜欢所投资公司的业务性质。

(6) 只有不断地买入卖出，才觉得自己是市场的一部分。

(7) 可能会在出现价格波动、市场谣言或信息尚不充分的情况下交易大量股票。

(8) 通常只是股票的短期持有者。

勤勉型投资者主要追求归属感，交易本身是最大的乐趣，而赚钱反倒是次要的。

5. 大意型投资者

大意型投资者有以下特点。

(1) 一旦做出投资决定，任由投资自我发展。

(2) 常因无所作为而错失最佳投资机会。

(3) 认为工作、职业为致富之道，投资并不能带来真正的收入。

(4) 认为花钱买来的专业人士的建议是最好的建议，不需要仔细核实。

(5) 通常是股票的长期持有者。

大意型投资者具有保持现状的偏好。

6. 信息型投资者

信息型投资者有以下特点。

(1) 充分利用各种来源的信息(包括正常与非正常渠道)。

(2) 对自己的投资、市场及经济状况保持长期关注。

(3) 仔细听取他人的意见。

(4) 在权衡利弊后，可能会选择与市场潮流相反的投资方向。

(5) 可能会因为在分析信息上花费太多时间而错失了投资良机。

(6) 可能短期或长期持有股票。

信息型投资者眼观六路、耳听八方，但也很可能被过多的信息困扰。

7. 痴迷型投资者

另外，还需要特别提及一种投资者，即痴迷型投资者。这种类型的投资者有以下特点。

(1) 把所有的时间都花在了观察价格走势和分析股票报价数据上。

(2) 错误地认为能够通过自己高超的分析能力发现股市潜在的趋势。

(3) 喋喋不休地宣扬自己在投资上的成功。

(4) 相信自己的投资马上会出现"突破"。

(5) 因痴迷股市与家庭关系恶劣，伴随日益频繁的家庭争吵。

痴迷型投资者将投资看成自己生活的全部。

投资者类型不同，其所选择的投资途径与策略也有区别，如表 14-1 所示。

表 14-1　根据投资者类型选择的投资途径与策略

	谨慎型	情感型	技术型	勤勉型	大意型	信息型
较低风险倾向	储蓄工具 养老金 保险 固定利率存款	养老金 保险 储蓄工具 固定利率存款	蓝筹股 大盘及中盘股 价值型股票	债券 蓝筹股 单位信托 共同基金	货币市场基金 储蓄计划 养老金与保险计划 定期存单 国库券与政府债券	大盘股 单位信托 共同基金 固定利率存款 蓝筹股 政府与公司债券
中等风险倾向	货币市场储蓄 指数基金 蓝筹股 大盘股	蓝筹股 单位信托 共同基金 政府债券	惯性与成长股 投机性 投资基金 房地产	中盘股 价值型股票	指数基金 管理基金 单位信托 共同基金 蓝筹股	中盘股 专业基金 价值型股票
较高风险倾向	家庭投资基金 大型专业类或行业性基金 中等股本额的股票	管理基金 大盘股	小盘股 微盘股 衍生工具与期权 商品期货	房地产 投机性投资基金	大盘股 主要中盘股	惯性与成长股 小盘股 微盘股 风险资本计划 新兴市场期权与衍生工具 对冲基金

14.4　投资者的气质类型

14.4.1　气质类型及其行为特征

气质类型是指表现为行为特征的神经系统基本特性的典型结合。神经系统的类型与气质类型的关系，以及这些类型的行为特点如表 14-2 所示。

表 14-2　气质与神经类型的行为特点

气质与神经类型	强　度	均衡性	灵活性	行为特点
胆汁质(兴奋型)	强	不均衡		攻击性强，易兴奋不易约束，不可抑制
多血质(活泼型)	强	均衡	灵活	活泼好动，反应灵活，好交际
黏液质(安静型)	强	均衡	惰性	安静，坚定，迟缓，有节制，不好交际
抑郁质(抑制型)	弱			胆小畏缩，消极防御，反应强

14.4.2 投资者的气质类型分类

心理学家将气质划分为胆汁质、多血质、黏液质、抑郁质 4 种类型。不同气质类型的股票投资者具有以下的不同表现。

1. 胆汁质股民的特征

胆汁质股民的决断能力强，说干就干，有勇气和魄力。心态较急，容易追涨杀跌，选择热门股票，牛市顺手，熊市也易入陷阱。

对胆汁质股民的心态调整可做以下指导。

(1) 克服强烈投资冲动，减少操作次数。

(2) 加强短线操作技巧，不做中长线。

(3) 行情调整时，退出场外。

2. 多血质股民的特征

多血质股民对市场敏感，易受暗示，缺乏耐心，常常过早买进卖出以致后悔。喜欢短线操作，偏好技术分析法，追逐热点，喜欢中小盘股。

对多血质股民的心态调整可做以下指导。

(1) 提高独立理性分析能力，不同循环周期采取不同策略。

(2) 严格控制股票只数，合理资金管理策略。

(3) 少做短线，中短线结合。

3. 黏液质股民的特征

黏液质股民善于理性思考，但我行我素，易成为长期套牢者。此类股民注重宏观基本面分析，喜欢波动幅度小的大盘绩优股。

对黏液质股民心态调整可做以下指导。

(1) 对股市加强整体规律的学习，提高对股市的认识，避免高位进货被套。

(2) 熊市时要割肉清仓，不盲目补仓。

(3) 克服惯性思维的惰性。

4. 抑郁质股民的特征

抑郁质股民不适合高风险投资。此类股民感受性高，耐受性低，无法忍受股价的大幅振荡，他们往往为涨跌寝食不安、神经衰弱。此类人过于依靠信息、直觉进行操作，换股频繁，决策不坚。

14.4.3　气质类型对投资行为选择的影响

斯特里劳考察气质的维度是行为的能量水平和时间特点。能量水平主要看个体的反应性和活动性,时间特点则看个体活动的持续性和灵活性。我们应用斯特里劳气质调查表的内容,把投资者的气质分为两种类型:一类是高反应性(感受性高、耐受性低),其气质表现为行动迟缓、体验深刻,善于觉察别人不易觉察的细小事物,能长时间集中注意力;另一类是低反应性(感受性低、耐受性高),其气质表现为活泼、好动、敏感、反应迅速,喜欢与人交往,注意力容易转移,精力旺盛而又情绪冲动。

我们将投资者的投资活动方式分为两种类型,即基本投资活动和辅助投资活动。调查发现,低反应个体在投资中采用的辅助活动较少,而高反应个体采用较多的辅助活动形式。但是两类投资者在投资效果上没有显著区别。

此外,投资活动按刺激负荷(即风险性)可分为高刺激负荷(选择风险较大的证券)投资行为和低刺激负荷(选择风险较小的证券)投资行为。结果表明,对于欲继续增加投资的投资者来说,投资活动的刺激值与个体反应水平没有相关性,而对于欲停止增加投资的人来说,高反应性的投资者逃避投资活动的高刺激。而且,高反应性个体选择低刺激的投资活动,低反应性个体选择高刺激的投资活动。气质对投资和行为选择的影响,如表 14-3 所示。

表 14-3　气质对投资和行为选择的影响

投资行为 气质类型	投资方式		投资刺激值	
	基本投资方式	辅助投资方式	高刺激	低刺激
高反应个体	少	多	少	多
低反应个体	多	少	多	少

调查研究得出以下结论。

(1) 股民达到投资目的而进行的活动,其结构与方式不同,高反应者采取更多辅助性活动的方法,低反应者则大都采用基本活动的方式。

(2) 股民对刺激强度高低的活动喜好不同。高反应者喜欢刺激性较小即风险性较小的投资方式,而低反应者则喜欢刺激性高的投资方式,喜欢采取冒险策略。

(3) 研究结果没有发现两种气质的人在投资效果上有明显差异,可谓各有千秋。股民可根据自己的气质特点,选择适合自己的投资方式。

本 章 小 结

国内外著名成功投资者都从不同角度论述了成功投资者的心理素质。

英国学者乔纳森·迈尔斯在其《股市心理学——向恐惧、贪婪和市场的非理性宣战》一书中，将心理学与投资学完美结合，提出了理性投资者的PROFITS法则。理性投资者的成功与否与PROFITS七个因素相关，这七个因素是指P(个性)、R(关系)、O(特立独行主义)、F(灵活性)、I(信息)、T(陷阱)、S(策略)。

心理学家将气质划分为胆汁质、多血质、黏液质、抑郁质 4 种类型。不同气质类型的股票投资者具有不同表现。

经 典 案 例

评估你属于哪类投资人群

思 考 题

1. 正确理解成功投资者的PROFITS法则。
2. 分析7种投资者的类型及其各自特点。
3. 阐述投资者的气质类型对投资行为选择的影响。

第 15 章　成功投资者的心理素质

【学习目标】

- 了解成功投资者的心理素质。
- 了解投资者的挫折与自我调节。

【核心概念】

投资者的心理素质　投资者的自我调节

【章前导读】

投资收益与风险是一对孪生兄弟,有风险就意味着预期收益有可能不会实现,投资目标可能成为泡影。如何对待投资中遇到的挫折与失败?如何自我调节不良情绪?如何树立对待错误和失败的正确态度?如何进行投资者的心理素质训练?本章将一一阐述。

15.1 我国成功投资者的心理素质

1996 年,俞文钊教授的研究团队研究了我国成功投资者的心理素质。研究结果表明,影响成功投资者的心理特征有 10 个因子,如表 15-1 所示。

表 15-1 成功投资者的心理素质

F1.乐观性	在投资过程中有自信心、适应感、灵活性而不是畏首畏尾、优柔寡断
F2.思维外向性	思维有深度、乐观、随和、无忧无虑,凭感觉购买股票
F3.社会外向性	在投资中外向,喜欢社会交往、社会活动,有风险意识与工作效率
F4.敏感性	对股票行情的变化有敏锐的反应和判断能力
F5.才艺性	有股票知识,有掌握经济状况、政策形势的能力,能对上市公司进行财务分析
F6.投资激励	对投资成功与失败能正确归因,并作为进一步投资的激励因素
F7.个人自主力	理智投资具有客观性、周密性和可控性的特点,不盲目跟风,能识别流言
F8.风险性和风险意识	甘冒风险、追求大利的个性品质
F9.社会环境因素	家庭经济状况好,家人支持,周围股民素质高
F10.心理承受力	股民个人有自主力、自信心、乐观、开朗,正确判断股价走势,有成熟的心理承受力

2003 年,陆剑清博士在新的形势与条件下重新研究了股民的心理素质,得出了成功投资者的心理特征因素的八个因子,如表 15-2 所示。

由表 15-2 可知,心理特征因素第一主成分负荷量最大的项目为"决策力";第二主成分负荷量最大的项目为"情绪稳定性";第三主成分负荷量最大的项目为"情绪波动性";第四主成分负荷量最大的项目为"独立性";第五主成分负荷量最大的项目为"冒险性";第六主成分负荷量最大的项目为"聪慧性";第七主成分负荷量最大的项目为"专注耐心";第八主成分负荷量最大的项目为"贪婪性"。

从影响股票投资成功的八个心理素质特征入手,可将成功投资者分为三类,即稳定保守型、专注耐心型与贪婪型。其中以第二类投资者居多,这说明专注耐心的心理素质对于股票投资的成功尤为重要。

第15章 成功投资者的心理素质

表 15-2 成功投资者的心理素质

F1.决策力	判断决策力；思维分析力；有与投资相关的知识；洞察力；心理承受力；接受新事物力
F2.情绪稳定性	冷静；情绪稳定；细心
F3.情绪波动性	浮躁；犹豫不决；依赖；冲动
F4.独立性	独立性；诚实；进取；现实
F5.冒险性	冒险敢为；大胆；自信；豁达；对信息的敏感性
F6.聪慧性	聪慧；乐观；理智；精明
F7.专注耐心	专注认真；谨慎；耐心；轻松
F8.贪婪性	占有欲；紧张；果断

由表 15-2 还可见，第一类成功投资者：决策力最低，情绪稳定性最好，情绪波动性居中，独立性居中，冒险性最低，聪慧性最低，专注耐心居中，贪婪性最低。第二类成功投资者：决策力居中，情绪稳定性最低，情绪波动性最高，独立性最高，冒险性最高，聪慧性居中，专注耐心最高，贪婪性居中。第三类成功投资者：决策力最高，情绪稳定性居中，情绪波动性最低，独立性最低，冒险性居中，聪慧性最高，专注耐心最低，贪婪性最高。

该研究结果中既包括了俞文钊教授等研究所得的一些心理素质因素，同时也增加了一些新的心理素质因素，诸如决策力、情绪稳定性和贪婪性等。这三个心理素质因素对于投资者的影响很大，如情绪稳定性因素，几乎所有的投资者都认为它有益于投资成功，而大的情绪波动则不利于投资成功；又如贪婪性，大多数投资失败者都承认自己失利在这一心理素质上。

综上所述，影响投资成功的心理素质特征由八个因子构成——F1 决策力，F2 情绪稳定性，F3 情绪波动性，F4 独立性，F5 冒险性，F6 聪慧性，F7 专注耐心，F8 贪婪性。这说明目前在广大投资者的心理素质特征中，既包含了对投资成功有益的心理素质(决策力、情绪稳定性、独立性、冒险性、聪慧性、专注耐心)，又包含了对投资成功有害的心理素质(情绪波动性、贪婪性)，因此，投资者要取得成功，就必须积极培养有益于成功投资的心理素质，同时对有害于投资成功的心理素质应努力加以改造和摒除。

15.2 投资者的挫折与自我调节

15.2.1 投资绩效的反馈与强化

我国股市正在走向成熟，股民也已开始走向成熟，居民的投资意识和风险意识空前提高，殊不知，这其中不少人走过了漫长的、艰苦的心路历程，成功的喜悦、失败的痛苦。

投资收益与风险是一对孪生兄弟，有风险就意味着预期收益有可能不会实现，投资目标可能成为泡影。这里包括三种形式：一是投资已获实际收益但低于期望值；二是投资虽获收益但结合通货膨胀考虑其实已造成实际购买力的损失；三是投入的资本损失，即上海人所说的"割肉"。与之相应，投资绩效也有三种结果：达到预期收益，获利颇丰；不亏不赚，或少有进账或少有亏损，但无伤大雅；投资失败，账面损失严重，要么挥泪"割肉"，要么被迫改做长线，等待时机。显然，投资的结果对投资者今后的投资行为具有重要的影响。

美国新行为主义者斯金纳(B.F.Skinner)1938年在其《有机体的行为艺术》一书中，提出了可操作性条件反射的学说，认为人的行为计划是按"尝试—操作—尝试—执行"这一系统建立的，即人由于某种需要而引起探索或"自发的"活动。在探索过程中，偶发的一种反应成为达到目的的一种工具，因此他就学习利用这一反应去操纵环境，达到目的、满足需要。由于这种反应是产生某种结果、达到某一目的的工具，因此称为工具性条件反射，亦称为操作性条件反射。

这一理论表明，当行为的结果有利于个人时，行为就会重复出现，这就起到了强化、激励的作用。如果行为的结果对个人不利时，这一行为就会削弱或消失。强化有两种形式：行为达到了预期目标，就会对这个行为给予肯定和奖赏，使这一行为巩固、保持、加强，这叫作正强化；对于某种行为给予否定和惩罚，使之减弱、消退，这叫作负强化。

在投资过程中，当投资成功以后，投资者会感到成功的喜悦，得到家人的赞许、朋友的肯定、其他人的羡慕，更重要的是可以满足投资者自身的某种需要，如成功的需要，这些都是对行为的结果给予正强化，使投资者及时总结成功经验，增加投入，胆子也更大，引致正向投资行为。

在投资过程中，如果投资失败，投资者资金损失将惨重，会遭到家人的反对，需要得不到满足，所有失败的体验都会使投资者产生"一朝被蛇咬，十年怕井绳"的心理，在股市发展初期，就有许多不成熟的投资者因此走上绝路，产生了投资的负向行为，这也是有些人容易在低价位卖出股票的原因之一，这种心理叫作"惩罚心理"。不喜欢在事后受到惩罚，这是一种单纯而明显的原理，即负强化。

对于大部分人而言，损失金钱就等于是惩罚。持有正在下跌的股票，算是残忍的惩罚，尤其在损失最惨重的时候，会伤害到我们的"自我"。很少人会在购买股票时，碰到股价下跌就把它卖出去，大部分的人会继续持有。如果损失继续扩大，惩罚就不断加深，我们就会开始害怕、有挫折感。例如，讨厌翻阅金融报刊，拒绝了解目前股市状况。当听到这家公司广告时，心里会觉得不是滋味；经过长期下跌后，就很容易对这只股票产生厌恶感，因为它不仅代表金钱的损失，同时也等于不断提醒自己是个笨蛋。最后，有一天股价突然暴跌，我们决定壮士断腕，不再接受惩罚，于是就把股票卖出。

正如股价不会无休止地上升，大多数股价也不会无止境地下跌。经常就在投资者遭到重大损失之后，市场又逐渐回转。事实上，经常就在这种暴跌之后，市场回转并重整旗鼓，走向另一段主要的上扬行情。但是，饱受创伤的可怜的投资者此时已经因不愿再忍受进一步的惩罚而卖掉了股票。他们终于完成了一个心理循环——追涨的贪婪心理使他们以高价买入股票，惩罚作用又使他们以低价卖出。小额投资者的共同心理及由于这些心理作用引致的一系列行为，如图15-1所示。

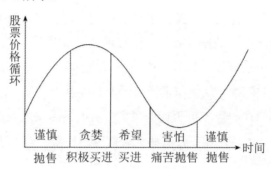

图 15-1　小额投资者的心理及行动

15.2.2　投资者的挫折与冲突

1. 投资挫折产生的原因

股市无常胜将军，面对变幻莫测的行情，没有人能完全掌握它的走势。因此，在股市中失败与挫折总是难免的。

在心理学上，挫折的定义为：个体在从事有目的的活动过程中，遇到障碍和干扰，致使个人动机不能实现、个人需要不能满足时的情绪状态。

古人云："人生逆境十之八九。"在投资过程中每个投资者都有过数不尽的雄心壮志，但是，很难事事如意，总是有成功的时候，也总有失败的时候。成功了固然是应该高兴的，失败了也并非完全没有益处。英国心理学家布朗(J.Brown)曾说过："一个人如果没有任何障碍，即将永远保持其满足和平庸的状态，既愚蠢又糊涂，像母牛一样地怡然自得。"实际上，正因为遭遇到种种挫折，才更能磨炼人的意志，从失败中吸收经验教训，以增强其克服困难、适应环境、战胜挫折的能力，即所谓失败乃成功之母。

从心理学上来分析，人的行为总是从一定的动机出发达到一定的目标。如果在通向目标的道路上遇到了障碍，那么就会产生以下三种情况。

(1) 改变行为，绕过障碍，达到目的。比如投资者本来想短线操作，现改为长期投资，等待时机。

(2) 如果障碍不可逾越，可以改变目标，从而改变行为的方向。例如改变投资目标，降低原来的预期收益，以达到心理平衡。

(3) 在障碍面前无路可走，不能达到目标。正是在这种情况下会产生挫折感。比如有些投资者经验不足，又经不起金钱的诱惑，举债投资股票，结果事与愿违，损失惨重，短期内无法收回投资，逼债的人又频频而来，这时会有一种走投无路的强烈挫折感。

失败的经历总是伴随着强烈的情绪体验，心理学实验研究告诉我们：经历强烈情绪体验的东西，才能够记忆深刻。

失败的体验比理论的告诫更有力量，能使股民明白许多平常所熟知但没有真正理解的真知灼见。尽管报纸杂志常告诫投资者，不可盲目追涨杀跌，但是，这些如过眼的云烟，在股民的脑海里未留下半点痕迹，只有当他们从深深的套牢和股价崩溃中走过以后，才会永远记得盲目追涨杀跌的弊端，从而积累经验、走向成熟。

但是，在股市中也存在一个不可否认的事实，失败所带来的强烈的挫折感，并没有使所有股民的心理素质得到锻炼，相反，有些人就此脱离股市，而少数人甚至走上极端。

2. 受挫折的行为表现

如何对待挫折与失败才是股民获得成功的关键。首先，看看人受挫折时常见的行为表现。挫折行为表现的主要特征是攻击、倒退、固执和妥协，这些表现往往是以综合的形式出现，把它们分开只是为了更清楚地进行分析。

1) 攻击

个体受到挫折后，会引发愤怒情绪，对构成挫折的人或物进行直接攻击。比如一个人受到别人无理的谴责，可能会以牙还牙、反唇相讥，表现为直接攻击，也可能转向攻击，把愤怒的情绪发泄到其他人或物上去。比如某个投资者某次操作不当，造成损失，回到家里骂老婆孩子、摔东西，以发泄自己的情绪。

2) 倒退

这种情况是指，当一个人受挫折时会表现出一种与自己的年龄、身份很不相称的幼稚行为。如一个失败的投资者可能会因一点小事而暴跳如雷，粗暴地对待他人，这些都是退化性行为。倒退的另一种表现是易受暗示，如盲目地相信其他的投资者，不能控制自己的情绪，毫无理由地担心、轻信谣言等。

3) 固执

固执通常是指被迫重复某种无效的动作，尽管反复进行某种动作并无任何结果，但仍要继续这种动作。例如某些投资者在受到挫折后，不是总结经验、吸取教训，而是讨厌翻阅有关金融行情的报刊，拒绝了解目前的股市状况，抵制有关股市信息等。

4) 妥协

人在受到挫折时会处于心理和情绪上的紧张状态，这种状态我们称为"应激状态"。人们长期处于过度应激状态会引起各种疾病，因此需要采取妥协性的措施以减轻应激状态下的压力。妥协性的措施有以下几种表现形式。

(1) 合理化。在受到挫折后会想出各种理由原谅自己，或者是为自己的失败辩解，这就是所谓的找借口、怨天尤人、自我解嘲、阿Q精神。例如，很多短线操作者操作失利后，不经意地会吐露一句"反正我是长期投资"以示自我安慰。

(2) 推诿。当一个人受到挫折时，容易把责任推诿于人。在股市中经常会听到"由于某人的某句话引导我去买股票，我买进了，'吃药'了"等诸如此类的言语，以此减轻自己的不安、内疚和焦虑，这样会在心理上好过些。

(3) 升华。当一个人所确立的投资目标无法达到时，会设法指定另一个目标取代原来的目标，即所谓"替代反应"。他们或是改股票投资为债券投资，或是及时总结经验，加强有关投资方面的理论和知识，以利再战。升华反应具有积极作用，是个人通过自身的努力扬长避短，通过正当的努力来战胜挫折、克服不利条件的过程。

5) 压抑

当投资者受到严重挫折之后，用意志力压抑住愤怒、焦虑的情绪反应，表现出正常情况的谈笑自若的情绪状态。这种做法虽然可以减轻焦虑，获得暂时的安静，但并不能从根本上解决问题，而且这种长期的情绪压抑会对身心健康造成极大的危害。

15.2.3 投资者的套牢与解套心理

做股票最可怕的是套牢。所谓套牢，实质上就是购买股票的成本太高，因市价回落造成账面资产损失，这时若要卖出，则等于认赔了结。因此，许多投资者在套牢以后都倾向于"长期抗战"，在漫漫长夜中共熬苦等，等待市价重新回升。但当大市趋暖回升，套牢者获得解放时，新的考验又来临了：是抛还是不抛？不抛，好不容易熬到解套，万一股价重新下跌，错失解脱良机岂不可惜？抛出？想想熬了这么长时间，一点进账也没有，又不甘心。总之，解套比套牢更可怕、更磨人。因此，有许多投资者早已被套得心如古井水，以无法之法代一切之法，而最终的解套决定，又一次把他推向不得不重新抉择的境地，令其心跳不已、辗转反侧、左右为难，而最终的解套决定，往往同投资者套牢中的以下心理取向类型有极大关系。

1. 主动挑战型

主动挑战型投资者对公司和股市前景抱乐观态度，有坚定信念，因此他们能忍受长期套牢。在面临解套时一般都不会轻易出手，因为他们感到这是很自然的事情，既非天赐良机也非奇迹出现，而是早在预料之中的必然之势。既是必然，当然就不会喜出望外，重新失态，所以越解套越是抱得牢。

2. 破罐子破摔型

破罐子破摔型投资者虽无明确的目标和信念，但比较想得开，既然套牢索性不去管它，大有将玩股当游戏的味道，因此，在面临解套时也不会过于兴奋，不会过于看重这一"天赐良机"，大不了说一声"解放了"，就像没事人一样。从股市发展规律来看，市场一般也不大会过于亏待他们。

3. 侥幸心理型

最容易在刚获得解套时就匆忙脱手的是以侥幸心理面对套牢的投资者。侥幸使他们错失早一步逃脱的机会，乃至股价越跌越低，方才如梦初醒，随之而来的是恼怒、是悲观。于是整天惶惶不可终日，祈求股市再给他一个减少损失、夺路而逃的机会。这类投资者不仅在解套时容易抛出，也容易在底部形成后的第一波反弹行情中就夺路而逃，因为他们的心理防线已经垮了，失去了正常分析的能力。其中还有些投资者在套牢后谈不上有什么侥幸心理和过高目标，只是因为不甘心"割肉"，情愿让账面资产"缩水"，也不愿让实际钱财受损。对他们来说，拿出 1 万元却收不回 1 万元是无法容忍的事情，所以才熬过漫漫长夜的，他们的目标低而明确——收回投资成本，一旦解套，也就容易抛出。

那么，当被套牢时，应当采取怎样的对策呢？

股谚道：套牢不可怕，反败为胜真本事，壮士断臂，减少损失，以图东山再起是一种；利用下跌行情中的小反弹，快进快出，积少成多补损失是一种；在股价大跌之后，加倍买进以摊低成本是一种；"长期抗战"也是一种。何种对策为好，一是要看大势，二是要看自己的条件与素质。

一般来说，只要是多头走势中的中短期回落，哪一种方法并无多大区别，或许还是以不变应万变为好。若长期看跌，第一种为上策；第二种要有高超技巧，配以胆大心细，但对一般人实在不易，因为弄不好会输得更惨；第三种要有足够的财力，还要注意不是十分低价，不要轻易去追加买进；而最后一种"长期抗战"的策略乃是无法之法。然而，有的时候，事已至此，恐怕也只有无法之法乃为上法，与其终日惶惶，倒不如从最坏的方向去接受这种事实，调整自己的心态，这样至少在犯了被套的错误后，不会再犯解套的错误。事实上，股市中因套牢而最终大获全胜的例子不胜枚举。

15.2.4 投资者的自我调节

以上对投资挫折和被套牢时的行为表现进行了说明，应该说，这些都是正常的情绪反应，只要正确对待，就会战胜挫折，谋求更大的成功。具体来说要做好以下三方面的工作。

第15章　成功投资者的心理素质

1. 要正确分析挫折产生的原因，增强个人对挫折容忍力

投资失败的原因不外乎两个方面，即环境因素和个人主体因素。就环境而言，如社会经济状况变化、通货膨胀率提高、银行利率提高、国家政策的变化和国际上突发性的政治事件等都会使股市产生动荡，从而造成损失。这种情况，只有及时了解国际与国内经济动态、上市公司经营状况，才能把握股市的宏观基本面，减少损失。同时，家庭环境也有影响，家人对投资者的态度，或者过高的心理期望，以及周围投资者素质的低下，单位领导对投资者的不支持都会影响投资者的投资决策，造成损失。就个人主体因素而言，涉及个人的财务状况、个性特点、投资目标、个人投资知识与经验，这些都会影响投资绩效，也需要投资者作具体分析。另外，要增强投资者对挫折的容忍能力，增强心理承受力，面对挫折，要能冷静处之。

2. 树立对待失败的正确态度

从心理学的角度讲，中国股民普遍存在一种害怕失败的恐惧心理，其危害很大，常常导致股民操作上过分小心谨慎、优柔寡断，错失许多良机。

其实，失败是股市拼搏中的正常现象。致力于证券投资的股民应坦然对待失败，学会从失败中爬起。

同时，要对失败进行合理归因。一般来说，失败的归因有外部归因和内部归因。由外部归因引起的失败，常常具有普遍性，其覆盖面是大多数股民。在法制健全的股市，股民失败的原因主要来自自身，如紧张造成的判断失误，盲目从众引起套牢，误信谣传导致操作不当等。概括起来，内部原因可从知识、经验和心理三方面加以分析，每位股民在这方面都存在不足，正视自己的不足，并改变，才是每位股民应采取的策略。

股市中永远有烦恼，永远有后悔，也永远有赚头。只要量力而行，正确对待自己，正确对待股市，经常保持头脑冷静，总有一天会成功的。

3. 正确对待错误

股市之诡谲，再老练的投资者也难免会看错形势，以致在错误的时间买进错误的股票，造成时间上的错位与品种上的错位。但同是出错，不同的投资者有不同的态度。

一种是能正视现实，纠正错误，壮士断臂，决定趁买气尚足的时候及早抽身，以防更大的损失。这种正视错误、纠正错误之举是需要意志和勇气的，一般人难以做到。

一种是心存侥幸，一错再错，总感到刚刚拉近，就要"割肉"而逃，有点心疼不忍，所以就寻求种种理由来自我安慰、自我麻醉，甚至还想套牢就套牢，常在河边走，哪能不湿鞋，颇有"大将风度"。决心就此做个长期投资者。

但还有更多的股民则是完全处在盲目之中，有的根本不敢去重新评估形势，采取"鸵鸟政策"，方寸大乱，整天处于焦虑和烦恼之中，失去重新评估的时间与可能。像这一类投资者不但缺乏应有的勇气和意志，也缺乏总结经验、以利再战的基础，实为股市大忌。

当然，投资者既犯品种上的错误又犯时间上的错误的并不多见，更多的是犯时间上的错误，或是犯品种上的错误，或是两者都无大错但有小错，还未根本背离股市趋势，因此要区别对待。

一般来说，时间正确、品种错误关系并不太大，因为什么时候买卖比买卖什么更重要，牛市中会涨的股票很多，大不了人家坐快车，我乘慢车；人家搭头班车，我却误上末班车，只要认识了这一点，即可及时处理掉手中的滞销品，换进畅销货，也可耐心等待，后发制胜。而这两种方法，都需要投资者有足够坚强的意志才行。没有坚强的意志不可能明大势、忍小痛，不可能及早换股，也很容易在胜利之前耐不住最后关头。

股市在面临劣势时，一些绩优股有时也难免受大市牵累，在这种时间买进绩优股的就是错误的时间、正确的品种，在这种情况下，投资者应冷静分析大势，做出正确的牛熊判断，然后再根据自身条件制定相应的措施。如果大势仍处在牛市中，丝毫用不着惊慌，自信能踏准低点的，可先纵后擒，眼前出点血，是为更低价买进；怕踏空的不妨长抱，强势股的涨幅会有好几个波段。此时切忌让情绪来左右自己的行为。

不以成败论英雄，反败为胜真本事。真正的英雄本色不是无端冒险，不是甘愿沉沦，更不是无故恍惚不安，而是冷静审视自己的错误，根据错误的大小和自身的条件采取相应的措施，而这需要意志的配合。记住：技巧是你的左膀，意志是你的右臂，左膀右臂缺一不可。

15.3 成功投资者的心理素质分析

大部分证券投资的书籍只涉及证券的技术分析，忽视了对投资者的心理辅导和行为指导。而我国股市投资者的心理素质与心理承受力普遍较低，有时甚至会发生悲剧性的社会事件，非常需要股市投资心理调适方面的书籍。

证券投资过程是一个心理过程。从非股民转为股民的心理蜕变过程包括起步、买入、持有、抛售等心理与行为，由于存在不同类型的投资者，所以不同投资者的心理调控、心理素质训练是当务之急。

15.3.1 正确的自我认识

进行有效的自我约束——高度的自制力。其中要掌握"7C"(control)原则。

(1) 控制自己的时间。

(2) 控制自己的思想。

(3) 控制自己的接触对象。

(4) 控制自己的沟通方式。

(5) 控制自己的承诺。

(6) 控制自己的目标。

(7) 控制忧虑情绪。

15.3.2 正确对待自己的成功与失败

投资者不可赢得起输不起,要有足够的自信心、耐心与决策能力。

反应过快的投资者是指对消息敏感,信息容易使其自信心增强,从众心理增强,悲观与乐观情绪增加,冒险倾向也增强,很容易做出预测。这些投资者的特点是往往高估自己的投资技巧,总是感觉自己要遭受损失。

反应不足的投资者是指那些思想日益变得保守,因为某些信息而感到气馁,对市场的波动迷惑不解,担心做出错误的决定,对最新消息反应迟钝的投资者。这些投资者的特点是固守原来的信念,拒绝变化,难以抉择。

对于反应过快与反应不足的投资者都应予以训练,但训练对策与训练方法要有所不同。

大多数投资者会在某些时候做出错误的反应,错过最佳的投资机会。

15.3.3 不要错过最佳投资机会

投资者可能在什么时候错过最佳的投资机会,如表 15-3 所示,这是很好的提醒。

表 15-3 在哪些时候你会错过最佳投资机会

你的表现	为什么你会这么做
你对熊市或牛市的一味认同	采取与市场一致的行为在心理上容易接受
你打破常规卖出股票,结果市场仍然沿着原来的轨迹发展变化,这会令你懊悔不已	你可能认为自己掌握了内幕消息而改变了自己的头寸
你会在平均股价下降之时买进更多的股票	你相信这是致富之道,殊不知,一项投资的价值即在于大众投资者愿意为其支付的价格
市场的走势不同于你的预期,你开始回避进一步的交易	你忘记了跑赢大市的秘诀在于大多数情况下做出对市场的正确判断
你不相信市场已经进入了牛市,不断卖出你实际上并不持有的股票,卖出或买入极具风险的看跌期权,从而取得在特定区间以既定价格卖出一定数量股票的权利	你并非有充分的理由,而仅仅因为你以前的损失而心有不甘,相信自己肯定能通过市场的下行获利

续表

你的表现	为什么你会这么做
你总是根据专家对市场波动的预见不断买卖股票，你所获得的少量利润不足以弥补损失的佣金和手续费	你的策略缺乏原则性与连贯性，你需要培养自己客观分析的能力

15.3.4 不要陷入投资陷阱

投资者经常会跌入投资陷阱中，因而产生投资错误，造成损失。常见的投资陷阱，如表 15-4 所示，应该避免误入其中。

表 15-4 常见的投资陷阱与对策

常见错误	为什么你会做出反应
经纪人冷不防打电话给你，极力推荐你买入某只热门股票	那些推销辞令听起来充满诱惑，你感到如果自己不采取行动的话，将错失良机
你会因为新闻对最近某只热门股长篇累牍的报道而受到影响	其他人都在赚钱，我为什么不呢
你忘了陷阱无处不在，即使他们告诉你这里没有陷阱	你认为这项计划提供一个赚钱的好机会，你希望能赶在其他投资者发现这一机会之前加入这一计划
你受到了那些先前参加这一计划，并为赚取利润而欢欣鼓舞的投资者的推荐的影响	你开始陶醉在自己的想象之中——成功人士、拥有豪宅香车
在投入资金之前，你并没有核实情况	推销注重速度，他们还向你灌输这样的思想，得赶快采取行动，这可是百年不遇的好机会
当所有问题都能得到圆满解答时，你将内行与圆滑相混淆，认为销售人员知道他自己在说什么	你忘记了销售人员具有说服人们购买的天赋，或者他们有一套准备好的说辞

本 章 小 结

2003 年，陆剑清博士在新的形势与条件下重新研究了股民的心理素质，得出了成功投资者的心理特征因素的 8 个因子。从影响股票投资成功的 8 个心理素质特征入手，可将成功投资者分为三类，即稳定保守型、专注耐心型与贪婪型。其中以第二类投资者居多，这说明专注耐心的心理素质对于股票投资的成功尤为重要。

股市无常胜将军，面对变幻莫测的行情，没有人能完全掌握它的走势。因此，在股市中失败与挫折总是难免的。失败的体验比理论的告诫更有力量，能使股民明白许多平常所熟知但没有真正理解的真知灼见。但是，在股市中也存在一个不可否认的事实，失败所带来的强烈的挫折感，并没有使所有股民的心理素质得到锻炼，相反，有些人就此脱离股市，少数人甚至走上极端。面对投资失败时，投资者应该学会自我调节，要正确分析挫折产生的原因，增强个人对挫折容忍力；树立对待失败的正确态度；正确对待错误等。证券投资过程是一个心理过程。从非股民转为股民的心理蜕变过程包括起步、买入、持有、抛售等心理与行为，因此投资者进行心理调控、提升心理素质是当务之急。

经 典 案 例

巴菲特最本质的两条投资经验

思 考 题

1. 试述投资者的自我调节。
2. 试述投资者如何正确对待自己的成功与失败。

参 考 文 献

[1] 翁学东. 证券投资心理学[M]. 北京：经济科学出版社，2005.
[2] [英]乔纳森·迈尔斯. 股市心理学——向恐惧，贪婪和市场的非理性宣战[M]. 虞海侠，译. 北京：中信出版社，沈阳：辽宁教育出版社，2004.
[3] [美]约翰·W.斯考特，珍·阿贝特. 股市心理学[M]. 黄艳，译. 成都：西南财经大学出版社，2001.
[4] [美]德里克·尼德曼. 投资的心理游戏——股票投资心理探微[M]. 刘丰源，张春安，译. 北京：机械工业出版社，2002.
[5] [美]本杰明·格雷厄姆. 聪明的投资者[M]. 王大勇，等，译. 南京：江苏人民出版社，1999.
[6] [美]彼得·泰纳斯. 投资大师谈投资[M]. 朱仙丽，等，译. 北京：北京大学出版社，1998.
[7] [美]帕特里克·J.卡塔尼亚. 商品期货交易手册[M]. 鹿建光，翟秀芳，译. 北京：中国对外经济贸易出版社，1990.
[8] 金学伟，赵磊. 股市心理的王国[M]. 上海：上海三联书店，1992.
[9] 武锋剑，赫美琴. 炒股就是炒心态[M]. 太原：山西经济出版社，2001.
[10] 董柏明. 股市心理战[M]. 南京：江苏人民出版社，2000.
[11] 徐国毅. 牛心熊胆——股市投资心理分析[M]. 成都：四川人民出版社，1999.
[12] 徐晓鹰. 证券投资心理和行为分析[M]. 北京：中国物资出版社，2004.
[13] 邵以智. 证券投资学[M]. 北京：中国人民大学出版社，1995.
[14] 毕建洲，王大军. 房地产投资与开发[M]. 青岛：青岛海洋大学出版社，1993.
[15] 蒋德明. 现代期货期权交易[M]. 上海：上海科技文献出版社，1993.
[16] 苏锦秀. 投资者的投资心理及投资风险分析[N]. 天津市财贸管理干部学院学报，2003(2).
[17] 王静，邢成. 互联网金融：消费者行为变迁及银行变革[J]. 征信，2014(9).
[18] 赵利人. 中国证券市场机构投资者研究[J]. 吉林大学，2005.
[19] 孙启旺. 期货心理交易技术研究及应用[J]. 天津大学，2009.
[20] 叶可松，荣艺华. 2014年银行间债券市场机构行为分析[J]. 债券，2015(4).
[21] 高卫宇. 艺术品投资与艺术品资产配置研究[J]. 上海交通大学，2013.
[22] 张鸿. 外汇投资有讲究[J]. 理财，2011(9).
[23] 安妮. 外汇投资"五要""五不要"[J]. 卓越理财，2009(6).
[24] 沈洪博. 炒股何必玩命[J]. 新民周刊，2015(23).